Frank Fiess

Du bist der Mann

Simon + Leutner

Über den Autor

Frank H. Fiess ist Diplom-Pädagoge, Heilpraktiker für Psychotherapie, Tantra-, Yoga-, Feuerlauf-Lehrer und Therapeut für integrative Körperpsychotherapie. Er wurde 1958 geboren, ist verheiratet und Vater eines Sohnes.

Gemeinsam mit Michaele V. Kuhn leitet er das 1991 gegründete *Institut für Lebenskunst und Tantra* in Berlin. Seit über fünfzehn Jahren arbeitet er darüber hinaus im Rahmen des von ihm gegründeten Projekts *Im Kreis der Männer*.

Seine praktische Art, seine leidenschaftliche und lebensbejahende Ansprache und Kompetenz lassen einen spüren und erleben, was es heißen kann, ein Mann zu sein.

„Ich habe in die Augen vieler Männer geschaut. Ich habe ihre Tränen gesehen, ihre Wut, ihre Verzweiflung, ihren Schmerz und ihre Einsamkeit. Ich habe ihre Sehnsucht gespürt und ihre Freude genossen. Es hat mich oftmals tief bewegt, mit welcher Hingabe sie ihren Wachstumsweg gegangen sind, sobald sie erkannt hatten, welch grenzenloses Potential in der Erforschung und Entwicklung ihres Mannseins liegt."

Sein Buch ist ein lebensnahes, spirituelles Männerbuch, dessen Inhalte und Übungen mit mehr als eintausend Männern aus allen Schichten, Berufen und Altersgruppen praktiziert und weiterentwickelt wurden.

Inhalt

Vorbemerkungen

Zur maskulinen Form der Schreibweise

Da es sich um ein Männerbuch handelt, verwende ich vorwiegend die maskuline Form der Schreibweise. Selbstverständlich ist damit keinerlei Zurückweisung oder Ungleichbehandlung der Weiblichkeit beabsichtigt.

„Partnerin" gleich „Partner"

Wann immer im Text von „Partnerin" in der Beziehung eines Mannes die Rede ist, schließt dieses Wort den „Partner" in einer homosexuellen Beziehung mit ein.

Zum Verständnis des Wortes „Gott"

Für mich ist Gott die von jedem Menschen innerlich erfahrbare Liebe, die große, allumfassende Liebe, das strahlende Licht in jedem Wesen, das uns hilft, alle Trennung, alle Schuld, alle Projektionen, allen Hass auf uns selbst, andere Menschen und andere Völker und Religionen zu überwinden.

Jeder Mensch, der nicht nur diskutiert und Recht haben will, sondern seinen von ihm gewählten geistig-spirituellen Weg wirklich geht und tagtäglich umsetzt, kann den inneren grenzenlosen Raum des Seins und der Liebe erfahren.

Der Gottesbegriff in diesem Buch umfasst und ehrt die großen Religionen dieser Welt: Christentum, Islam, Hinduismus, Judentum, Buddhismus und andere. Er umfasst und ehrt genauso die Spiritualität der schamanischen, indianischen Traditionen, der alten Naturreligionen, die spirituelle Tradition der „Großen Göttin" und auch die heiligen Frauen und Männer aus der Zeit vor den heutigen Religionen. Würden sie alle – Jesus, Mohammed, Krishna, Moses, Buddha, die Große Göttin, Laotse, die heiligen Medizinfrauen und -männer, die erwachten Sufimeister und alle anderen erleuchteten Menschen – zusammen um ein Feuer sitzen, ich bin sicher, sie würden sich gut verstehen.

Sie alle dienten der einen heiligen Flamme, dem einen heiligen Licht in jedem Wesen. Sie alle dienten der Liebe. Gott ist praktizierte gelebte Liebe. Gott ist Liebe, und wer in Liebe ist, ist in Gott.

Ich widme dieses Buch der Liebe –
der Liebe, die jeden Mann, jede Frau und jedes Kind beseelt,
unabhängig von Nation, Religion, Partei, Rasse, Hautfarbe
oder von Menschen gemachten Grenzen und Begrenzungen.
Nur die Liebe und die Bereitschaft, uns gegenseitig für alle
unsere Fehler und Irrtümer zu vergeben, werden uns befreien
und erlösen. Liebe ist unteilbar. Liebe ist eins. Liebe ist.

EINLEITUNG

Der Mann in unserer Gesellschaft

Ein Blick in die Chefetagen und Führungsgremien unserer Gesellschaft zeigt uns: Männer besetzen nach wie vor die wichtigsten Positionen in Wirtschaft, Politik, Kirche und Gesellschaft. Männer verdienen im Durchschnitt immer noch mehr als Frauen. Männer besetzen nach wie vor etwa neunzig Prozent der Posten in den Aufsichtsräten der DAX-notierten Unternehmen. Männer werden weiterhin das starke Geschlecht genannt. Und doch – die Bedeutung des Mannes in unserer Gesellschaft hat sich in den letzten vierzig Jahren stark gewandelt. Das Engagement vieler Frauen und mancher Männer für die politische und gesellschaftliche Gleichberechtigung hat unsere Lebenswelt nachhaltig verändert. Die Frauen haben aufgeholt. Mehr und mehr besetzen sie wichtige Positionen in der Gesellschaft – sie haben es jetzt sogar bis ins Bundeskanzleramt geschafft.

Die alte Frauen-Realität des Heimchens am Herd – das zu allem, was sie tun will, ihren Ehemann um Erlaubnis fragen muss – hat sich sehr in Richtung wirkliche Gleichberechtigung und Chancengleichheit entwickelt. Das ist für alle aufgeklärten und an Gerechtigkeit interessierten Frauen und Männer ein Grund zu großer Freude.

Auch wenn man die Stellung des Mannes in unserer Gesellschaft vor dem Hintergrund des gesellschaftlichen Emanzipationsprozesses der Frau betrachtet, sollte man folgende Fakten nicht aus dem Auge verlieren:

- Männer sterben rund sechs Jahre früher als Frauen
- Männer begehen etwa vier Mal häufiger Selbstmord als Frauen
- circa 90 % aller Strafgefangenen in deutschen Gefängnissen sind männlich
- schätzungsweise fünf Millionen Männer leiden an sexuellen Schwierigkeiten wie Impotenz oder Lustlosigkeit

Der Stärkung des Weiblichen in unserer Gesellschaft steht eine wachsende Missachtung des Männlichen und eine Reduzierung auf negative Verhaltensweisen und Charaktermerkmale gegenüber. Männlichkeit wird heute weitgehend mit negativen Assoziationen wie Gewalt, Krieg, Rücksichtslosigkeit, sexueller Belästigung, Vergewaltigung und der Zerstörung der Erde verbunden.

Bei der 6. Gleichstellungskonferenz der Bundesregierung wurden die Gesamtkosten männlicher Delikte auf mehr als fünfzehn Milliarden Euro pro Jahr beziffert. Die Gewaltbereitschaft von männlichen Jugendlichen und jungen Männern hat in den letzten Jahren alarmierend zugenommen.

Mehr als zwei Millionen Männer leiden unter den teilweise verheerenden sozialen und psychischen Folgen durch Arbeitslosigkeit und soziale Verelendung. Es fehlen Arbeitsplätze und Projekte, die ihnen eine sinnvolle Perspektive geben.

Es mangelt an einem neuen, authentischen, kraftvollen und lebensbejahenden Leitbild des Mannes und des Vaters in unserer Gesellschaft. Einem Leitbild und einer gelebten Wirklichkeit, an der sich Jungen und junge Männer orientieren können und durch die sie ihr eigenes selbst bestimmtes Mannsein entwickeln können.

Ein Junge, der in unserer Gesellschaft aufwächst, begegnet zunächst vorwiegend Frauen: zu Hause der Mutter, im Kindergarten den Erzieherinnen, in der Schule, im Hort, in den Betreuungseinrichtungen vielen weiblichen Betreuerinnen und Lehrerinnen. Die Bedeutung des Vaters ist immer weiter zurückgegangen. Viele Männer, die in Trennung leben, beklagen zum Beispiel das Fehlen von gerechten Regelungen beim Sorge- und Besuchsrecht.

„Das einzige, was ich intensiv in der Schule beigebracht bekommen habe, war, dass ich ein Verlierer bin“, schrieb Bastian, der Amokläufer von Emsdetten, in seinem Abschiedsbrief. Und weiter: „Ich merkte mehr und mehr, in was für einer Welt ich mich befand. Eine Welt, in der Geld alles regiert, selbst in der Schule ging es nur darum. Man musste das neueste Handy haben, die neuesten Klamotten und die richtigen Freunde. Hat man eines davon nicht, ist man es nicht wert, beachtet zu werden“.*

* Anregungen zu diesem Abschnitt erhielt ich unter anderem durch einen Artikel von Walter Hollstein: „Mensch Mann“, Tagesspiegel Berlin, 26. 11. 2006

Seine Tat, genauso wie die Ereignisse in Erfurt im Jahr 2002 und das, was tagtäglich in unseren Schulen, Bussen, U-Bahnen und Straßen geschieht – wo ein falsches Wort ausreichen kann, um ein Messer zwischen die Rippen zu bekommen – zeigen: das Männliche in unserer Gesellschaft steckt in einer Krise.

An allen Ecken fehlen positive, bodenständige, in der Liebe zum Leben und zu den Menschen verwurzelte männliche Vorbilder. Dieses Vakuum wird von vielen Jugendlichen wie auch Erwachsenen ausgefüllt mit den illusionären Zerrbildern vermeintlicher Stärke aus Fernsehen, Filmen, Computerspielen und DVDs. Unsicherheit und Unwissen werden mit fremdbestimmten und aggressiven Verhaltensweisen überdeckt. Die Flucht in virtuelle Welten, damit oftmals verbunden die Identifikation mit Fantasiegestalten, versucht den schmerzhaften Verlust von Sinn, Erfolgserlebnissen und tragfähigen Freundschaften zu kompensieren.

Auch die Bereitschaft eines Teils der männlichen Jugendlichen, sich zum Rechtsradikalismus hinzuwenden, offenbart die Schwäche des positiven lebensbejahenden, freiheitlichen Männlichen in unserer Zeit.

Bewusstes Mannsein

Mit dem Beginn der Emanzipationsbewegung der Frauen geriet einiges im Selbstverständnis vieler Männer durcheinander. In der Folgezeit bildeten sich zwei mögliche Hauptrollen des Mannseins heraus – die des „Softies“ und die des „Machos“.

Mit dem Softie sind vorwiegend Eigenschaften wie liebevoll, sanft, zärtlich, einfühlsam, nachgiebig, schwach assoziiert. Dem Macho werden eher Eigenschaften wie klar, direkt, durchsetzungsfähig, dominant, gefühllos zugeschrieben. Bei genauer Betrachtung zeigt sich, dass sowohl der Softie als auch der Macho eines gemeinsam haben: beide sind innerlich verunsichert. Beide wissen sehr genau, dass sie nur einen Teil ihres Potentials, ihres authentischen Seins, in der Welt leben und ausdrücken. Sie bewohnen nur einen Teil ihres *Kreises der Kraft*. Deshalb haben sie Angst. Denn innerlich leben sowohl der Softie als auch der Macho in der Angst, durchschaut und dann nicht mehr geliebt zu werden. Es ist an der Zeit, dass wir Männer wieder nach Hause zurückkehren und in unserem Inneren die verlorene Ganzheit finden. Es ist Zeit für ein Mannsein, das liebevoll, verzeihend, zärtlich, einfühlsam und zugleich klar, direkt, kraftvoll und durchsetzungsfähig sein kann. Der Verlust der Ganzheit, der inneren Heimat, der inneren Quelle – vom wahrhaftigen inneren Seelenkontakt – ist die größte Tragödie im Leben eines Mannes und nicht der Verlust von Macht, Status, Geld. Seele ist innen, im Herzen, sie ist der innere Raum, von dem aus ein Mann lebt, arbeitet, liebt, seine Siege erringt und seine Niederlagen erfährt. Sie gibt seinem Leben Tiefe, Wahrhaftigkeit, Liebe und Sinn.

Ohne wirklichen Kontakt zu seinem Wesenskern, zu seiner inneren Quelle, seiner Seele schaut ein Mann zu sehr auf die anderen: auf seine Frau, auf andere Frauen, auf die anderen Männer. Er fragt sich verunsichert: Bin ich eigentlich richtig? Bin ich wirklich gut genug? Bin ich tatsächlich liebenswert, so wie ich bin – als Liebhaber, im Beruf, als Vater, als Freund, als Ehemann?

In den letzten sechzehn Jahren haben mein Team und ich gemeinsam mit mehr als tausend Männern aus den unterschiedlichsten Berufen und sozialen Schichten das Mannsein intensiv erforscht. Daraus ist ein faszinierender Weg entstanden. Wir nennen ihn den „Weg des bewussten Mannseins“. Dieser Weg vereinigt Körper, Geist und Seele des Mannes zu einer lebendigen Einheit. Dieser Weg eines „Mannseins mit Seele“ beginnt sich zu offenbaren, wenn wir unsere gewohnten Rollen loslassen und beginnen, unsere zwanghafte Kontrollhaltung – alles wissen und alles im Griff haben müssen – abzulegen.

Dieses Buch ist ein Ermutigungsbuch. Es spricht jeden Mann persönlich und direkt an – deshalb das „du“. Ja, du bist eingeladen, mit mir und all den Männern, die den Mut hatten, diesen Herzensweg zu gehen, dich auf eine Abenteuerreise zu begeben. Diese Reise zeigt dir, wie du in dir ruhen kannst, zentriert in deiner Mitte, erdverbunden, verwurzelt in deiner Kraft und deiner selbst sicher. Sie lehrt dich, wie du von dort aus zu deiner Partnerin, deiner Familie, deinen Kindern, Freunden, Nachbarn, Arbeitskollegen und in die Gesellschaft gehen kannst.

Wir wollen Männern zeigen, wie sie ein Segen für sich und ihre Mitwelt sein können. Ohne authentischen, fühlenden Kontakt zu deinem inneren Wesenskern bist du immer in Gefahr, zu schwach, zu weich, zu nachgiebig, abhängig oder süchtig zu sein. Und ebenso bist du in Gefahr, zu grob, zu maßlos, zynisch, grenzüberschreitend oder rücksichtslos zu sein. Der

täglich gelebte und erneuerte Kontakt zu deiner inneren Quelle – deiner Seele, deinem Wesenskern – lässt mehr und mehr den König in dir hervorscheinen. Der König, der in sich ruht und dabei erlebt: Ja, ich bin der Mann meines Lebens!

Unter Männern, unter Brüdern

Viele Männer in unserer Gesellschaft leben ihre Emotionen und ihre Beziehungen in erster Linie mit Frauen. Dabei hält das bewusste Zusammensein mit anderen Männern einen ganz besonderen Segen für jeden bereit. Wenn wir im Zusammensein mit anderen Männern unsere gewohnte Konkurrenz, unser ewiges Vergleichen, loslassen und unsere Abwehrmechanismen ablegen, offenbart sich ein Raum von zarter, liebevoller, brüderlicher männlicher Präsenz.

In dieser heilsamen Präsenz schwingt die Rückenstärkung eines guten Vaters mit. In ihr äußert sich die Wahrheit der vier archetypischen Figuren – der Liebende, der Magier, der Krieger und der König –, die jeder Mann in sich trägt. Die meisten Männer sind darauf konditioniert, einen anderen

Mann als Rivalen zu betrachten. Das macht sie hinter der Fassade sehr einsam. Es ist die Angst, der Andere könnte erkennen, dass auch wir manchmal schwach, unsicher und ängstlich sind. Wenn wir bereit sind, uns gegenseitig so sein zu lassen wie wir sind und uns mit allen unseren Seiten als Brüder willkommen heißen, dann beginnt sich etwas tief in unserer Männerseele zu entspannen.

Jeder von uns braucht Freunde. Männer, die für uns – und für die wir – durch's Feuer gehen. Dieses Buch möchte dich ermutigen, auf Männer zuzugehen und sie kennen zu lernen. Es möchte dich auffordern, einen ersten Schritt zu tun und zu beginnen, authentischen Kontakt herzustellen und lebendige Männerfreundschaften zu schließen.

Wirkliche Männerfreundschaft bedeutet, gerade in den schwierigen Zeiten unseres Lebens, für den Anderen da zu sein. Wenn wir mit Krisen und Herausforderungen konfrontiert werden, die sich in Form von Beziehungsveränderungen, Existenzängsten und Krankheiten zeigen können, dann brauchen wir wirkliche Freunde.

Der Mann und die Erde

Der bewusste, authentische Mann ist spirituell. Denn nur der Weg nach innen, der Weg zur Seele, zur eigenen Quelle, ist ein Weg der Liebe. Und er ist gesellschaftlich engagiert. Jeder bewusste, authentische, selbstbestimmte Mann muss sich fragen, ob er weiter den alten Ideologien und Geisteshaltungen der Angst, der Gewalt und des Krieges und damit auch der Zerstörung der Erde dienen möchte. Die Menschheit ist dabei, den Ast, auf dem sie sitzt, endgültig abzusägen. Die Verletzungen, die wir Menschen – und eben auch viele Männer – der Erde zufügen, werden immer brutaler.

Al Gore hat in seinem Film *Eine unbequeme Wahrheit* auf eindrucksvolle, aufrüttelnde Weise den momentanen Zustand der Erde beschrieben. Er schildert die drohenden Konsequenzen, die sich aus der Klimaveränderung ergeben. Der weiterhin ungebremste Kohlendioxyd-Ausstoß der westlichen Industrienationen – allen voran die USA – und zusätzlich von China und Indien, bewirkt eine weiter fortschreitende Erderwärmung. Diese führt dazu, dass die Gletscher und das Eis an den Polen schmelzen. Gleichzeitig erhöht sich die Oberflächentemperatur der Meere. Je wärmer die Meere werden, umso häufiger und heftiger wird es Hurrikanes und Taifune geben. Je mehr Schmelzwasser von den Polen in die Weltmeere fließt, umso größer wird die Gefahr, dass die klimaregulierende Funktion des Golfstroms außer Kraft gesetzt wird. Das Schmelzwasser der Gletscher und der Pole kann dazu führen, dass der Meerespiegel langfristig so stark ansteigt, dass beispielsweise Holland oder Schleswig-Hostein unter Wasser liegen. Schon heute sind bestimmte Inseln massiv in ihrer Existenz bedroht, und auch die Lage für Staaten wie Bangladesch wird immer bedrohlicher.

Die Ideologie der hemmungslosen wirtschaftlichen Ausbeutung der Erde führt dazu, dass ein Ökosystem nach dem anderen zusammenbricht. Die Ausbreitung von Viruskrankheiten und anderen gefährlichen Seuchen ist die direkte Folge davon. Die letzten vier Generationen der Menschen haben auf der Erde mehr zerstört als die tausenden Generationen vorher. Und noch immer glauben wir, die Krone der Schöpfung zu sein und laufen doch wie die Lemminge unaufhaltsam der globalen Katastrophe entgegen. Jeder liebende, bewusste Mann muss sich fragen: „Was kann ich tun, um die Erde für unsere Kinder und Kindeskinder zu erhalten?"

Eine neue bewusste Männlichkeit muss der Gewalt gegen Kinder, gegen Frauen, gegen andere Männer eine klare Absage erteilen. Sie muss der Gewalt gegen Menschen und Völker in Form von Kriegen entgegentreten. Eine neue bewusste Männlichkeit lässt sich nicht mehr für rein wirtschaftliche Interessen einspannen und wirkt nicht mehr mit an der Zerstörung unseres Planeten, der seit über 100.000 Jahren die Heimat des Stammes der Menschen ist. Die Zerstörung der Ökosysteme muss geächtet werden. Es steht uns nicht zu, die Erde in eine Müllhalde zu verwandeln.

Jeder Mann, der sein Herz für die einzige universelle Religion, die Liebe, öffnet, begreift, dass die Erde unsere Mutter ist. Sie ernährt uns, sie gibt uns Heimat, sie ist der blaue Planet – ein Wunder voller Schönheit und Zauber!

> Wir brauchen ein neues, männliches und menschliches Paradigma, ein Paradigma der Liebe, des Respekts und der Würdigung unseres Planeten Erde. Ein Paradigma, das die Einheit aller Kinder, Frauen und Männer, aller Pflanzen, Steine und Tiere heiligt und die Erde als ein lebendiges, heiliges Wesen behandelt.

Kapitel 1

Selbstliebe und Selbstwert

Tanz der Befreiung

Ich lobe den Tanz, denn er befreit den Menschen von der Schwere der Dinge. Er bindet den Vereinzelten in die Gemeinschaft ein.

Ich lobe den Tanz, der alles fordert und fördert, Gesundheit und klaren Geist und eine beschwingte Seele.

Tanz ist Verwandlung des Raumes, ist Verwandlung der Zeit des Menschen, der dauernd in Gefahr ist zu zerfallen, ganz Hirn, Wille oder Gefühl zu werden.

Der Tanz dagegen fordert den ganzen Menschen, der in seiner Mitte verankert ist, auf, von der Begehrlichkeit nach Menschen und Dingen und von der Dämonie der Verlassenheit im eigenen Ich loszulassen.

Der Tanz fördert den befreiten, den schwingenden Menschen im Gleichgewicht aller Kräfte.

Ich lobe den Tanz. O Mensch, lerne tanzen, sonst wissen die Engel im Himmel mit dir nichts anzufangen.

Augustinus

Präsenz und Selbstkontakt

Selbstwert ist der zentrale, essentielle Wert, der alle anderen Werte unseres Lebens entscheidend beeinflusst. Selbstwert ist der Schlüssel für ein erfülltes Leben. Selbstwert ist die Tür, die alle anderen Türen öffnet. Selbstwert ist die Kraft in deinem Innern, die dich dabei unterstützt, dich deinen Herausforderungen zu stellen.

> Je höher dein Selbstwert ist, desto mehr erlebst und empfängst du, was du dir wünschst. Je niedriger dein Selbstwert ist, desto mehr kämpfst und leidest du.

Jeder Mann, jeder Mensch ist einzigartig. Niemand auf dieser Welt ist so wie du. Niemand hat den gleichen Fußabdruck, niemand hat den gleichen Fingerabdruck. Niemand hat deine Augen, dein Gesicht, deine Stimme, dein Wesen – du bist einzigartig.

> Die bewusste Wertschätzung und der bewusste Ausdruck unserer Einzigartigkeit ist die Grundlage, um uns zu unserer vollen Größe und wahrhaften Stärke aufzurichten.

Der Lebensweg und die Leistung Nelson Mandelas, sein Land gemeinsam mit anderen vom Unrecht des Apartheit-Systems zu erlösen und in die Freiheit zu führen, zeigt wahrhafte, menschliche Größe und Stärke. Er ist ein leuchtendes Beispiel dafür, was es bedeuten kann, als Mann kraftvoll, ausdauernd und lebensbejahend zu sein. Der Schlüssel zu einem gesunden Selbstwert ist zunächst einmal ein guter Selbstkontakt – die Fähigkeit, uns selbst nicht nur über unsere Gedanken zu definieren, sondern zu fühlen.

1. Übung: ***Selbstkontakt***

Setze dich bequem hin und schließe die Augen ...
Jetzt lass eine Hand auf deinem Herzen und eine Hand auf deinem Bauch landen. Schenke dir selbst einige bewusste Atemzüge. Fühle das Einströmen und das Ausströmen deines Atems. Fühle dich präsent in deinem Atem und in diesem Moment – jetzt!
Erlaube deinen Händen, sich zu deinen Schultern zu bewegen und dich für einen Moment selbst in deinen Armen zu halten.

Die Absicht dieses Buches ist es, dich als Leser auf einer ganzheitlichen Ebene anzusprechen: auf der Ebene deines Körpers, deiner Gedanken, deiner Gefühle und deiner Seele – deines inneren Wesens. Ich lade dich ein, mit all deinen Sinnen beteiligt zu sein. Du bist eingeladen, mit diesem Buch und seinen Inhalten in eine lebendige Erfahrung einzutauchen, die jede Ebene Deines Mannseins und Menschseins berührt.

Selbstliebe ist die Fähigkeit, dich selbst in deinen Armen zu halten – so wie du bist. Selbstwert ist der Mut, inmitten all der Menschen, die Tag für Tag an sich selbst zweifeln und mit der Angst leben, nicht richtig und nicht gut genug zu sein, zu dir selbst zu stehen und deine Einzigartigkeit bewusst zu entfalten. *Selbstwert* ist die Entschlossenheit, jedes Vergleichen mit anderen Menschen und jegliche Selbstverurteilung zu beenden.

> Einer meiner Lehrer sagte oft: „Ein Gramm Praxis ist mehr wert als zwanzig Tonnen Theorie."

Unsere gemeinsame Abenteuerreise zum *Mann deines Lebens* lädt dich ein, Tag für Tag eins mit dir selbst zu sein, dich zu verwurzeln, deinen *Kreis der Kraft* zu ziehen und Heimat in dir zu finden.

„Wenn'd präsent bischt, gibt´s Präsente." Dieser Satz meines Großvaters hat mich mein Leben lang begleitet. Wenn wir voll präsent sind, macht uns das Leben viele Geschenke: *present-time* – Geschenkzeit.

Mann, du bist eingeladen, wieder das pulsierende Zentrum deines Alltags und deines Lebens zu sein. Jeden Moment, jeden Tag in dem Bewusstsein zu leben, wie kostbar du bist und wie kostbar das Geschenk deines Lebens ist.

Du bist eingeladen, dir selbst und deinem Mannsein jeden Tag Zeit und Raum zu geben, um dich zu erden, zu zentrieren, zu verwurzeln in dem, was für dich wichtig und wesentlich ist. Verbunden und eins mit dir selbst und deinen Wurzeln bist du fähig, jede Herausforderung zu meistern.

Dieses Kapitel handelt von der Fähigkeit, leidenschaftlich du selbst zu sein. Mit aller Kraft dein Lied zu singen, mit aller Passion deinen ureigenen Tanz zu tanzen und mit der Freude des „Ich bin, der ich bin!" zu leben.

Die Einladung

Es ist nicht wichtig für mich, wie du dein Geld verdienst. Ich möchte wissen, ob du es wagst, der Sehnsucht deines Herzens zu folgen.

Es ist nicht wichtig für mich, wie alt du bist. Ich möchte wissen, ob du dich traust, wie ein Narr auszusehen, weil du deine Liebe zeigst, deine Träume lebst und wirklich lebendig bist.

Ich möchte wissen, ob du dein eigenes Leid umarmen kannst, ob du durch die Lektionen des Lebens offener geworden bist oder ob du dich verschlossen hast aus Angst vor neuem Leid. Ich möchte wissen, ob du mit Schmerz umgehen kannst, meinem oder deinem Schmerz, ohne ihn verstecken, verändern oder überspielen zu müssen. Ich möchte wissen, ob du voller Freude sein kannst, meiner oder deiner Freude, ob du voller Wildheit tanzen kannst, ob du die Ekstase von deinen Fußsohlen bis zu deinen Haarspitzen fließen lassen kannst.

Es ist nicht wichtig für mich, ob die Geschichte, die du mir erzählst, wahr ist. Ich möchte wissen, ob du jemanden enttäuschen kannst, wenn es wichtig ist, dir selbst treu zu bleiben. Ob du mit Verrat umgehen kannst, ohne deine eigene Seele zu verraten.

Ich möchte wissen, ob ich dir vertrauen kann, ob du mein Vertrauen wert bist. Ich möchte wissen, ob du auch dann noch die Schönheit in allem sehen kannst, wenn es nicht jeden Tag schön ist und ob du aus der Quelle des großen Geistes trinken kannst.

Ich möchte wissen, ob du mit Fehlern umgehen kannst, deinen und meinen Fehlern, und zugleich am Ufer eines Sees stehen kannst und dem Silber des vollen Mondes ein lautes „Ja!“ entgegen brüllen kannst.

> Es ist nicht wichtig für mich, wo du lebst und wieviel Geld du besitzt. Ich möchte wissen, ob du nach einer Nacht voller Streit, Kummer und Verzweiflung, zermürbt und erschöpft bis auf die Knochen, aufstehen kannst und für die Kinder das tun, was getan werden muss.
>
> Es ist nicht wichtig für mich, wer du bist oder wie du hierher gekommen bist. Ich möchte wissen, ob du mit mir im Zentrum des Feuers stehen kannst, ohne zurückzuschrecken.
>
> Es ist nicht wichtig für mich, wo, was oder mit wem du studiert hast. Ich möchte wissen, was von dir übrig bleibt, wenn alles Äußere von dir abfällt. Ich möchte wissen, ob du mit dir selbst alleine sein kannst.
>
> ORIAH MOUNTAIN DREAMER

Jeden Tag erleben wir etwa 30.000 Gedanken und 20.000 Gefühle. Dein Selbstwert wächst, wenn du deinen Gedanken und deinen Gefühlen eine selbstbestimmte und für dich stimmige Richtung gibst. Praktischer Selbstwert bedeutet, die Liebesbeziehung zu deinem Selbst zu erneuern und zu vertiefen. Sei dir selbst wieder dein bester Freund. Schenke dir bewusst jeden Tag Aufmerksamkeit, um dich zu fühlen, zu lieben und zu stärken.

> Achte gut auf diesen Tag, denn er ist das Leben. In seinem kurzen Ablauf liegt die Wirklichkeit und die Wahrheit des Daseins. Die Wonne des Wachsens, die Größe der Tat, die Herrlichkeit der Kraft. Denn das Gestern ist nichts als ein Traum und das Morgen nur eine Vision. Das Heute jedoch, recht gelebt, macht jedes Gestern zu einem Traum voller Glück und jedes Morgen zu einer Vision voller Hoffnung. Darum achte gut auf diesen Tag.
>
> AUSZUG AUS DEN „VEDEN“

Die drei Verbündeten der Kraft

1. *Der Atem*

Unser Atem verbindet uns mit dem Mysterium des Lebens. Von unserem ersten Atemzug bei der Geburt bis zu unserem letzten Atemzug im Moment des Todes – immer begleitet uns unser Atem. Ob tagsüber oder nachts im Schlaf, der Atem strömt immer weiter und versorgt unsere Körperzellen mit *Prana,* auch *Chi* oder *Ki* genannt, der universellen Lebensenergie.

In den Momenten nach der Geburt unseres Sohnes Paul-John haben meine Frau und ich jeden seiner Atemzüge begleitet und mit Staunen verfolgt. Jeden Tag erlebt der Mensch ungefähr 22.000 Atemzüge. Wenn du deinen Atem bewusst wahrnimmst, bist du immer in der Gegenwart – in diesem Moment, im Hier und Jetzt. Die Vergangenheit ist vorbei, die Zukunft ist noch nicht da. Der bewusste Atem führt dich direkt in diesen Moment – jetzt!

In der Körperpsychotherapie, wie ich sie von meinem Lehrer Jack Lee Rosenberg gelernt habe, ist die Grundlage für jede Arbeit mit Menschen, zu prüfen, ob Klient und Therapeut präsent sind. Ohne *Präsenz* wird nicht gearbeitet! Wir sollten das auf alle menschlichen Tätigkeiten anwenden – ohne Präsenz keine Gespräche, keine Begegnungen, keine Geschäfte, keine Sexualität! Wenn wir den Atem nur bis in den Hals strömen lassen, befinden wir uns in Anspannung und in einer Kampf- oder Fluchtatmung. Gleichzeitig sind wir gefangen in der Unbewusstheit unserer Muster und in einer Trance aus Vergangenheitsgedanken und Zukunftsvorstellungen.

2. Übung: ***Bewusstes Atmen***

Richte dich im Sitzen oder Stehen auf, bringe deine Wirbelsäule und deinen Nacken in eine aufrechte Position.
Lass den Kopf wie eine blühende Blume auf dem Hals ruhen.
Dann erlaube, dass die eine Hand auf deinem Herzen, deiner Brust landet und die andere Hand auf deinem Bauch. Halte inne und fühle das Ein- und Ausströmen deines Atems. Fühle, wie sich der Bauch, die Brust hebt und senkt. Fühle, wie dein Atem dich in deinen Körper führt und in diesen Moment – jetzt –, den es noch nie gab und nie wieder geben wird.“

Der Atem lehrt uns, gegenwärtig und präsent zu sein, offen für die geschenkte Zeit. Ein weiser Mann hat es einmal so ausgedrückt: „Wir haben nur eine bestimmte Anzahl von Atemzügen, von der Geburt dieses Körpers bis zu seinem Tod. Wir können unser Leben in diesem Körper nicht verlängern – nur vertiefen."

Auf unserer gemeinsamen Abenteuerreise zum *Mann deines Lebens* – zu dir – lade ich dich ein, dir jeden Tag bewusst Aufmerksamkeit zu schenken und dich mit deinem Atem zu verbinden. Gönne dir selbst die beglükkende Erfahrung, wie dein Atem sich mehr und mehr in deinem Körper ausdehnt, bis hinein in jede Zelle.

> Ich spüre mich lebendig in meinem Atem – in meinem ganzen Körper, von den Fußsohlen bis in die Haarspitzen!

Später – im Kapitel *Der sexuelle Mann* – wird dir der Atem helfen, deine sexuelle Energie, deine Lebensenergie überall in deinem Körper pulsieren zu fühlen. Wo immer du bist – beim Lesen dieses Buches, bei der Arbeit, beim Spazierengehen, beim Autofahren, beim Einkaufen, bei der sexuellen Liebe – halte immer wieder inne. Fühle deinen Atem und damit das Wunder dieses Moments – jetzt!

Deinen Atem wieder bewusst zu spüren, schenkt dir die Erfahrung, wirklich am Leben zu sein. Wir verlassen unser selbst geschaffenes Gefängnis, das aus Gedanken unserer Vergangenheit besteht und aus Hoffnungen und Ängsten in Bezug auf die Zukunft. Der Atem beseelt dich mit dem *Odem Gottes*, der universellen Lebensenergie.Unseren Atem zu spüren, schenkt uns Zuversicht, Stärkung und Vitalität.

3. Übung: ***Dem Atem folgen***

Unternimm einen Spaziergang ...
Folge für einige Minuten nur deinem Atem. Lass dich durch nichts ablenken.
Spüre deine Fußsohlen auf der Erde und bleibe mit deiner Aufmerksamkeit immer bei deinem Ausatmen und deinem Einatmen.
Nimm wahr, wie wach du bist, wie präsent, wie anwesend in deinem Leben!

2. *Klang*

Universum bedeutet ein Lied. Dieses Universum ist ein Lied, eine große Sinfonie. Jeder Mensch auf dieser Erde trägt seine Klänge, seine Töne zu dieser großen Sinfonie, zu diesem großen Lied bei.

Als zwanzigjähriger Mann führte mich mein Weg nach Nepal. Dort begegneten mir auf meinen Wanderungen immer wieder singende, tönende oder brummende Männer. Am dritten Tag fragte ich einen von ihnen, warum er Töne mache. Er antwortete: „Wenn ich töne oder singe, kann ich nichts Negatives über mich selbst und das Leben denken!" Die nächsten Tage verbrachte ich tönend, singend und brummend. Es war eine zutiefst beglückende Erfahrung und ... er hatte recht! Diese Erfahrung hat meine Liebe zur Musik begründet. Heute töne, singe oder brumme ich jeden Tag.

Klang erfüllt den ganzen Körper mit Schwingung. Klang versetzt den Körper – der ja auch Klang- und Resonanzkörper ist – auf natürliche Weise in Einklang. Probiere es einmal aus: brumme, töne, summe, töne, brumme! Klang führt uns genauso wie der Atem, in die einzige Zeit, die es wirklich gibt – das Jetzt. Im Klang spüren wir uns lebendig und vibrierend. Klang versetzt unsere Zellen in Vibration, in Harmonie, in Schwingung, in Einklang.

Auf dem Weg des bewussten Mannseins gehört das Finden und das Singen deines Liedes und deiner Lieder zu den Grundübungen.

4. Übung: ***Klänge und Töne***

Sorge dafür, dass du ungestört bist.
Stelle dich aufrecht, die Beine schulterbreit auseinander. Fühle den Kontakt mit dem Boden, mit der Erde. Schließe deine Augen und verbinde dich mit deinem bewussten Atem. Beginne damit, dich hin und her zu wiegen. Erlaube sanfte, wiegende, pendelnde Bewegungen ...
Dann erlaube Summen ... Brummen ... Klänge ... Töne ...
Beginne nun dein Lied zu singen. Lass dabei den ganzen Körper lebendig mitgehen. Bewege vor allem die Arme, die Hände, den Nacken, den Kopf, den Oberkörper, das Becken. Fülle den ganzen Körper von innen heraus mit Klang, Tönen, Gesang.
Lass deine Töne klingen.

In vielen indianischen und schamanischen Kulturen gehörte das Finden und das Singen des eigenen Herzens- und Seelenliedes zur Medizin der Männer. Es war Teil des Reichtums ihrer Seele. Dieses Lied jeden Tag zu singen, stärkte sie in ihrer Kraft und in ihrer Würde als Männer und als Menschen.

Für uns ist es enorm stärkend, unser Lied, unsere Lieder wiederzufinden und jeden Tag zu singen. Überall auf der Erde gibt es Heiler und Heilerinnen, die mit Schwingung, mit Klang heilen. Unsere persönliche Kraft wächst, wenn wir die Klänge, Lieder und Mantren kennen, die uns in Einklang mit uns selbst und dem großen Ganzen, der großen Liebe bringen. Jeder Buchstabe, jedes Wort, jeder Satz, den wir sprechen, hat eine Bedeutung und einen Klang, der danach strebt, physikalische Wirklichkeit zu werden. Unsere Worte können Menschen verdammen oder erlösen. Die Worte vieler heiliger Männer wirken bis heute: die Worte von Krishna, von Buddha, von Jesus, von Mohammed, von Moses, von Laotse und vielen anderen.

Das *am Anfang war das Wort* der Bibel meint: am Anfang war Klang, war Schwingung. Mann – sei dir der Macht deiner Klänge, Töne und deines gesprochenen Wortes bewusst!

> Alles ist Klang, alles ist Schwingung.
> Sing dein ureigenes Lied und leiste deinen bewussten Beitrag zur großen Sinfonie der Schöpfung!

3. *Bewegung*

Ich möchte dir dazu eine kleine Geschichte erzählen. Sie stammt von meinem verehrten Lehrer Michael Plesse:

„Herr Müller war gerade dabei die Hausarbeit zu erledigen, als es klingelte. Er ging zur Tür und schaute nach, wer da kam. Draußen stand ein Herr in Hut und Mantel und stellte sich folgendermaßen vor: „Guten Tag Herr Müller, mein Name ist Baumgarten. Ich bin Wissenschaftler. Ich komme, um ihren Goldfisch zu besuchen. Wir hatten telefoniert, Sie erinnern sich vielleicht?“ Herr Müller dachte einen Moment nach und tatsächlich, plötzlich fiel ihm wieder ein, dass es um eine wissenschaftliche Untersuchung über das Verhalten von Goldfischen ging.

Er bat Herrn Baumgarten herein, half ihm Hut und Mantel abzulegen und bot ihm einen Kaffee an. „Mit Milch und Zucker?“ fragte er. Herr Baumgarten antwortete: „Bitte nur mit Milch.“ Dann gingen sie gemeinsam ins Wohnzimmer zum Aquarium. Dort schwamm der Goldfisch.

Herr Müller sagte: „Ich lasse Sie dann allein mit ihm.“ „In Ordnung“, sagte Herr Baumgarten. Er nahm einen Stuhl und setzte sich zu dem Goldfisch an das Aquarium. Der Goldfisch schwamm unbeschwert und fröhlich darin herum.

Nach zehn Minuten griff der Wissenschaftler in seine Aktentasche und holte eine Glasscheibe heraus. Diese Glasscheibe setzte er quer in das Aquarium. Unser Goldfisch befand sich gerade in einer Kurve und bewegte sich in Richtung Mitte des Aquariums. Da machte es „Boing!“. Sein Kopf schmerzte – plötzlich war da ein Hindernis. Er nahm all’ seine Kräfte zusammen und schwamm erneut los. Doch wieder machte es „Boing!“.

Noch drei Mal versuchte er es, doch es half nichts, es ging nicht weiter. „Naja“, dachte sich der Goldfisch, „die Hälfte des Aquariums ist ja auch nicht zu verachten.“ Innerhalb der nächsten zwei Stunden setzte der Wissenschaftler Scheibe um Scheibe, mal längs und mal quer in das Aquarium, bis nur noch ein kleiner Bereich von wenigen Zentimetern frei war. Der Goldfisch schwamm jetzt nur noch kleine Kreise ...

Nach einer guten Stunde nahm Herr Baumgarten Glasscheibe um Glasscheibe heraus, solang, bis er alle Glasscheiben aus dem Aquarium entfernt hatte. Und was machte unser Goldfisch? – Er schwamm weiter seinen kleinen Kreise.“

Jeder Mann hat einen Teil dieses Verhaltens in sich. Wir nutzen oftmals nicht den ganzen Raum und alle Möglichkeiten, die wir haben, um uns voll und ganz zu entfalten. Viel zu oft bleiben wir gefangen in den längst überholten Begrenzungen, Glaubenssätzen und Verhaltensweisen unserer Kindheit.

Unsere gemeinsame Reise möchte dich unterstützen, deinen vollen Atemraum, alle deine Klänge und die ganze Vitalität deines Körpers zu nutzen, deinem Körper wieder die Bewegungen zu schenken, die ihm gut tun – Joggen, Yoga, Tanz, Sport, Kampfsport oder was auch immer –, so dass du die Lebendigkeit deines Körpers wieder als Kraftquelle spürst und nutzen kannst. Ich hatte einige Jahre immer wieder unter Rückenschmerzen zu leiden. Seit ich täglich verschiedene Körper-, Atem- und Klangübungen praktiziere, sind diese Schmerzen verschwunden. Schenke dir jeden Tag die Bewegungen und Aktivitäten, bei denen du deinen Körper gut spüren kannst. Einer meiner Lehrer sagte einmal augenzwinkernd: „Jeden Tag eine halbe Stunde leidenschaftlicher Tanz und ein herzhafter, liebevoller Arschtritt aus dem Herzen – die wirken Wunder, wenn es darum geht, wieder mit aller Energie und Passion zu leben."

5. Übung: ***Schütteln***

Stelle dich bequem hin, die Füße schulterbreit auseinander.
Schließe die Augen.
Beginne mit dem Schütteln der Hände und der Arme.
Dann nimm Schultern, Nacken und Kopf hinzu. Jetzt erlaube deinen Bewegungen, sich über den Rücken, die Brust, den Bauch auszudehnen. Erlaube die Bewegungen deines Beckens ...
Am Anfang forciere die Bewegungen ruhig ein wenig, solange bis der Körper sich von allein bewegt. Dehne das Schütteln weiter aus, über die Oberschenkel, Knie, Waden, Unterschenkel bis zu den Füßen ...
Erlaube deinem ganzen Körper, sich fünf bis zehn Minuten zu schütteln.
Dann höre damit auf und spüre innerlich die in Bewegung gebrachte Energie.

6. Übung: ***Erden, zentrieren, ins Lot kommen***

Stell' dich aufrecht hin. Fühle den Kontakt deiner Füße mit dem Boden, mit der Erde und schließe die Augen ...
Atme tief ein und stell dir vor, dass du den Atem tief aus dem Mittelpunkt der Erde ziehst und ihn schnurgerade nach oben bis zu deinem Damm strömen lässt (der Bereich zwischen Genitalien und Anus). Mit dem Ausatmen lässt du den Atem wieder zurückfließen, tief hinein bis zum Mittelpunkt der Erde.
Nimm mit dem Einatmen die Kraft der Erde durch deine Fußsohlen in dich auf, bis sie deine Beine und dein Becken erfüllt. Mit dem Ausatmen verankere dich immer tiefer in der Erde ...
Erlaube etwa zwanzig dieser tiefen Atemzüge.

Dann, wenn du wieder einatmest, lass den Atem vom Mittelpunkt der Erde durch deinen Körper bis zum Scheitelpunkt deines Kopfes strömen und von dort über dich hinaus in den unendlichen Raum. Dann ziehe den Atem mit dem nächsten Einatmen wieder durch den Scheitelpunkt hinein in den Körper bis zum Damm, und von dort wieder bis zum Mittelpunkt der Erde.
Folge diesem Rhythmus: Mittelpunkt der Erde – einatmen – Damm – Scheitelpunkt des Kopfes – ausatmen in den Raum über dir – einatmen aus dem Raum über dir – Scheitelpunkt des Kopfes – Damm – Mittelpunkt der Erde ...
Atme etwa zwanzig Mal in diesem Rhythmus. Erlaube deinem Körper, sich dabei immer wieder aufzurichten und mehr und mehr ins Lot zu kommen. Stehe in der Senkrechten zwischen Himmel und Erde. Nimm die Kraft wahr, die fühlbar wird, wenn du dich ins Lot bringst!

Atem, Klang und Bewegung sind die „drei Verbündeten der Kraft" jedes Mannes. Sie fördern einen guten Selbstkontakt und intensivieren unsere Selbstliebe. Je tiefer und umfassender wir uns spüren und fühlen, umso mehr können wir in uns zu Hause sein und Heimat finden. Wir hören auf, krampfhaft Anerkennung und Bestätigung bekommen zu wollen. Das Lebenszentrum verlagert sich vom Außen nach Innen, in unseren inneren Kreis, in unseren Wesenskern, in unser authentisches *Kern-Selbst*.

Innere und äußere Kraftquellen

Der nächste Schritt auf unserer gemeinsamen Reise ist, die Kraftquellen deines Lebens zusammenzutragen und sie dir bewusst zu machen. Der Alltag lässt viele von uns vergessen, was sie tagtäglich nährt, stärkt und ihnen Kraft gibt. Der Preis dafür sind Selbstzweifel, Unsicherheit und Schwäche.

Die folgende Übung zeigt dir, wie du die Kraftquellen deines Lebens wieder erschließen kannst. Im Männertraining führen wir sie zweit durch. Der eine Partner stellt die Fragen und notiert dann die Antworten – die genannten Kraftquellen – auf das Blatt. Du kannst dein *Ressourcen-Szenario* aber auch genauso gut alleine erstellen.

7. Übung: ***Das Ressourcen-Szenario***

Nimm dir ein großes Blatt oder einen Zeichenblock. In der Mitte des Blatts trägst du deinen Namen ein und um dich herum ordnest du – auf die für dich stimmige Art und Weise – alle Kraftquellen deines Lebens an. Orientiere dich an folgenden Ressourcen:

Menschen, Familie, PartnerInnen, Lehrer, Freunde
Freundschaften zu Männern und Frauen
Fähigkeiten, Zustände, körperliche Aktivitäten
Körperlichkeit, Sinnlichkeit, Sexualität
Beruf, Berufung, Projekte, Kreativität
Natur, Tiere, Bäume, Pflanzen
Orte, Landschaften, Umgebung
Dinge, Gegenstände
Musik, Töne, Geräusche
Bücher, Wissen, Informationen
Spirituelle Ressourcen
Alle weiteren Ressourcen

Nachdem du dein Ressourcen-Szenario aufgeschrieben hast, schaue dir jeden Bereich genau an. Tauche mit allen deinen Sinnen ein in die Kraft und die Zuversicht, die in jeder Ressource lebt. Spüre jede Ressource bewusst in deinem Körper – erfahre sie lebendig mit allen deinen Sinnen. Lass jede Ressource in deinem Körper, deinen Zellen, deinen Gedanken und deinen Gefühlen Wurzeln schlagen ...
Nachdem du deine Ressourcen mit allen Sinnen gefühlt hast, stell dich gerade und aufrecht hin. Lass aus deinem Inneren heraus eine Körperhaltung entstehen, die die Stärke und die Kraft deiner Ressourcen ausdrückt. Verbinde dich mit deinem Atem, dann erlaube Klänge, Töne ... Töne der Zuversicht, der Kraft, der Freude ... All das bist du, all das sind deine Kraft-

quellen. Und das ist erst der Anfang – es gibt noch viel mehr. Verbinde dich jeden Tag mit deinen Kraftquellen. Hänge dein Ressourcen-Szenario zu Hause an die Wand oder an einen besonderen Platz, wo du es jeden Tag oft sehen kannst und erfreue dich daran!

„Selbstwert bedeutet Handeln. Ohne die Bereitschaft zu handeln gibt es keinen Selbstwert."

Frank Natale

Jeder von uns kennt seine Herausforderungen im Beruf, in der Familie, in der Beziehung, in der Sexualität, im gesellschaftlichen Leben und so weiter. Wir wissen alle, welche Entscheidungen wir aufschieben, welche Gespräche und welche Konfrontationen wir vermeiden und wo wir „den Schwanz einziehen".

Jedesmal, wenn wir uns einer dieser Herausforderungen stellen, wächst unser Selbstwert. Jedesmal, wenn wir kneifen, verringert er sich.

Liebe und Intention

Hoher Selbstwert bedeutet, mit Liebe und Intention zu handeln. Es gibt zwei Qualitäten, die in ihrer Kombination Wunder bewirken: Intention – die klare Absicht und Bereitschaft, zu handeln – und Liebe. Viele Menschen haben Intention. Doch aus Intention ohne Liebe kann leicht ein Schlachtfeld werden. Das hat uns auch die deutsche Geschichte im Dritten Reich gezeigt. Die Machthaber hatten zwar Intention, doch ein zutiefst gestörtes Verhältnis zur menschlichen Liebe und vor allem keine lebensbejahenden, ethischen Werte. Intention ohne Liebe läuft immer in Gefahr, mechanisch, kalt und funktional zu sein.

Doch wenn Liebe, die wichtigste menschliche Qualität, und Intention, unsere Fähigkeit, mit Entschlossenheit zu handeln, zusammen kommen, dann geschehen Wunder.

In unserem Männertraining *Im Kreis der Männer* gibt es eine Übung, die wir *Eisenbiegen* nennen. Zwei Männer biegen das Eisen mit der schwächsten Stelle ihres Halses, die Haut nur durch eine Gummikappe geschützt.

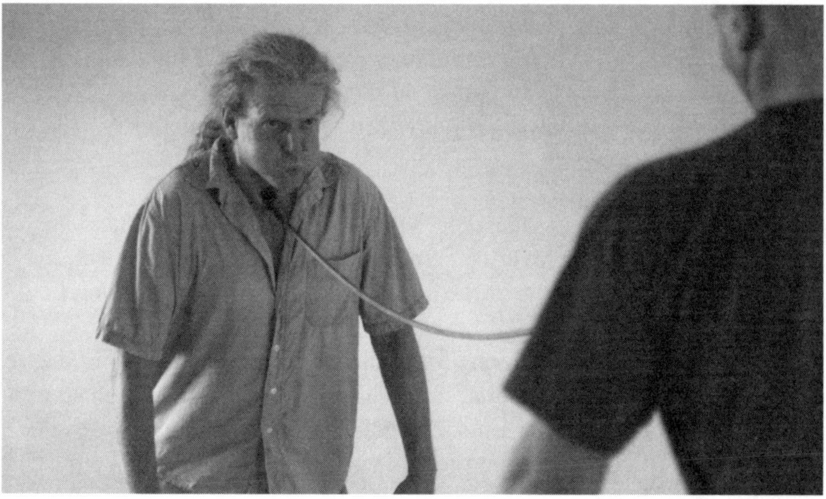

Die Männer vollbringen das am Anfang für unmöglich Gehaltene – sie biegen das Eisen. Dabei erschafft die Liebe die gemeinsame Beziehung über die Augen und die Herzen. Dann kommt die Bereitschaft, aus der Liebe heraus entschlossen zu handeln hinzu – die Intention, das Eisen zu biegen.

In vielen Wohnungen ehemaliger Teilnehmer des Trainings steht das gebogene Eisen als Symbol des Mutes und der Ermutigung, mit Liebe und Intention zu handeln.

Selbstwert wächst durch das Praktizieren von Liebe und Intention. Liebe und Intention verbinden auch die zwei mächtigen Wirkprinzipien in unserem Universum: das ICH BIN und das ICH WILL - die zwei Hauptenergie-Ebenen, auf denen wir leben.

Die horizontale Ebene:

ICH WILL

Geburt ——————————————— Tod

Hier bewegen wir uns in der Zeit. Hier stellen sich jeden Tag neue Aufgaben. Hier gibt es jeden Tag etwas zu lernen und Herausforderungen zu meistern. Am Anfang unserer Entwicklung ging es darum, das Laufen zu lernen, heute ist es vielleicht eine neue Fähigkeit im Beruf. Jeden Tag sind wir aufgefordert, zu tun, zu erledigen, zu organisieren, zu wählen. Auf dieser Ebene fordern an jedem Tag unseres Lebens Menschen und Dinge unsere volle Aufmerksamkeit: zum Beispiel die Pflege unserer Beziehungen, das Dasein für unsere Kinder, unsere Arbeit, den Haushalt, die Wohnung. Es gilt die sozialen Kontakte zu pflegen, Rechnungen zu bezahlen, den Urlaub zu planen, den nächsten Zahnarzttermin – es gibt jeden Tag viel zu tun.

Wenn wir allerdings nur auf dieser Ebene leben, besteht die Gefahr, dass wir ausbrennen, einen „Burn out“ erleben. Wir entfernen uns durch das viele und einseitige Tun – Zukunftsplanungen und Vergangenheitsbewältigung – mehr und mehr von unserem Wesenskern und verlieren so das Kostbarste, was wir haben, unser Selbst.

Die vertikale Ebene:

Himmel

|　　　Ich Bin

Erde

Ich Bin ist unser Sein. Das Ruhen in diesem Moment – jetzt! Der Moment, der sich in die Ewigkeit ausdehnt. Alle spirituellen Meister haben davon gesprochen. Jesus sagte: „Das Himmelsreich ist in Euch.“ Buddha nannte es die jedem Menschen innewohnende *Buddha-Natur*. Es ist der Seinszustand, in dem wir schon am Ziel sind, ein Zustand, in dem Gott als Heimat erfahren wird.

Der Seinszustand, in dem wir erkennen, dass wir schon alles haben, dass der Frieden, die Fülle, der tiefe Sinn, die Liebe schon in uns leben. In unserem Ich Bin steht die Zeit still, und das Wunder des Lebens und der Liebe beginnt sich zu offenbaren.

Die beiden Bewegungen, die horizontale und die vertikale, symbolisieren das Kreuz. Beide sind wichtig. Im Schnittpunkt der beiden Ebenen unseres Mensch-Seins geschehen Wunder.

Wenn beide Ebenen, das Ich Bin und das Ich Will, zusammenkommen, geschieht immer substanzielles Wachstum. Liebe und Intention bewirken etwas Neues – Schöpfung geschieht. Wir erschaffen im wahrsten Sinne des Wortes unsere Wirklichkeit.

Ursache – Wirkung – Wirklichkeit

Deine persönliche Kraft drückt sich in deinem Selbstwert aus. Ein hoher Selbstwert äußert sich, neben der innigen Selbstliebe, vor allem in der Bereitschaft, die Ursache für das zu sein, was du willst. Jeder Mensch setzt fortwährend Ursachen. Jeder Gedanke, jedes Wort, jede Handlung setzt eine Ursache – und damit eine Wirklichkeit. Wir alle unterstehen diesen und anderen natürlichen Gesetzen.

> Unsere persönliche Wirklichkeit ist die Summe der Wirkungen der von uns gesetzten Ursachen.

Das bedeutet, unsere persönliche Wirklichkeit ist die Konsequenz der gesamten Ursachen, die wir intendieren.

> Persönliche Kraft wächst durch die Entschlossenheit, bewusst Ursache zu sein für das, was wir wollen.

Ein hoher Selbstwert – die Verbindung von Ich Bin und Ich Will – ist das Gegenteil von Ohnmacht und Opfertum. Hoher Selbstwert bedeutet, mit

Enthusiasmus unser Leben in Übereinstimmung mit dem Göttlichen in uns zu erschaffen und zu gestalten. Es bedeutet, dich jeden Tag mit deinem Ich Bin zu verbinden, dich darin zu erden, zu zentrieren, zu verwurzeln – in deinem Atem, deiner Stille, deinem Klang, deinem Körper, deinem Kreis der Kraft – und die Verbindung zur Erde und zum Himmel zu stärken.

> Ich Bin – von dort aus in die Welt gehen
> Ich Will – mit Liebe und Intention Wunder bewirken

Unser Selbstwert gedeiht dann, wenn wir Tag für Tag in beiden Ebenen vollständig anwesend sind. Ein hoher, gesunder Selbstwert bedeutet, zu erkennen, dass wir selbst die Schöpfer unserer Wirklichkeit sind. Ich Bin und Ich Will helfen uns, bewusst zu erschaffen.

Ein berührendes Beispiel für das Praktizieren von Ich Bin und Ich Will sind die Frauen und Männer, die nach dem zweiten Weltkrieg gemeinsam halfen, die Erzfeindschaft zwischen Frankreich und Deutschland in eine lebendige, respektvolle und kreative Freundschaft zu verwandeln. Auf dem Boden, der getränkt war mit Blut und Leid, mit Elend und Verzweiflung, mit Hass und Feindschaft, erschufen sie nach und nach Vergebung, ein tiefes Verständnis füreinander und eine respektvolle Partnerschaft.

> Jeder von uns kann – verbunden mit seinem Ich Bin – in Stille und Meditation um das bitten, was er wirklich ersehnt.

Als junger Mann habe ich oft zu Gott gebetet, dass er Menschen zu mir schickt. Ich war mittellos, mein Studium war beendet, ich war unbekannt und stand am Anfang meiner Ausbildung. Dabei gab es schon mehr als genug Lehrer und Therapeuten. Nicht gerade die besten Voraussetzungen, um daraus einen erfolgreichen Beruf oder sogar die Verwirklichung meiner Berufung werden zu lassen. Und doch war es mein Traum, Menschen zu dienen, ihnen zu helfen, ein selbstbestimmtes, erfülltes Leben zu leben und ihre emotionalen Wunden zu heilen. Ich begann, Briefe an Gott zu schreiben, in denen ich ihn innig bat – mit aller Kraft meines Herzens –, Menschen zu mir zu schicken, die ich unterstützen konnte. Dann legte ich mich auf den Holzboden meiner damaligen Wohnung und betete. Danach brachte ich den Brief zum nahegelegenen Fluss und „schickte“ ihn ab. Das war vor zwanzig Jahren. Seither hat Gott viele tausend Menschen zu mir geschickt und uns ein blühendes Institut geschenkt.

> Humor und die Bereitschaft, über dich selbst und das Leben zu lachen, sind auf dem Weg, deinen Selbstwert als Mann zu stärken, sehr hilfreich.

Als schüchterner junger Mann machte ich es mir eines Tages selbst zur Aufgabe, Frauen, die mich sexuell wirklich interessierten – in der U-Bahn, in Cafés oder auf der Straße – auch anzusprechen. Das brachte mir viel Aufregung, viele Cappuccinos, viele spannende Gespräche, einige Absagen wie auch viele zärtliche, sinnliche, sexuelle Begegnungen und Liebesbeziehungen ein und am Ende des Experiments die Erkenntnis, die mich mein ganzes Leben lang begleiten wird:

> Wichtig ist nicht, ob ich das, was ich will, immer bekomme. Wichtig sind meine Entschlossenheit und mein Mut, mich mit dem was Ich Bin und was Ich Will in der Welt zu zeigen.

Einmal, im Winter 1994, waren wir gerade von einer Reise aus Sri Lanka zurückgekehrt. Dabei hatte ich mir eine Darmkrankheit eingefangen, verbunden mit starkem Durchfall.

Eine halbe Stunde bevor unsere alljährliche „Tantra-Silvester-Celebration“ beginnen sollte, waren meine Partnerin und ich noch in jenem italienischen Restaurant, in dem ich seit vielen Jahren jede Woche mindestens drei mal zu Gast war. Ich kannte jeden Winkel dieses Restaurants und ich war sehr gern dort. Ich brauchte nur durch die Tür zu kommen, und der Kellner wusste genau, was ich wollte.

Wir hatten schon bezahlt. In unserem nahegelegenen Institut warteten gut sechzig TeilnehmerInnen auf uns. Da regte sich mein Darm. Der innere Druck war angereichert mit der Dringlichkeit, die ich aus Sri Lanka mit gebracht hatte. Ich war ganz in weiß gekleidet. Ich wusste und spürte, jetzt brauche ich ganz schnell ein Klo, sonst ... Ich stand auf, schnell – durchaus mit Intention – doch vor mir stand ein Mann, bestimmt drei Zentner schwer und sehr breit. Er ging in die gleiche Richtung wie ich und leider war der Flur sehr schmal. Es gab absolut keine Möglichkeit, ihn zu überholen. Zu allem Überfluss schien er gerade das langsame, meditative Gehen neu zu entdecken. Ich wusste nur eins: gleich sind meine weißen Hosen nicht mehr weiß und auch der Seminarbeginn ist ernsthaft gefährdet. Ich versuchte alles, aber es gelang mir nicht, ihn zu überholen. Und dann, am Ort unseres gemeinsamen Begehrens, dämmerte mir, dass es dort drinnen nur ein Klo, nur eine „Brille“ gab. Er öffnete die Tür und verschwand. Mein Verstand setzte aus und – um es einmal deftig auszudrücken – ich war kurz davor, mir in die Hosen zu scheißen. Dann sagte etwas in mir: „Frank, geh' weiter!“

In all' den Jahren, in denen dieses Restaurant wie mein zweites Zuhause war, hatte ich das noch nie getan. Und dort befand sich, wundersamer Weise, eine zweite Herrentoilette! Ich schaffte es gerade noch rechtzeitig. Das Seminar war gerettet und ich war glücklich.

Seither, wenn ich denke, es geht nicht mehr weiter, meldet sich mein innerer Schalk und sagt: „Frank, geh' weiter – es gibt eine zweite Herrentoilette!“

Werte sind Wurzeln

Der nächste Schritt ist die Auseinandersetzung mit deinen Werten als Mann. Von Geburt an und durch unser ganzes Männerleben hindurch sind wir mit den Werten anderer Menschen konfrontiert. Mutter, Vater, Kindermädchen, Lehrerinnen, Partnerinnen, Freunde, uns nahestehende Menschen und auch die Gesellschaft, in der wir aufwachsen, versuchen, uns ihre Werte zu vermitteln.

Wir fühlen uns „wertlos“, wenn wir ohne eigene, frei gewählte Werte leben oder die Werte von Anderen unbewusst übernommen haben. Wir fühlen uns „minderwertig“, wenn wir unsere eigenen Werte den Werten anderer Menschen unterordnen müssen oder zu faul sind, die eigenen Werte auch wirklich zu vertreten.

Dagegen fühlen wir uns „wertvoll“ – voller eigener Werte, wenn wir unsere Werte frei und bewusst wählen, sie immer wieder neu überprüfen und in Übereinstimmung mit ihnen leben. Daraus entsteht Integrität – unsere Werte und unsere Handlungen stimmen überein.

Werte sind Wurzeln. Werte haben Konsequenzen.

1985 verkündete Michail Gorbatschow *Glasnost* und *Perestroika*. Er äußerte und er vertrat seine Werte. Dank ihm und den anderen Menschen, die bereit waren zu handeln, können wir uns heute in Berlin vom Adenauerplatz zum Alexanderplatz bewegen – in Freiheit! Der kalte Krieg ging zu

Ende, die Mauer fiel, Deutschland wurde wieder *ein* Land. Michail Gorbatschows Werte und sein Mut, in Übereinstimmung mit seinen Werten zu handeln, haben vielen Menschen ein neues Leben ermöglicht.

Ohne eigene Werte sind wir wie Blätter im Wind – leicht manipulierbar und immer versucht, blind zu folgen, wenn der schnell wechselnde Zeitgeist mal wieder „eine neue Sau durchs Dorf treibt".

Eigene Werte geben uns Rückgrat, Ethik und Integrität. Es ist ein beglückendes Gefühl, sich sagen zu können:

> Ich stimme mit mir selbst überein. Ich bin ich. Es ist mein Recht, Kontur zu zeigen und gemäß meiner Worte und Werte zu leben.

Es entsteht Freude, wenn wir unsere eigenen Werte erfüllen und uns selbst gegenüber treu sind. Wir sind Meister in unserem eigenen Lebenshaus – König in unserem eigenen Königreich.

8. Übung: ***Die eigenen Werte wählen***

Eine Auswahl von möglichen Werten:

Arbeit	**Liebe**
Sicherheit	Attraktives Äußeres
Stellung/Status	Intelligenz
Unabhängigkeit	Gleiche sexuelle Vorlieben
Macht/Autorität	Gegenseitige Offenheit (Intimität)
Sinn	Treue
Anerkennung	Sexuelle Ausdruckskraft
Kreativität	Ähnliche Einstellung zum Leben
Aufgaben meistern	Quelle von Freude und Erholung
Fortschritt (Verbesserungen)	Respekt
Geistige Aktivität	Ähnliche Energie (Temperament)
Körperliche Aktivität	Spirituelle, religiöse Überzeugungen
Vielfalt	Autonomie
Geld/Finanzen	Romantik
Ethische Harmonie	Emotionale Kommunikation
Errungenschaften	Quelle von Potential und Freude
Altruismus	Ökonomischer Status

Wähle jeweils die für Dich fünf wichtigsten Werte.

Werte dienen als Orientierungspunkte, wie wir handeln können. Wenn wir keine eigenen, selbst bestimmten Werte haben, gibt es überall Menschen, die versuchen werden uns von ihren Werten zu überzeugen.

Seit einigen Jahren erleben wir in unseren westlichen Gesellschaften einen dramatischen Verlust an Werten. Respekt, Achtung vor den anderen Menschen und Mitgefühl gehen mehr und mehr verloren. Viele Jugendliche bekommen nicht mehr die notwendige Orientierung. Den Platz von inneren Werten und ethischer Orientierung nehmen allzuleicht Äußerlichkeiten wie Markenklamotten und Modetrends ein.

Die Stärke und die Reife der Wurzeln einer Gesellschaft können wir an ihrem Umgang mit ihren Jugendlichen und ihren Alten erkennen. Heute reicht in manchen Schulen, im Bus oder in der U-Bahn schon eine falsche Bemerkung, und es kann mit Tätlichkeiten enden.

Wir dürfen die Jugendlichen nicht sich selbst überlassen! Unsere Gesellschaft verkümmert menschlich und ethisch mehr und mehr, wenn wir den Heranwachsenden keine positiven, lebensbejahenden Werte vermitteln.

Zum Glück gibt es immer mehr Männer und Frauen, die es sich zum Ziel gesetzt haben, jungen Menschen in der Pubertät Aufmerksamkeit, Wegbegleitung und Initiation anzubieten. Ein gutes Beispiel dafür ist das Potsdamer Projekt *Phoenix-Zeit* (www.phoenixzeit.de), in dem befreundete Männer Initiations-Seminare für männliche Jugendliche durchführen. Erwähnen möchte ich an dieser Stelle auch die wertvolle Arbeit der fortschrittlichen Jugend- und Pfadfinderverbände, in denen Jugendliche eine lebensbejahende und ethische Ausrichtung erfahren können. Wir dürfen die Heranwachsenden nicht alleine lassen. Wir müssen die Klarheit, die Liebe und die Stärke haben, ihnen Räume und Zusammenhänge anzubieten, in denen sie Werte finden, die mehr sind als Fassade, Äußerlichkeiten und leeres Gerede. Dafür ist es notwendig, dass wir unsere eigenen Werte leben, sie vertreten und damit Vorbild sind.

Indianische, schamanische und andere Kulturen ehren ihre alten Frauen und Männer als ihre Stammesältesten. Sie sitzen zu ihren Füßen und erweisen ihnen dadurch Achtung, dass sie ihnen zuhören und sie mit Würde behandeln. Über die Ehrung der Alten einer Gesellschaft werden zwischenmenschliche Werte vermittelt. Unsere Eltern, Groß- und Urgroßeltern sind unsere „Stammesältesten". Sie haben uns geboren, ernährt und groß gezogen. Sie gaben uns ein Dach über dem Kopf. Sie haben unsere Gesellschaft nach dem zweiten Weltkrieg wieder aufgebaut und unser Gemeinwesen durch ihre Arbeits- und Tatkraft erschaffen. Für alles, was sie geleistet haben, gebührt ihnen Anerkennung und Dank.

Vor kurzem hat mich ein Plakat sehr berührt. Darauf war ein 73-jähriger Mann abgebildet. Darunter stand geschrieben: „Sprich mit einem alten Menschen, er hat etwas zu sagen!“

Im Training *Im Kreis der Männer* ehren wir die ältesten Männer als Stammesälteste. Unsere Gesellschaft muss erwachen aus ihrem Jugendlichkeitswahn und der Ansicht, dass ältere Menschen keine werberelevante Zielgruppe mehr sind und ins Altersheim gehören.

> Hinter allem, was funktioniert stehen klare Werte – egal, ob es eine Familie, eine Beziehung, eine Gemeinschaft, eine Firma oder ein Projekt ist.

Für mich ist es ein zentraler Wert, für meine Frau, meinen Sohn und die mir nahe stehenden Menschen durchs Feuer zu gehen und ihnen beizustehen, wenn sie mich brauchen. Ich weiß, dass auch sie für mich durchs Feuer gehen, wenn es darauf ankommt. Das schafft gegenseitiges Vertrauen und eine tiefe Verbundenheit, die aus gemeinsamen Werten kommt.

Korrektur – die Fähigkeit, mit Rückschlägen umzugehen

Auf dem Weg, unseren authentischen Selbstwert und unsere persönliche Kraft zu entwickeln, gibt es immer wieder Rückschläge. Das ist normal, schließlich wurde Rom auch nicht an einem Tag erbaut. Unsere *Kreativität* wird beflügelt, wenn wir entschlossen lernen, in Begriffen von „Korrektur“ zu denken statt von „Versagen“.

Für Menschen, die das Wesen des bewussten Erschaffens tief durchdrungen haben, gibt es nur „Resultate“ und „neue Möglichkeiten“, kein Versagen oder gar Scheitern. Für mich waren auf meinem Weg einige Rückschläge richtige Initialzündungen, die mich ermutigt haben, meinen Weg unbeirrbar weiterzugehen, bis ich mein Ziel erreicht hatte.

Einmal bewarb ich mich um die Mitarbeit im Leitungsteam einer Firma. Ich wurde abgelehnt. Dies war der Beginn meiner Selbständigkeit und zugleich der Beginn, meine Berufung zu verwirklichen. Korrektur erschafft einen offenen Raum für Neuschöpfung. Dieser offene Schöpfungsraum enthält alle Möglichkeiten – auch die, die wir bis jetzt noch nicht genutzt haben –, um das zu schaffen, was wir wirklich ersehnen.

Das Betrachten einer Situation aus der Perspektive von Versagen und Scheitern unterbricht den Fluss der Kreativität. Unsere schöpferische Energie stagniert. Daraus kann Resignation entstehen, die sich mit alten Misserfolgserlebnissen und negativen Glaubenssätzen verbindet. Lebe in der Bereitschaft zur Korrektur.

Korrektur hilft dir, flexibel und kreativ zu sein, in Lösungen und Möglichkeiten zu denken. Korrektur erlaubt dir, die unglaublichen Möglichkeiten dieses Universums voll zu nutzen und immer mehr der König deines selbst bestimmten Lebens zu sein.

Es gibt im Leben jedes Mannes Tage, an denen – wie es ein Berliner Taxifahrer einmal ausdrückte – ein Schild an uns zu kleben scheint mit der Aufschrift: „Alle Idioten zu mir!“ Und sie kommen dann auch wirklich. Jeder von uns kennt diese Tage, an denen eine Menge schief läuft. Gerade dann sind Humor und Korrektur enorm wichtig, um in unserer Mitte zu bleiben und am anderen Morgen einen neuen Tag voller Kraft und Freude zu beginnen – ohne Schild.

Anerkennung und Dankbarkeit

Wir haben uns bisher mit den *drei Verbündeten der Kraft* beschäftigt – dem Atem, dem Klang und der Bewegung. Darüber hinaus mit deinen inneren und äußeren Kraftquellen und deiner Fähigkeit, mit Liebe und Intention zu handeln. Unsere Reise ging weiter mit den Schöpfungsprinzipien dieses Universums, Ursache – Wirkung – Wirklichkeit, und führte uns schließlich zu der Bedeutung von eigenen, selbstbestimmten Werten und der schöpferischen Kraft der Korrektur.

Das Anliegen meiner Arbeit mit Männern, wie auch das Anliegen dieses Buches ist es, dir eine neue Lebensqualität und eine neue Stärke zu schenken. Die Erfahrung mit vielen Männern hat gezeigt, dass diejenigen, die sich selbst und ihrem Mannsein jeden Tag eine gewisse Zeit der Aufmerksamkeit schenken, kraftvoller und effektiver auf ihrem Lebensweg vorankommen.

Wir Männer sind es gewohnt zu funktionieren. Deshalb leisten wir auch eine Menge. Und doch kann es all zu leicht geschehen, dass wir uns selbst und andere Menschen wie seelenlose Objekte behandeln. Ich empfehle dir, schenke dir jeden Tag bewusst Zeit nur für dich. Zeit, in der du aussteigst aus Stress, Sorgen und Anspannung. Vor allem dann, wenn du in deinem Alltag, in deinem Beruf, deiner Firma, deiner Familie, deiner gesellschaftlichen Funktionen eine Menge leistest und Verantwortung trägst.

Gönne dir jeden Tag bewusst Zeit für dich selbst. Eine gute Möglichkeit dazu bietet beispielsweise das Schreiben eines Tagebuchs. Viele Menschen machen davon Gebrauch. Schreibe auf, was dich bewegt, beschäftigt und was wichtige Schritte auf deinem Weg sind oder waren. Schreibe viel oder wenig, wie es dein Rhythmus zulässt. Das Tagebuch hilft dir, Kurs zu halten, Dinge zu sortieren und den inneren Zeugen, den inneren Beobachter wach zu halten und weiterzuentwickeln.

Für mich war der Tag, an dem ich begann, mir selbst bewusst Zeit zu schenken, ein entscheidender Tag in meinem Leben. Ich konnte nicht nur hart, diszipliniert und leidenschaftlich arbeiten, sondern mir zugleich auch Entspannung, Genuss und Erfüllung gönnen. Heute, inmitten der Anforderungen durch Arbeit, Familie, Beziehungen und soziales Umfeld, schenke ich mir selbst immer Zeit für einen Tee oder Cappuccino im Café und lese dort den Sport- und Politikteil der Zeitung. Seit Jahren nehme ich mir Zeit für meine tägliche Meditationspraxis und meine Atem-, Klang- und Bewegungsübungen. Auch inmitten der größten Anforderungen, wenn die Wellen noch so hochschlagen, halte ich meine tägliche spirituelle Praxis aufrecht. Das erzeugt mit der Zeit die Gewissheit, meine inneren Kraftquellen zu kennen, sie zu nutzen und das erfüllende Gefühl, nicht mehr Sklave der wechselnden Umstände zu sein, sondern Herr meines eigenen Lebens.

> Nicht das, was ich erlebe und besitze entscheidet über mein Glück und Wohlbefinden, sondern wie ich das, was ich erlebe und besitze, bewerte und wertschätze.

Es ist meine Anerkennung für mich selbst, für jeden noch so kleinen Schritt, mich selbst in Dankbarkeit zu berühren und in den Arm zu nehmen, zu mir selbst anerkennend und wertschätzend zu sprechen. Durch das Praktizieren dieser Schritte der Selbstliebe habe ich festgestellt, dass Anerkennung und Dankbarkeit innige Herzensfreunde sind.

Du leistest so viel an jedem Tag deines Lebens. Halte immer wieder inne, danke dir selbst und wertschätze all das, was du für dich, deine Familie, deine Freunde, deine Kollegen und die Gesellschaft Tag für Tag leistest. Nimm nichts mehr für selbstverständlich, vor allem nicht deine Gesundheit und dein Leben.

Sei dir des Geschenks deines Lebens voll bewusst!

Dankbarkeit und Anerkennung öffnen unsere Herzen für das Leben und die Liebe.

Heimat in dir finden – in deinem Mannsein ruhen

Für mich ist Heimat das schwäbische Dorf Gräfenhausen-Obernhausen, in dem ich geboren wurde und aufgewachsen bin. Dieses Dorf, diese Gegend und vor allem die Menschen dort sind meine Heimat. Diesen liebenswerten Menschen verdanke ich das Gefühl, eine schöne Kindheit und Jugend erlebt zu haben. Heute ist *Heimat* auch und vor allem mein innerer Raum, mein Mit-mir-alleine-sein-können, mit mir selbst in Frieden und Liebe zu sein – egal wo ich bin.

Viele Männer haben keine Wurzeln entwickelt. Sie sind „innere Heimatvertriebene“. Es gelingt ihnen nicht, in ihrem Wesen – in ihrem Inneren – Heimat zu finden. Die meisten Männer sind darauf konditioniert, sich über Frauen, Beziehungen, Erfolg, gesellschaftliche Stellung und Status zu definieren. Sinn, Erfüllung, Heimat ist an etwas im Außen gebunden. Daher rührt ein Teil der Rastlosigkeit von uns Männern – wir sind fast immer auf der Jagd nach Anerkennung, nach Erfolg, nach Sex, nach Macht, nach neuen Herausforderungen. Jeder weiß oder ahnt zumindest, wie instabil diese äußeren Faktoren sind. Jeder Mensch, der wirklich Erfolg hatte, weiß, wie vergänglich dieser ist. Jeder Mann, der Sex mit vielen verschiedenen Partnerinnen hatte, weiß, dass auch der tollste Sex irgendwann hohl und leer werden kann.

Viele Männer sind, energetisch betrachtet, wie ein Gefäß mit vielen Löchern. Sie erleben etwas Schönes, und das hält dann ein paar Stunden oder einen Tag an. Sie haben nie gelernt, „ihr Gefäß zu einen“ und von innen heraus zu bewohnen. Wenn dieses Gefäß geeint ist, entsteht Heimat. Heimat, in der du ruhst, und in der du dich tiefer und tiefer verwurzeln kannst. Alles in diesem Universum entwickelt sich von innen nach außen.

Stärke den Kontakt zu deinem inneren Wesen, zu deiner inneren Heimat, zu deinem ICH BIN.

Die bewusste Verbindung mit deinen Wurzeln

„Unsere tiefgreifendste Angst ist nicht, dass wir ungenügend sind. Unsere tiefgreifendste Angst ist, über das Messbare hinaus kraftvoll zu sein. Es ist unser Licht, nicht unsere Dunkelheit, das uns am meisten Angst macht.

Wir fragen uns, wer bin ich, mich brillant, großartig, talentiert, phantastisch zu nennen? Aber wer bist du, dich nicht so zu nennen? Du bist ein Kind Gottes. Sich selbst klein zu halten dient nicht der Welt. Es ist nichts Erleuchtetes daran, sich so klein zu machen, dass andere um dich herum sich nicht unsicher fühlen.

Wir sind alle dazu bestimmt zu leuchten, wie es die Kinder tun. Wir sind geboren worden, um den Glanz Gottes, der in uns ist, zu manifestieren. Er ist nicht nur in einigen von uns, er ist in jedem Einzelnen. Und wenn wir unser eigenes Licht erscheinen lassen, geben wir unbewusst anderen Menschen die Erlaubnis, dasselbe zu tun. Wenn wir von unserer eigenen Angst befreit sind, befreit unsere Gegenwart automatisch andere."

M. WILLIAMSON

Kernaussagen zu Selbstliebe und Selbstwert

- Sei einzigartig – sei du selbst. Entwickle dein einzigartiges Mann- und Menschsein. Folge dem ureigenen Ausdruck deiner Kraft.

- Nimm dich jeden Tag selbst in deine Arme. Sei gütig, freundlich und liebevoll, stehe voll zu dir selbst. Frieden und Liebe, die du dir selbst schenkst, sind auch Frieden und Liebe für deine Mitwelt.

- Atme bewusst, genieße deine Stimme, deine Töne, bewege dich. Dein Körper ist dein Tempel. Schenke deinem Körper Aufmerksamkeit und pflege ihn jeden Tag.

- Verbinde dich mit deiner Liebe und deiner Intention. Verbinde dich mit dem, was du bist: Essenz, Seele, Wesen, Sein. Verbinde dich jeden Tag bewusst mit deinen Zielen, Werten und den nächsten Schritten.

- Die bewusste Verbindung von Ich Bin und Ich Will bewirkt Wunder. Trainiere deinen Geist, sich dem Ich Bin und Ich Will zuzuwenden. Genieße es, bewusst zu erschaffen.

- Praktiziere *Korrektur*. Genieße es, Dinge zu korrigieren und zu verbessern. Lerne jeden Tag etwas Neues über das Leben und die Liebe. Bewahre dir deine Neugier und dein Staunen.

- Beginne jeden Tag bewusst in Stille. Visualisiere den Tag, wie du ihn erleben möchtest. Schicke den Menschen, denen du an diesem Tag begegnen wirst, Licht und Liebe mit einem für dich stimmigen Gebet. Gib dem Tag deine Richtung und bitte um den Segen der großen Kraft.

- Praktiziere den Tag hindurch einfache Atem- und Bewusstseinsübungen. Halte dein Bewusstsein ausgerichtet auf Ich Bin und Ich Will.

- Vollende am Abend in Anerkennung und Dankbarkeit den Tag. Sieh, was es zu korrigieren gibt, genieße deinen Abend und lass los.

- Pflege deine Männerfreundschaften. Initiiere neue Männerkontakte und -freundschaften.

Kapitel 2

Das Kind in dir – die Welt deiner Gefühle

Wenn ein Kind kritisiert wird, lernt es, zu verurteilen.
Wenn ein Kind angefeindet wird, lernt es, zu kämpfen.
Wenn ein Kind verspottet wird, lernt es, schüchtern zu sein.
Wenn ein Kind beschämt wird, lernt es, sich schuldig zu fühlen.

Wenn ein Kind verstanden und toleriert wird,
lernt es, geduldig zu sein.
Wenn ein Kind ermutigt wird, lernt es, sich selbst zu vertrauen.
Wenn ein Kind gelobt wird, lernt es, sich selbst zu schätzen.
Wenn ein Kind gerecht behandelt wird, lernt es, gerecht zu sein.

Wenn ein Kind geborgen lebt, lernt es, zu vertrauen.
Wenn ein Kind anerkannt wird, lernt es, sich selbst zu mögen.
Wenn ein Kind in Freundschaft angenommen wird,
lernt es, Liebe in der Welt zu finden.

Text über dem Eingang einer tibetischen Schule

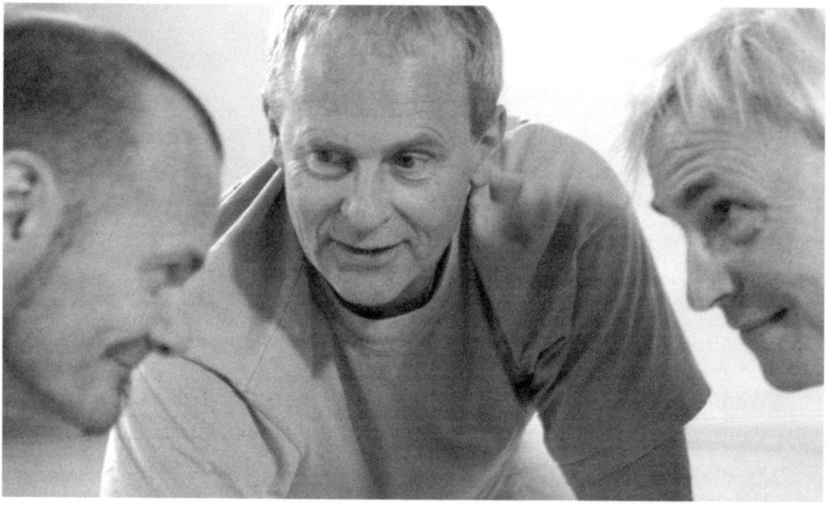

Das innere Kind

In jedem Mann lebt ein „inneres Kind“. Dieses innere Kind – der kleine Junge – steht für all das, was du in den ersten vier bis acht Jahren deines Lebens erfahren hast. In dieser Phase entwickeln wir die Verhaltensmuster, Prägungen und Glaubenssätze, mit denen wir als erwachsene Männer in der Welt leben und handeln.

Jeder Mann trägt die emotionalen und seelischen Verletzungen aus seiner Kindheit und Jugend in seinem Körper. Genauso trägt er auch die stärkenden und nährenden Erlebnisse in sich. Aus all dem sind unsere emotionalen Grundmuster, Glaubenssätze und Verhaltensmuster entstanden. Unsere Kindheit ist quasi die Blaupause unseres Erwachsenenlebens.

Viele Konflikte in unseren Liebesbeziehungen sind nicht die Konflikte zweier Erwachsener, sie sind die Konflikte unserer inneren verletzten Kinder. Dasselbe gilt für viele Auseinandersetzungen im beruflichen und gesellschaftlichen Leben.

Ihre persönlichen Grundverletzungen und Grundängste verstecken die meisten Männer hinter einer „Ritterrüstung“, sie panzern sich. Wenn wir uns verletzt fühlen, wehren wir unseren Schmerz ab und projizieren ihn nach außen, oder wir fressen ihn in uns hinein.

Solange sich ein Mann nicht seinem eigenen erlittenen Leid gestellt hat, ist er immer in Gefahr, es an andere Menschen weiterzugeben. Er ist jederzeit bereit, anzugreifen und zu attackieren: mit Worten, mit Beleidigungen oder auch mit Gewalt und Grenzüberschreitungen.

Die Gewalt richtet sich dann gegen die eigenen Kinder, die Partnerin, Verwandte oder auch gegen Fremde auf der Straße.

Seit vielen Generationen wird so die Kette des Leids aufrechterhalten. Eine verwundete Generation gibt ihre Verletzungen, Defizite und negativen Verhaltensmuster an die nächste Generation weiter.

Das Schalenmodell

Ich danke an dieser Stelle dem Begründer der Integrativen Körperpsychotherapie IBP, Dr. Jack Lee Rosenberg und dem Leiter des Schweizer IBP-Instituts, Dr. Markus Fischer, herzlich für die Erlaubnis, einige ihrer Grundmodelle und -teachings darzustellen. Die Ausbildung am dortigen Institut hat meine Arbeit und mein Leben sehr bereichert.
Für dieses und das nachfolgende Kapitel *Der reife Mann in Beziehung* ist das *Schalenmodell* eine wichtige theoretische Grundlage.

Die Mitte des Schalenmodells beschreibt, was wir sind: Kern, Seele, Sein, Selbst, Wesen, Quelle. So werden wir geboren, und solange wir le-

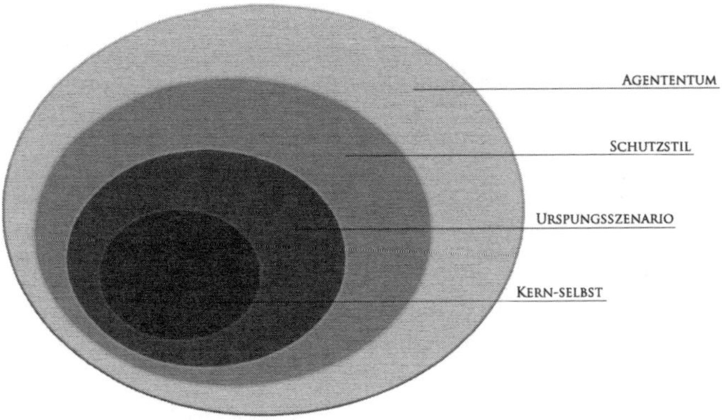

Quelle: IBP-Institut Schweiz

ben sind wir das in unserem tiefsten Innern – egal, wie viele Schichten von Schutz und Abwehr sich im Lauf des Lebens auch darüber legen. Die nächste Schicht, das *Ursprungsszenario*, beschreibt die Bühne unseres Lebens, auf die wir uns inkarnieren. Unser Ursprungsszenario beinhaltet die Lebensumstände, die gesellschaftlichen und kulturellen Verhältnisse, in die wir hineingeboren werden.

Als *Schutzstil* wird unser Versuch bezeichnet, mit den Verletzungen unserer Kindheit umzugehen. Wir schützen uns nach innen, um keinen Schmerz mehr zu spüren, in dem wir zum Beispiel den Atem flach halten. Wir spannen die Muskeln an und erlernen bestimmte Haltemuster im Körper. Unser Schutzstil versucht, drohenden Schmerz abzuwehren. Wir schützen uns nach außen durch Feindseligkeit, Angriff, Trotz, Rückzug, Widerstand oder Kontaktabbruch. Der Schutzstil ist ein in der Kindheit erlerntes Verhalten, das viele Menschen lebenslang beibehalten. Unser Schutzstil hat uns einst treu gedient, um überleben zu helfen. Heute jedoch erschafft er immer wieder Leid und Verletzungen, wie ein Soldat, der nicht begriffen hat, dass der Krieg schon lange vorbei ist.

Das Märchen *Hans mein Igel* der Gebrüder Grimm ist eine wunderbare Beschreibung des Schutzstils. Am Schluss des Märchens legt der Held in der Hochzeitsnacht seinen Schutzpanzer aus stacheligen Igelborsten ab. Er kann das tun, weil er sich selbst so liebt wie er ist und weil ihn die Königstochter so liebt, wie er ist, einschließlich der Borsten. Und so ist es auch in unserem Leben: letztendlich kann der Schutzstil nur durch Liebe, Verständnis und Bewusstheit abgelegt werden.

Als *Agententum* wird die äußerste Schicht des Schalenmodells bezeichnet. Agententum ist der Versuch, doch noch Liebe und Zuneigung zu bekommen, indem wir uns für andere – bis zur Selbstaufgabe – aufopfern. Der Agent musste oft schon in der frühesten Kindheit den Kontakt zum eigenen Selbst aufgeben und sich an seine Umwelt anpassen, um zu überleben. Fortgesetztes Agententum als Erwachsener führt sehr oft zum Burn-Out und anderen Erschöpfungszuständen. Sowohl Schutzstilverhalten als auch Agententum sind Abwehrstrategien, um zu verhindern, erneut verletzt zu werden. Meistens versuchen wir erst als manipulierende Agenten unser Glück. Wenn das nicht funktioniert, wechseln wir schnell in den Schutzstil. Letztendlich sind Agententum und Schutzstil wie zwei Seiten einer Medaille.

Agententum und Schutzstil haben uns lange treu gedient. Unsere Bewusstheit und Aufrichtigkeit in der Begegnung mit beiden eröffnen uns heute neue Handlungsmöglichkeiten und erlauben uns immer mehr, vom *Kern-Selbst* aus authentisch zu leben.

Das Ursprungsszenario

Das Ursprungsszenario bildet die Umstände, die Beziehungen, das Milieu sowie den gesellschaftlichen und politischen Hintergrund ab, in den wir uns inkarniert haben. Es ist die „Bühne" unseres Lebens, auf die sich unsere Seele manifestiert und verkörpert. Hier erleben wir sowohl das, was uns Kraft und Vertrauen gibt, wie auch unsere Verletzungen und Traumata. Das Ursprungsszenario enthält alle Einflüsse und Prägungen.

Als Beispiel möchte ich einen Teil meines eigenen Ursprungsszenarios beschreiben: Meine Mutter, Hilde, wurde 1938 in Pforzheim geboren. Sie wuchs in Gräfenhausen-Obernhausen in Baden-Württemberg auf – dem Dorf, in dem ich 19 Jahre später geboren wurde. Hildes Mutter, meine Großmutter Helene, wurde 1904 in einem Nachbardorf geboren und ihr Vater, mein Großvater Paul, erblickte im Jahr 1900 das Licht der Welt.

Meine Großeltern mütterlicherseits haben beide relativ früh den Vater verloren. Der Vater meiner Großmutter starb durch einen Schlaganfall. Der Vater meines Großvaters war Steinmetz und arbeitete im Steinbruch. Er starb an einer so genannten Staublunge.

Paul, der früh seinen Vater verloren hatte und ihn vermutlich sehr vermisste, wünschte sich sehnlichst einen Sohn. Helene gebar ihm jedoch zwei Töchter: Gerda und Hilde. Paul wurde 1939 als Soldat eingezogen.

Als meine Mutter etwa vier Jahre alt war (und daran erinnert sich meine Mutter bis heute), ging sie in die Küche und sah dort einen „fremden" Mann sitzen, der Kirschen aß. Sie rannte schreiend aus der Küche zu ihrer Mutter. Der „Fremde" war ihr Vater, der auf Heimaturlaub war.

Es war schwer für meine Großmutter Helene, ihre beiden Kinder durch die Kriegsjahre zu bringen. So lernte meine Mutter Armut und Not kennen. Als die Leidenszeit des Kriegs endlich vorbei war, ging das Leben in materieller Einfachheit weiter. Hilde war eine sehr gute Schülerin und hatte lauter Einsen im Zeugnis. Ihr Lehrer wollte gern, dass sie auf das Gymnasium wechselte. Doch ihr Vater war dagegen, weil sie ein Mädchen war und weil sie Geld verdienen musste. So wurde sie Uhrmacherin.

Die Eltern meines Vaters Hermann hießen Mina und Adolf. Sie waren Bauern. Mein Vater kam 1931 zur Welt. Er war der Zweitgeborene. Mina und Adolf bewirtschafteten einen großen Bauernhof mit vielen Tieren. 1940 kam der nationalsozialistische Ortsgruppenleiter und forderte meinen Opa auf, ihm einen bestimmten Acker zu überlassen. Doch mein Opa besaß Rückgrat. Er weigerte sich, ihm den Acker zu geben. Daraufhin wurde er eingezogen und verbrachte über neun Jahre in der ehemaligen Sowjetunion erst als Soldat und später als Kriegsgefangener. Er kam mehr tot als lebendig zurück und wog nur noch 38 Kilo. Es war sehr hart für meine Großmutter, all die Arbeit und die Erziehung ihrer Kinder allein zu bewältigen.

Der Traum meines Vaters Hermann war immer, sich selbständig zu machen. Er arbeitete erst als Wagner, doch Mitte der fünfziger Jahre brauchte kaum mehr jemand aus Holz gefertigte Wagen. So sattelte er um und wurde Handwerker und Bodenleger. Er war sehr geschickt in seiner Arbeit und fleißig. 1956 lernte er meine Mutter kennen. Sie verliebten sich ineinander und wurden ein Paar. 1958 machte er sich, unterstützt von meiner Mutter, selbstständig. Und dann wurde Hilde schwanger.

Jetzt komme ich ins Spiel. Ich wurde etwa im August 1957 gezeugt und im Mai 1958 geboren. Als mein Großvater Paul erfuhr, dass Hilde schwanger war, machte er dem jungen Paar unmissverständlich klar, dass sie heiraten sollten, was sie dann auch taten. Meine Mutter war damals 19 Jahre alt und wollte eigentlich erst einmal ihr Leben genießen. Mein Vater war 26 Jahre alt und sehr damit beschäftigt, seine Firma aufzubauen.

So wuchs ich im Bauch meiner Mutter auf, die wusste: mit meiner Geburt und der Heirat würde ihr Leben einen anderen Verlauf nehmen, als sie sich das vorgestellt hatte. Nicht, dass sie Hermann nicht liebte, doch sie wollte noch etwas anderes vom Leben. Und so war ich das Kind einer Mutter, die so früh noch kein Kind wollte und dadurch – in meinem Empfinden – die ersten zwei, drei Jahre meines Lebens manchmal emotional und körperlich nicht genügend anwesend oder überfordert war. Trotzdem gab sie immer ihr Bestes. 1961 wurde mein Bruder Jürgen geboren. Mit ihm verbindet mich bis heute eine liebevolle und brüderliche Beziehung.

Ich war das Kind eines Vaters, der auf der einen Seite stolz war auf seinen erstgeborenen Sohn, auf der anderen Seite aber nicht im Traum daran dachte, seinen Arbeitsalltag von etwa zwölf bis vierzehn Stunden und die anschließenden Wirtshausbesuche bis spät in die Nacht zu reduzieren. Schon damals begann er zu trinken. Und die Mischung aus dem Jähzorn, den er von seinem Vater übernommen hatte, zuviel Arbeit und der Unfähigkeit, seine Gefühle auszudrücken, begann schon früh, das familiäre Klima zu beeinflussen. Zugleich war ich auch das Enkelkind von Opa Paul, der sich so sehr einen Sohn gewünscht hatte, und von Oma Helene, in deren Haus wir die ersten zwölf Jahre meines Lebens auf etwa 45 Quadratmeter wohnten. Ebenso war ich das Enkelkind von Mina und Adolf. Für alle vier Großeltern war ich das erste Enkelkind, und alle gaben sie mir ihre innige Liebe. Sie waren für mich Menschen, durch deren Liebe ich mich als Kind inniglich geliebt gefühlt habe.

Wichtig für mich als Kind waren auch mein Onkel Theo, der Bruder meines Vaters und meine Tante Gerda, die Schwester meiner Mutter. Ihre Liebe und herzliche Freundlichkeit waren immer wie ein warmer Regen.

Opa Paul hatte ein großes, gütiges Herz. Mit ihm durfte ich Motorrad fahren, in seinem Seitenwagen. Er starb, als ich zwölf Jahre alt war. Ich war sehr traurig damals. Bis heute bewahre ich ihn und seine Liebe in meinem Herzen. Ich habe meinem Sohn Paul-John seinen Namen gegeben, um ihn zu ehren – der Beiname John steht für die Anerkennung meines Schwiegervaters Johannes.

Meine Oma Helene war immer für mich da, auch dann, wenn meine Mutter manchmal „nicht genug“ Zeit für mich hatte. Sie wurde 92 Jahre alt, und bis zum Schluss war sie etwas ganz Besonderes für mich. Ihr Verständnis und ihre bedingungslose Liebe werden mich immer begleiten. Sie war eine gütige und herzensgute Großmutter für mich.

Mina, die Mutter meines Vaters Hermann war eine starke Frau. Jedes Mal, wenn ich bei ihr war, schenkte sie mir zum Abschied etwas. Als ich ein wenig älter wurde, sagte ich einmal zu ihr: „Oma, das brauchsch doch net!“ Sie antwortete: „Einmal, wennd älter bisch, wirsch mi verstehn!“ Heute, wenn mein Herz hart werden will, taucht sie auf, und ich verstehe, vergebe und liebe tiefer. Sie hat mich gelehrt zu lieben, zu geben und mutig zu sein.

Einmal im Jahr machte sie mit Klaus, dem Sohn meines Onkels Theo, meinem Bruder Jürgen und mir einen Ausflug nach Stuttgart in die Wilhelma, nach Heidelberg zum Schloss oder nach Karlsruhe zur Bundesgartenschau. Das waren für uns Kinder besondere Höhepunkte! Noch heute sehe ich sie vor mir: ihre klaren, liebevollen Augen, ihr weißes Haar und ihre wundervolle Art, uns eine Freude zu bereiten. Auch Adolf, ihr Mann, hatte immer einen Platz in seinem Herzen für mich. Mit ihm zu vespern und dabei in seine offenen Augen zu schauen, werde ich nie vergessen. Die Liebe meiner Großeltern trägt mich bis heute.

Im Ursprungsszenario eines Menschen können wir den Großteil seiner Prägungen erkennen. Wir alle sind unser verkörpertes Ursprungsszenario. Es schließt die ganzen Lebensumstände unserer ersten Lebensjahre mit ein: die emotionale Beziehung zu unseren Eltern, Großeltern, Geschwistern, Onkeln und Tanten, zu Nachbarn, Spielkameraden, Tieren und vielem mehr. Es beinhaltet unsere Kraftquellen genauso wie unsere Grundverletzungen. Es beinhaltet die generationenübergreifenden Muster, die an uns weitervererbt wurden: die Süchte in unseren Familien, das emotionale Leid, die Krankheiten.

Viele von uns sind ohne Vater aufgewachsen, bei anderen starb die Mutter zu früh oder war emotional abwesend. Wieder andere wurden adoptiert oder erlebten die Scheidung von Mutter und Vater, mussten Streit in der Familie ertragen oder erfuhren massive Vorurteile aufgrund ihrer Geschlechterrolle. Andere dagegen erlebten viele Jahre ein harmonisches Familienleben. Und so haben alle Menschen ihre Prägungen in den ersten Jahren ihres Lebens erhalten. In unseren Zellen, Muskeln und Organen leben Mutter und Vater weiter.

In unseren Beziehungsschwierigkeiten als Erwachsene, hinter allen gegenseitigen Schuldzuweisungen, hinter dem Recht haben wollen und den Abwehrmechanismen, zeigen sich immer auch die Ängste und Verwundungen des kleinen Mädchens und des kleinen Jungen.

Unsere Sehnsucht nach Ganzheit als erwachsene Frauen und Männer, unser Wunsch nach emotionaler Heilung erfüllt sich in unserer Hinwendung zu dem kleinen Jungen, dem kleinen Mädchen in uns. Vorher sind wir fragmentierte Wesen, die Erwachsene spielen, von ihren Gefühlen abgespalten sind und vorrangig im Kopf leben.

Die drei Grundverletzungen

Alle Erfahrungen, die wir in unserem Leben machen, werden zellulär und im Bewusstsein gespeichert. Das zeigt sich im Moment des Todes eines Menschen, wenn in Sekundenbruchteilen der ganze Lebensfilm abläuft.

Sigmund Freud, Carl Gustav Jung, Wilhelm Reich und die anderen Pioniere der westlichen Psychologie legten den Grundstein für das Verständnis, dass uns die ersten Jahre entscheidend für unser ganzes Leben prägen. Das, was wir in den ersten Jahren und in unserer Jugend erfahren haben, wiederholen wir unbewusst solange und immer wieder, bis es offenbart, tiefer gefühlt, verstanden, befreit und integriert wird.

1. Verlassenheit

Alles, was ein Kind als „zuwenig" von seinen primären Bezugspersonen erhalten hat, zum Beispiel zuwenig an emotionaler Zuwendung, zuwenig an Verständnis, zuwenig an Körperkontakt sind *Verlassenheitserfahrungen*. Verlassenheit erleben Kinder, deren Mutter in den ersten Stunden, Tagen, Wochen, Jahren ihres Lebens emotional und/oder körperlich nicht präsent ist. Sei es, dass sie geschwächt ist durch die Geburt, krank ist oder ihr das Kind „weggenommen" wird, so wie es viele Jahre in Krankenhäusern üblich war. Heute wissen wir: ein Neugeborenes braucht das Willkommen, die Wärme, die Geborgenheit und die emotionale Nähe der Mutter wie auch die des Vaters. Ein Neugeborenes ist völlig offen und ungeschützt. Ist die Mutter über Stunden oder Tage nicht da, kann das beim Kind tiefe Verlassenheitserfahrungen auslösen. Die Forschungen von Daniel Stern, William Emerson und anderen zeigen, dass die oben beschriebenen Situationen für das Neugeborene oder ein Kleinkind große Ängste bis hin zu Todesangst auslösen können. Auch wenn eine Mutter nach der Geburt zu schnell wieder arbeiten geht beziehungsweise viele Stunden am Tag nicht für ihr Kind da ist, kann das tiefe Verlassenheitsgefühle auslösen.

Aus der prä-, peri- und postnatalen Forschung wissen wir auch, dass ein Kind alles auf sich bezieht: „Wenn meine Mama nicht da ist und nicht kommt, stimmt etwas nicht mit mir – ich bin nicht richtig, ich darf nicht sein." Nachdem das Kind schon längere Zeit nach der Mutter geschrieen hat, ohne dass sie gekommen ist, gibt es irgendwann resigniert auf und zieht daraus den Schluss: „Es hat ja doch keinen Sinn. Ich bin es einfach nicht wert, geliebt zu werden."

Viele Jahre später kann sich diese verdrängte Erfahrung wieder in bestimmten Beziehungs- oder Lebenssituation zeigen: wir geben zu früh auf, resignieren und glauben nicht daran, dass eine Situation lösbar ist und wir ein Recht darauf haben, mit unseren Bedürfnissen respektiert zu werden.

Ein Beispiel aus unserer therapeutischen Arbeit: Peter ist ein gut aussehender Mann, Anfang vierzig und arbeitet als Ingenieur. Er ist Vater zweier Söhne, neunzehn und einundzwanzig Jahre alt. Seine Ehe scheiterte. Seither hatte er drei länger währende Beziehungen gehabt, die jedoch ebenfalls scheiterten. Mit jedem neuen Scheitern seiner Liebesbeziehungen wurde sein Leidensdruck größer.

In Gesprächen mit ihm zeigte sich sehr schnell der Bezug zu seinem Ursprungsszenario: als er fünf Jahre alt war, ist seine Mutter bei einem Autounfall tödlich verunglückt. Dieses zutiefst traumatische Erlebnis, das ihn für sein ganzes Leben prägte, konnte er nie wirklich verarbeiten. Und jetzt zeigte er eine nahezu panische Angst, wieder verlassen zu werden.

Nach und nach lernte er, dem alten unverarbeiteten Schmerz, der großen Trauer und auch der Wut zu begegnen, die er immer in sich getragen hatte. Er lernte, in sich selbst Ganzheit und Frieden zu finden und hörte auf, seine Partnerinnen in Symbiose zu ersticken und dadurch genau das herbeizuführen, was er am meisten fürchtete: verlassen zu werden.

Männer und Frauen, die tiefe Verlassenheit erfahren haben, neigen zu übergroßer Symbiose in ihren Liebesbeziehungen. Es gibt eine Tendenz, das alte „Loch", die alte Verlassenheit und die damit verbundene innere Einsamkeit durch den Partner zu kompensieren. Das funktioniert leider immer nur für eine gewisse Zeit. Männer, die Verlassenheit erlebt haben, haben große Schwierigkeiten, ihre Grenzen zu spüren, zu kommunizieren und einzuhalten. „Nein" zu sagen fällt ihnen sehr schwer, denn sie sind es gewohnt „Ja" zu sagen. Um geliebt zu werden, tendieren sie dazu, sich selbst aufzugeben, und präsentieren sich gern nett und hilfsbereit.

Menschen, die grundlegende Verlassenheit erfahren haben, können meist nicht genug Nähe in einer Liebesbeziehung bekommen. Sie neigen sowohl zu Über- wie auch Untertreibungen. Sie tendieren dazu, sich selbst und andere wie ein Objekt zu behandeln. Sie fordern von sich und von anderen

Höchstleistungen, unter anderem auch deshalb, weil Leistung und Einsatzbereitschaft ihnen erlauben, ihr beschädigtes Selbstwertgefühl zu kompensieren. Ihnen fehlt die Empfindung und die Erfahrung, um ihrer selbst willen geliebt zu werden. Daraus entsteht bei einigen zum Beispiel die bekannte Lebenshaltung: „Erst die Arbeit und dann das Vergnügen!"

Bevor ich mir meiner eigenen Verlassenheitserfahrungen als Kleinkind voll bewusst war, fragte ich mich oft, warum ich so ärgerlich wurde, wenn ich im Café zehn oder fünfzehn Minuten auf jemanden wartete, der sich verspätet hatte. Manchmal spürte ich einen Ärger, sogar eine richtige Wut, die teilweise weit über das der Situation angemessene Maß hinausging. Irgendwann – ich war auf der Heimfahrt von einer Therapie, die ich damals in Anspruch nahm – kamen mir plötzlich Bilder hoch, wie ich damals in meinem Gitterbettchen lag und nach meiner Mama schrie, die aber nicht kam.

Oftmals führen Männer, die über Jahre oder Jahrzehnte Verlassenheitserfahrungen ausgesetzt waren, ein ganz normales Leben. Sie sind in einer stabilen Beziehung oder einer Ehe, haben Kinder, bauen vielleicht ein wichtiges Projekt auf, haben sozialen und gesellschaftlichen Erfolg. Alles scheint in Ordnung. Dann allerdings, wenn die langjährige Beziehung oder die Ehe scheitert, wenn die berufliche Existenz gefährdet ist, kann ein existenzielles Vakuum entstehen, das den Mann und sein ganzes Leben zu verschlingen droht.

Die verdrängten, unbearbeiteten Verlassenheitserfahrungen brechen mit einem Mal auf, weil die aktuelle Situation die früheren, frühkindlichen Erfahrungen aktiviert. Diese Verlassenheitserfahrungen sind verbunden mit Existenzangst, Lebensangst, der Angst zu sterben, keine Kontrolle mehr zu haben und alles zu verlieren. Dann fängt „Mann" leicht an, sich zu betrinken, nimmt Tabletten oder Drogen und tut Dinge, mit denen er sein Leben gefährdet und dadurch erst recht Boden unter den Füßen verliert. Spätestens dann ist unbedingt anzuraten, therapeutische Hilfe in Anspruch zu nehmen, um diese lebensbedrohliche, existenzielle Herausforderung zu meistern.

Ein mutmachendes Beispiel für die kreative Verarbeitung einer tiefen Verlassenheitserfahrung gab der Beatle Paul McCartney. Die meisten von uns kennen den Beatles-Song *Let it Be* und die Textzeile „Mother Mary came to me, speaking words of wisdom: let it be..." Der Hintergrund ist folgende Geschichte: Mit vierzehn Jahren verlor Paul seine geliebte Mutter – Mary. Sie starb innerhalb weniger Monate, nachdem die Ärzte bei ihr Brustkrebs diagnostiziert hatten. Dieser Verlust, wie jeder Verlust von Mutter oder Vater, hat den jungen Paul in seinen Grundfesten erschüttert. Es folgten Jahre der Verzweiflung und Verunsicherung. Er suchte Zuflucht im Alkohol und in Drogen. Es zog ihn immer weiter nach unten und er verlor mehr und mehr die Lust am Leben. Zu der Zeit, als er drohte, vollkommen „abzusacken", erschien ihm seine Mutter im Traum und sagte: Let it be. Lass es sein. Hör auf, dein Leben wegzuwerfen! Dieses Erlebnis rüttelte ihn wach, und er machte daraus für sich und Millionen anderer Menschen einen Welthit. Er begann, das Geschenk seines Lebens vollständig anzunehmen.

Verlassenheit ist kein Grund zu resignieren und die Lust am Leben zu verlieren. Wir haben alle Möglichkeiten, diese Verwundung zu heilen und uns heute das zu geben, was wir als Kinder schmerzlich vermisst haben.

2. Überflutung

Alles, was wir im Kindesalter als ein „zuviel" erlebt haben, nennen wir *Überflutung*. Das können sein: erdrückende Nähe, Vereinnahmung gegen unseren Willen, Erniedrigung, Brutalität, Schläge und Gewalt, emotionaler und sexueller Missbrauch – alle Erfahrungen, in denen unsere Grenzen verletzt und nicht oder nicht genügend respektiert wurden.

Überflutungserfahrungen können sich später in unserem Erwachsenenleben so ausdrücken, wie es ein Klient von mir beschreibt: „Immer, wenn es in der Beziehung zu nahe wird, spüre ich einen Druck in meiner Brust. Ich bekomme dann schlechter Luft, mir wird heiß, und ich würde am liebsten wegrennen." Als wir anfingen, daran zu arbeiten und er in dieses Druckgefühl seiner Brust hineinspürte, erinnerte er sich plötzlich an eine Begebenheit, in der er sich als drei- oder vierjähriger Junge mit seiner Mutter in seinem Zimmer befand. Er sah sich und seine Mutter in dieser Situation und konnte beobachten, wie sie auf ihn einredete, ihn mit Worten und Gefühlen überschwemmte, die eigentlich für seinen Vater bestimmt waren. Er konnte sehr deutlich nachspüren, wie er sich an die Wand gedrückt fühlte, sich nicht schützen konnte und nahezu erstarrte.

Nach und nach erinnerte er sich wieder an einige solcher und ähnlicher Erfahrungen. Ihm wurde dadurch klar, warum er sich noch heute, über dreißig Jahre danach, in Situationen, in denen es um Nähe, Intimität und Beziehung geht, blockiert fühlt, warum ihm schnell alles zuviel wird, er manchmal Schmerzen in seiner Brust empfindet und am liebsten wegrennen möchte. Die Aufarbeitung seiner Überflutungsverletzungen, die er mit seiner Mutter als Kind erlebt hatte, lassen ihn nun im Zusammensein mit seiner Partnerin eine neue Qualität von Nähe erleben.

Als Säuglinge und kleine Kinder können wir uns durch alles, was zu viel, zu laut, zu grob und zu schnell geschieht, überflutet fühlen. Unser kleiner Körper ist noch sehr empfindsam, das Nervensystem noch nicht vollständig ausgereift, und wir sind dem ausgeliefert, was in unserer Umgebung und mit uns geschieht. Jede einschneidende Grenzverletzung – und das sind Überflutungserfahrungen – erschafft innere Botschaften, die uns prägen. Wie zum Beispiel: „Meine Bedürfnisse sind nicht wichtig." „Ich habe kein Recht auf meinen eigenen Raum." „Ich habe kein Recht, einfach nur ich selbst zu sein." „Ich muss die Bedürfnisse der anderen erfüllen."

Wenn wir durch Schläge, Gewalt und andere Missbrauchserfahrungen Überflutungsschäden erleiden, fangen wir an, uns zu schützen. Dies geschieht durch „Panzerungen" in den Muskeln, im ganzen Körper. Wir erstarren, wir halten den Atem an. Wir gehen in den Kopf (und manchmal sogar aus dem Körper heraus, wenn der Schmerz zu groß ist).

Viele Jahre oder Jahrzehnte später, als erwachsener Mann, ist dann eine mögliche Konsequenz, dass wir gelernt haben, uns nur auf uns selbst zu verlassen. Wir brauchen niemanden: „Ich komme sehr gut allein zurecht."

Überflutete Männer sind oftmals distanziert und froh, ihre Ruhe zu haben. Sie verbringen die meiste Zeit dort, wo sie „sicher" sind – im Kopf. Wirkliche Intimität und alles, was nur nach Nähe „riecht", wird schnell bedrohlich, bringt es uns doch wieder in Kontakt mit den im Körper und in der Psyche gespeicherten Überflutungsverletzungen. Die Folgen sind eine starke Abwehr gegen das Zulassen von Gefühlen und rigide, starre Grenzen.

Männer, die mit Überflutungsverletzungen groß geworden sind, neigen leicht dazu, sich manipuliert zu fühlen. Sie bauen gern eine gewisse Distanz zu ihrem Gegenüber auf und achten darauf, die Kontrolle über die Situation zu behalten. Sie vermeiden die Konfrontation mit ihren Gefühlen, geben sich autark und sind gut auf der intellektuellen Ebene erreichbar.

Einer meiner Klienten ist leitender Mitarbeiter eines großen deutschen Wirtschaftsunternehmens. In seiner Position war sein, durch Überflutungsverletzungen entstandenes, kontrolliertes, abgeklärtes und Verstand orientiertes Verhalten gegenüber anderen Menschen bis zu einem gewissen Grad durchaus von Vorteil. In der Therapie stellte sich dann allerdings heraus, dass er sich hinter dieser Maske von Selbstsicherheit und Abgeklärtheit sein ganzes Leben lang sehr einsam und isoliert fühlte. Sowohl sein Vater wie auch seine Mutter hatten ihn in seiner Kindheit massiv bedrängt. Die Mutter hauptsächlich durch Worte und übertriebene Fürsorge, der Vater durch Schläge und Beschimpfungen. Für ihn war es sehr heilsam, seine Verletzungen hinter seiner Panzerung aus Abwehr und Angst zu spüren und so, Schritt für Schritt, durchlässigere Grenzen und spontanere, flexiblere Verhaltensweisen zu erlernen.

3. Mischungen aus Verlassenheit und Überflutung

Die häufigsten früh prägenden Verletzungen, die Menschen erleiden, sind eine Mischung aus Verlassenheit und Überflutung.

Wenn zum Beispiel ein Kind vom Vater oder von der Mutter beschimpft oder verprügelt wird, erlebt es Überflutung. Darauf folgen fast immer tiefe Einsamkeits- und Verlassenheitserfahrungen. Genauso verhält es sich beim sexuellen Missbrauch, den manche Jungen und Mädchen erlitten haben. Auf den erfolgten sexuellen Missbrauch und die durch nichts zu rechtfertigende Überflutung folgen massive Verlassenheitsgefühle, Scham und Einsamkeit. Jack Lee Rosenberg und andere Pioniere der Körperpsychotherapie haben herausgefunden, dass ein Großteil aller Menschen in unserem westlichen Kulturkreis dem *Mischtyp aus Verlassenheit und Überflutung* angehören. Das heißt, dass diese Menschen in ihrer Kindheit und Jugend sowohl schmerzhafte Verlassenheits- wie auch Überflutungserlebnisse erfahren haben.

Wenn du als Mann beide Formen erlebt hast, pendelst du in deinen Liebesbeziehungen sehr wahrscheinlich zwischen Nähe und Distanz. Die meisten unserer diesbezüglichen Probleme haben mit den Überflutungs- und Verlassenheitserfahrungen aus unserer Kindheit zu tun.

Weitere Charakteristika dieses Mischtyps sind: sich und andere wie Objekte zu behandeln (das Letzte aus sich herausholen, immer funktionieren, Perfektionismus), sowie die Tendenz, sich vom eigenen Körper und seinen Empfindungen abzuspalten. Ein weiteres, sehr prägnantes Merkmal des

Mischtyps ist das *automatische Nein*. Im Englischen wird es *no one can tell me* genannt. Das automatische Nein hat eine sehr destruktive Wirkung auf unsere Kommunikation und unsere Beziehungen. Menschen mit einem automatischen Nein finden fast immer ein Haar in der Suppe, ein „Ja, aber ..." Es fällt ihnen sehr schwer, etwas genau so zu tun, wie sie gebeten wurden, es zu tun. Sie wollen es anders machen als gewünscht. In der Sexualität eines Paares kann diese Gewohnheit sehr viel Frustration bereiten.

Unsere emotionalen Verwundungen zu heilen, macht uns auf vielen Ebenen unseres Erwachsenenlebens beziehungs- und kontaktfähiger. Viele Konflikte in unseren Liebesbeziehungen, Freundschaften und im Berufsleben sind eben nicht nur die Konflikte zwischen Erwachsenen, sondern auch die zwischen den verletzten Kindern in uns.

Die Kette des Leids durchbrechen

Sich als Mann und Mensch seinem eigenen Leid zu stellen braucht Mut. Bewusstes Mann-Sein bedeutet, Verantwortung für unseren eigenen körperlichen, emotionalen und seelischen Schmerz zu übernehmen. Es braucht Mut und Offenheit, unseren Schmerz, unser Leid zu fühlen und an uns zu nehmen. Dazu gibt es keine Alternative, weil wir sonst weiter in dem Mechanismus von Verletzung – Angriff – Schuld – Verletzung – Angriff – Schuld gefangen bleiben. Dieser Mechanismus ist in unseren zwischenmenschlichen Beziehungen ebenso tief verankert wie in gesellschaftlichen Gruppen, Völkern und Nationen. In der Bereitschaft, uns endlich unserem Schmerz zu stellen, können wir die Kette des Leids durchbrechen.

Wenn ein Mann seinen Kummer nicht mehr mit Essen kompensiert, in Alkohol ertränkt oder mit Drogen betäubt, nicht mehr wegläuft vor seiner Einsamkeit und Verletzlichkeit, beginnt sich das innere Kind in ihm zu zeigen. Ein Kind, das oftmals jahrelang „eingefroren" war in das Eis des Nichtfühlens, eingeschlossen in Starre und Angst. Diesen Zustand zu überspielen und unter Kontrolle zu halten kostet viel Kraft. Wie schwer fällt es uns oft zu sagen: „Ich weiß es nicht." „Ich bin unsicher." „Ich habe Angst." „Ich weiß nicht mehr weiter." „Bitte hilf mir." Unser inneres Kind wieder zu spüren, ist für uns Männer eine Chance, zurückzukehren zu der Ganzheit unseres Lebens.

Schau dir die Generationen einmal an, die vor dir gelebt haben. Unsere Urgroßeltern, Großeltern, Eltern wussten nichts oder nur wenig von prä-, peri- oder postnatalen Medizin, von moderner Säuglings- und Traumaforschung, Entwicklungspsychologie und den Grundlagen, die ein neugeborenes Kind braucht, um sich emotional, körperlich, gedanklich und seelisch gesund zu entwickeln. Dieses mangelnde Wissen äußerte sich oftmals in Sätzen wie: „Lass ihn ruhig schreien, das fördert die Stimmbildung." „Mehr als alle vier Stunden zu stillen verhätschelt den Jungen nur." Oder „hör auf mit dem Gejammer, sonst gebe ich dir wirklich einen Grund zu weinen". Fast jeder von uns kennt ähnliche Sätze aus seiner Zeit des Heranwachsens. Und doch haben unsere Eltern ihr Bestes gegeben, so wie die Eltern jeder Generation.

Oft genug ging es für die Generationen vor uns ums nackte Überleben. Ihre Zeit war geprägt durch Krieg, Angst und existenzielle Not. Das wird uns klar, wenn wir einmal die erste Hälfte des zwanzigsten Jahrhunderts betrachten: der verheerende Erste Weltkrieg, die Weltwirtschaftkrise, der Faschismus mit all seinem Grauen und dann die Katastrophe des Zweiten Weltkriegs mit mehr als sechzig Millionen Toten und unzähligen verletzten, seelisch verwundeten und vertriebenen Menschen. Heute wissen wir, dass das, was eine Generation erlebt hat, sich in den nachfolgenden Generationen weiter auswirkt. Viele von uns hatten Urgroßeltern, Großeltern oder Eltern, die geprägt waren von einer „soldatischen Lebenshaltung". Deren Wurzeln reichen bis in die Kaiserzeit und die Bismarck-Ära zurück und verstärkten sich während des Faschismus noch. Alice Miller und andere haben die menschlichen Auswirkungen der damals üblichen „schwarzen Pädagogik" sehr anschaulich beschrieben. Auch Wilhelm Reich hat in seinen Schriften die Erstarrung des Lebendigen in autoritären und faschistischen Systemen sehr genau dargestellt.

Emotionale, körperliche, mitfühlende Zuwendung zu geben, galt in den vor uns lebenden Generationen oftmals als Zeichen von Verweichlichung und Schwäche. Eine Auswirkung dieser Haltung sind erwachsene Menschen, die ihrem eigenen Fühlen und ihren eigenen Gefühlen entfremdet sind.

Das Erbe unserer Ahnen wirkt und lebt in uns weiter – das Gute ebenso wie das Schlechte. Vielen Männern ist nicht bewusst, wie tief die Prägungen wirklich gehen. Die Prägungen und das Erbe der vorangegangenen Generationen werden in Form von Verhaltensweisen, Denk- und Gefühlsmuster als generationsübergreifende Strukturen weitergegeben. Die *Systemische Psychologie* und *Systemische Familienaufstellungen* haben das sehr eindrucksvoll gezeigt.

Ein 62jähriger Mann aus Süddeutschland sagte am Ende des Männertrainings sinngemäß: „Mein Vater war Soldat in Hitlers Armee. 1944 bekam er Heimaturlaub. Er war auf der Halbinsel Krim stationiert. Auf der Heimreise wurde er von russischen Partisanen erschossen – ich habe ihn nie kennengelernt. Meine ganze Kindheit habe ich nur mit Frauen verbracht. Und auch später waren vorwiegend Frauen um mich herum: meine Frau und meine Töchter. Ich habe immer nach Männern Ausschau gehalten, die ich auf ein Podest stellen konnte. Mit den anderen Männern habe ich konkurriert, sie waren mir „suspekt". Der Tod meines Vaters hat mich sehr geprägt. Ich musste über sechzig Jahre alt werden, um die alten Fesseln und Muster endlich abzulegen."

In Deutschland und seinen Nachbarländern werden die Folgen des Zweiten Weltkriegs bis heute unterschätzt. Viele Menschen sind nach wie vor geprägt durch die Nachwirkungen von Flucht, Verfolgung, Terror, Krieg, Gefangenschaft und den Tod ihrer Angehörigen. Die vielen Millionen Toten haben eine schmerzliche Lücke hinterlassen. Und auch die Flucht vieler Menschen aus Deutschland hat unser Land wirtschaftlich, geistig, kulturell und ethisch sehr geschwächt.

Mit unserer Geburt inkarnieren wir uns in eine bestimmte Grundkonstellation. Unsere Seele wählt eine bestimmte Mutter – unsere Mutter – und einen bestimmten Vater – unseren Vater. Unsere Prägungen durch Mutter und Vater beginnen schon mit der Zeugung. Die pränatale Forschung, die Erforschung der menschlichen Erfahrungen im Mutterleib, hat eindrucksvoll dokumentiert, dass ein Fötus alle Gedanken und Gefühle seiner Mutter und selbst die seiner Umgebung aufnimmt. Ein Kind im Mutterleib fühlt, ob es erwünscht ist oder nicht. Es fühlt, wie es der Mutter geht. Es fühlt, wie die Beziehung zwischen Mutter und Vater ist.

Manche Kinder haben gehört und gefühlt, dass sie nicht erwünscht sind oder dass erwogen wurde, sie abzutreiben. Sie haben begonnen, sich klein zu machen, sich zusammenzuziehen und sind geprägt in der Haltung: „Ich habe keine wirkliche Daseinsberechtigung."

Manche von uns wurden bei der Geburt vielleicht mit der Saugglocke oder Zange geholt und haben bis heute das Gefühl, gegen ihren Willen zu

Dingen gezwungen zu werden. Vielleicht hatten wir die Nabelschnur um den Hals und drohten zu ersticken. Oder wir sind mit einem Kaiserschnitt geboren worden und hatten das Gefühl, dass uns ziemlich unsanft „die Decke über dem Kopf" weggezogen wurde. Männer, deren Mütter während der Geburt stark betäubt wurden, können als Erwachsene in intensiven, emotionalen Situationen das Gefühl bekommen, dass alles verschwimmt und dass sie nicht mehr wissen, was um sie herum geschieht.

Entscheidend und tief prägend sind auch die ersten Stunden, Tage und Wochen nach der Geburt, nach unserer Ankunft auf der Erde. War unsere Mutter emotional, körperlich, geistig, seelisch wirklich für uns da? War unser Vater emotional, körperlich, geistig, seelisch wirklich für uns da? Wie viele Kinder wurden als Neugeborene eben nicht der Mutter auf den Bauch oder in die Arme gelegt, sondern über Geräte versorgt – mechanisch, kalt, technisch, funktional. Manche Mütter waren nach der Geburt krank, erschöpft oder depressiv. Manche Väter waren gar nicht da. Entweder waren sie im Krieg, bei der Arbeit oder Vater und Mutter lebten bereits getrennt.

All diese Erfahrungen machen wir, bevor wir unsere Sprache entwikkeln. Das bedeutet, dass diese Erfahrungen tief in unserem Körper, unseren Zellen, Organen und Muskeln „eingebrannt" sind. Diese ersten Erfahrungen sind die „Hintergrundmelodien unseres Lebens", die wir dann hören, fühlen und wahrnehmen, wenn wir nichts mehr tun, uns nicht mehr ablenken und still sind. Dem wollen viele entgehen. Denn solange wir arbeiten, uns ablenken, etwas zu tun haben, begegnen uns diese verschleierten, oft schmerzhaften Gefühle nicht. Erst wenn wir zur Ruhe kommen und Zeit haben, werden sie wieder fühlbar.

Forderungen eines Kindes an seine Eltern

Verwöhne mich nicht! Ich weiß sehr wohl, dass ich nicht alles bekommen kann, wonach ich frage. Ich will dich nur auf die Probe stellen.

Scheue dich nicht, im Umgang mit mir standhaft zu bleiben! Mir ist diese Haltung lieber, weil ich mich dann sicherer fühle.

Hindere mich daran, schlechte Angewohnheiten anzunehmen. Ich muss mich darauf verlassen können, dass du sie schon in ihren Ansätzen erkennst.

Weise mich nicht im Beisein anderer Leute zurecht, wenn es sich vermeiden lässt! Ich werde deinen Worten viel mehr Beachtung schenken, wenn du zu mir leise und unter vier Augen sprichst.

Sei nicht fassungslos, wenn ich dir sage: „Ich hasse dich!“ Ich hasse nicht dich, sondern deine Macht, meine Pläne zu durchkreuzen.

Bewahre mich nicht vor den Folgen meines Tuns! Ich muss auch selbst einmal peinliche Erfahrungen machen.

Schenke meinen kleinen Unpässlichkeiten nicht zu viel Aufmerksamkeit! Sie verschaffen mir nur manchmal die Zuwendung, die ich benötige.

Nörgle nicht! Wenn du das tust, schütze ich mich dadurch, dass ich mich taub stelle.

Mache keine raschen Versprechungen! Bedenke, dass ich mich schrecklich im Stich gelassen fühle, wenn Versprechungen gebrochen werden.

Sei nicht inkonsequent! Das macht mich völlig unsicher und lässt mich mein Vertrauen zu dir verlieren.

Unterbrich mich nicht, wenn ich Fragen stelle! Wenn du das tust, so wirst du bemerken, dass ich mich nicht mehr an dich wende, sondern versuche, meine Informationen anderswo zu bekommen.

Sag nicht, meine Ängste seien albern! Sie sind erschreckend echt, aber du kannst mich beruhigen, wenn du versuchst, sie zu begreifen.

Versuche nicht, immer so zu tun, als seiest du perfekt oder unfehlbar. Der Schock ist für mich zu groß, wenn ich herausfinde, dass du es doch nicht bist.

Denke nicht immer, dass es unter deiner Würde sei, dich bei mir zu entschuldigen! Eine ehrliche Entschuldigung erweckt bei mir ein überraschendes Gefühl der Zuneigung.

Vergiss nicht, ich liebe Experimente! Ich kann ohne sie nicht groß werden. Bitte halte das aus.

Vergiss nicht, wie schnell ich aufwachse. Es muss für dich sehr schwer sein, mit mir Schritt zu halten, aber bitte versuche es!

Vergiss nicht, dass ich ohne eine Menge verständiger Liebe nicht gedeihen kann! Aber das muss ich dir wohl nicht sagen, nicht wahr?

Quelle unbekannt

Energie kann sich nicht in Luft auflösen

Wenn wir wirklich frei und selbstbestimmt leben wollen, ist es unsere Aufgabe als Männer, unseren erlittenen Schmerz und unsere erlittenen Verwundungen zu uns zu nehmen, zu fühlen, zu betrauern und letztendlich zu erlösen. Das bedeutet, uns wieder von dem kleinen Jungen in uns berühren zu lassen. Diesem Jungen zuzuhören, ihn wichtig zu nehmen mit seinen Sorgen, Ängsten, Nöten, seiner Freude, seiner Sehnsucht, seiner Phantasie und seinem unschuldigen Kinderherzen.

Jeder von uns braucht Mut, um sich seinem Schmerz zu stellen. Bevor wir uns nicht unserem Schmerz zuwenden, besteht immer wieder die Gefahr, dass wir zerstörerisch und gewalttätig gegen uns selbst und andere Menschen sind. Die Lebensenergie, die in unserem Schmerz eingefroren ist, kann nicht mehr frei fließen. Wenn unser Schmerz nicht gewürdigt, gefühlt, verstanden und letztendlich erlöst wird, kann er sich gegen uns selbst richten. Und zwar in Form von psychosomatischen Beschwerden und körperlichen Krankheiten.

Die Gewalt, die manche Männer gegenüber ihren Kindern, Frauen und gegenüber anderen Männern ausüben, hat eine Menge mit dem nicht fühlen wollen des eigenen Leids und den eigenen Kindheitsverwundungen zu tun. Denn wenn zu den unbearbeiteten, ungefühlten und verdrängten Verletzungen eines Mannes auch noch Alkohol, Süchte, schwierige Lebenssituationen wie Arbeitsplatzverlust, Trennung, Scheidung oder Krankheit hinzukommen, dann bricht die im Körper und der Psyche eingeschlossene Wut auf, ist nicht mehr kontrollierbar und kann enormen Schaden anrichten. Die Täter von heute sind fast immer die Opfer von gestern.

Den kleinen Jungen in dir wieder spüren

9. Übung: ***Kontakt zum Kind in dir finden***

Suche Kinderfotos von dir zusammen. Schaffe dir einen Raum, in dem du ungestört bist. Mach' es dir gemütlich, warm und kuschelig. Vielleicht machst du dir einen warmen Kakao ...
Betrachte deine alten Kinderfotos. Schau deinen Kinderkörper an, dein Gesicht, deine Kinderaugen. Welche Atmosphäre bildet das Bild ab? Wer ist noch mit dir darauf zu sehen? In welcher Jahreszeit, in welchem Jahr, an welchem Ort wurde dieser Moment deines Lebens aufgenommen? Wie berührt es dich in deinem Herzen, wenn du das Bild und die anderen Bilder liebevoll betrachtest?
Tauche für eine Weile ein in die Tage deiner Kindheit. Wie alt ist der kleine Junge auf dem Bild? Was hat ihn zu diesem Zeitpunkt beschäftigt? Wie hat er sich gefühlt? Was hat ihm Spaß gemacht? Wo in deinem Körper spürst du diesen Jungen?
Folge deinem ersten Impuls und berühre dich dort mit deiner Hand. Betrachte weiter deine Kinderbilder, fühle den ruhigen Fluss deines Atems und die Wärme der Hand auf deinem Körper. Du bist dieser Junge. Dieser Junge lebt noch immer in deinem Herzen, in deinem Körper. Er ist ein wichtiger Teil deiner Ganzheit.

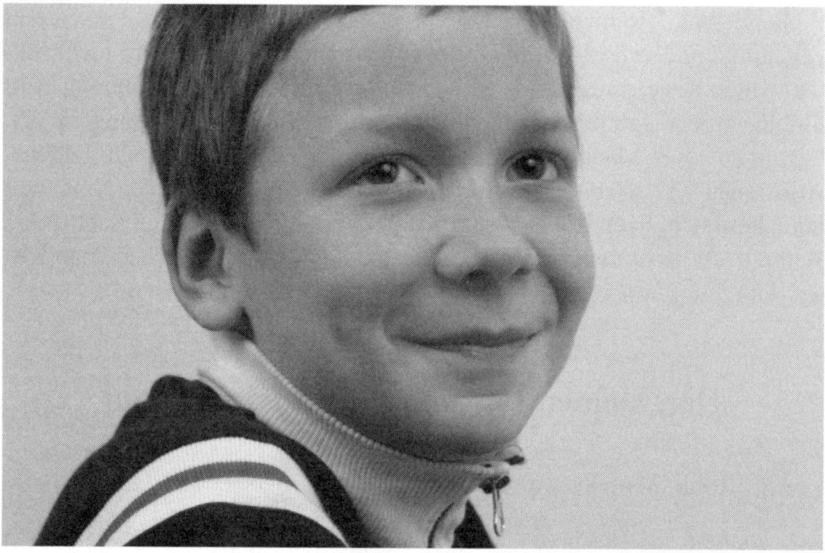

Diesen Jungen in dir wieder nach Hause und zu dir zu holen, heißt, nicht mehr fremd in deinem eigenen Zuhause zu sein, kein „innerer Heimatvertriebener“ mehr zu sein.

Manchmal, wenn ich U-Bahn oder Zug fahre, erlebe ich, wie kleine Kinder die Menschen im Herzen berühren. Fast jeder Mensch wird beim Anblick eines kleinen Kindes oder Säuglings im Herzen berührt. Dieses kleine Kind erinnert uns an die Unschuld, an das Wesen des in uns fortlebenden Kindes. Wir sind gerührt und ehe wir uns versehen, zaubert das kleine Kind ein Lächeln in unser Gesicht. Schon Jesus sagte einmal sinngemäß: „Nur wenn ihr wieder wie die Kinder werdet, werdet ihr ins Himmelreich eingehen.“

Der Säugling, der kleine Junge, der Junge und der Jugendliche stehen im Leben eines Mannes für Unschuld, Neugier, Phantasie und Spiel. Auch die Begeisterung der Menschen für Knut, den kleinen Eisbären im Berliner Zoo, zeigt anschaulich, welche Wirkung Unschuld, Neugier, Phantasie und Spiel auslösen können.

Manchmal sieht es so aus, als wäre es durchaus erwünscht, uns als Kinder bis zu einem gewissen Alter des Lebens zu erfreuen – dann aber beginnt der Ernst des Lebens. Wir müssen uns zusammenreißen und funktionieren. Das Leben ist hart, und wenn wir als Erwachsene gefragt werden, wie es uns geht, antworten wir oft: „Es muss, es muss ...“. Erst so ab siebzig dürfen wir vielleicht wieder verspielt sein, ein bisschen verrückt, ausgelassen feiern und unser Leben genießen, soweit es unsere Gesundheit dann noch zulässt. An diesem Konzept kann etwas nicht stimmen. Der Preis, den wir dafür bezahlen, ist zu hoch. Mehr als sechzig Jahre abgetrennt von kindlicher Unschuld, Phantasie und Neugier? Das kann nicht wirklich gesund und gut sein!

10. Übung: ***Wie warst du als Kind – was hättest du gebraucht?***

Nimm dir eine Stunde Zeit. Zeit für dich, in der du ungestört bist. Schaffe eine wohlige Atmosphäre, in der du dich geborgen fühlst.

Betrachte deine Kinderfotos. Fühle diesen Jungen, den du auf dem Foto siehst. Lass jetzt dort auf deinem Körper, wo du den Jungen in dir spürst, eine Hand landen. Halte den Jungen in deinem Innern in deinen liebevollen Armen. Folge ganz einfach dem entspannten Ein- und Ausströmen deines Atems.
Halte deinen Jungen, dein inneres Kind und den Säugling in dir in deinen Armen. Erlaube alle Gefühle die auftauchen, die Rührung, die Trauer, die Freude, den Schmerz, was auch immer. Fühle, was in deinem Körper, deinem Herzen, deinen Gedanken und Gefühlen geschieht, wenn du dein inneres Kind wieder lebendig spürst!

Folge jetzt in deinem inneren Prozess deinen Antworten auf die folgenden Fragen:

1. *Wie warst du als Kind im Alter von etwa drei bis fünf Jahren? Wo hast du gelebt? Wie sah das Haus, die Wohnung aus? Was war dein Lieblingsessen? Was war dein Lieblingsgetränk? Erinnere dich an dein erstes Weihnachten, das du bewusst erlebt hast. Wem hast du vertraut? Mit wem hast du gespielt? Wie hast du dich mit deiner Mutter gefühlt?*

Hast du ihr vertraut? War sie für dich da?
Konnte sie dir emotionale Zuneigung geben?
Wie hast du dich mit deinem Vater gefühlt?
Hast du ihm vertraut? War er für dich da?
Konnte er dir emotionale Zuneigung geben?
Wer lebte noch mit euch?
Wie hast du dich gefühlt mit deinen Geschwistern?
Wie war dein inneres Lebensgefühl zu dieser Zeit?

2. *Was hat dir als Kind Freude bereitet?*
Öffne dein Bewusstsein für die Spiele, Menschen, Erlebnisse, Dinge, an denen du Freude hattest.
Erinnere dich an alles, was dein Kinderherz erfreut und zum Juchzen gebracht hat: dein Spielzeug, die Märchen, Fasching, Weihnachten, Kindergeburtstage, deine erste Eisenbahn, deine Autorennbahn, dein erstes Fahrrad.

3. *Was hat dir Angst gemacht?*
Wovor hast du dich gefürchtet?
Wie wurdest du bestraft? Wer hat dich bestraft?
Gab es Streit zwischen deiner Mutter und deinem Vater?
Wurdest du geschlagen oder beschimpft?

4. *Was hat Dich verletzt?*
Welchen Schmerz aus deiner Kindheit trägst du in dir?
Was hat dich wirklich sehr verletzt, was hat dir sehr weh getan? Was war schlimm für dich?
Haben deine Eltern versucht, dich zu züchtigen oder zu brechen?
Was ist der tiefste Schmerz deiner Kindheit?
Was ist die grundlegende Verwundung, die du erlitten hast?

5. *Was hättest du als Kind gebraucht?*
Was wäre ganz wichtig für dich gewesen?
Wie hätte deine Mama sein sollen? Was hätte sie tun sollen? Was hätte sie sagen sollen?
Wie hätte dein Papa sein sollen? Was hätte er tun sollen?

Was hätte er sagen sollen?
Was hätte dieser Junge am allermeisten gebraucht?
Was wäre am allerwichtigsten für ihn gewesen?
Und was ist für ihn vielleicht noch heute am allerwichtigsten?

Halte weiter deinen inneren Jungen in deinen Armen und fühle deinen lebendigen Atem. Schenke deinem inneren Kind jetzt all' die Geborgenheit, Wärme und Liebe, die es immer ersehnt hat. Lass dich noch für einige Minuten inniglich als erwachsener, reifer Mann das Kind in dir halten und beschützen.

Durch die Beschäftigung mit der Kindheit und den emotionalen Wurzeln gibt der Körper und das Bewusstsein, mehr und mehr Erlebnisse und Geschehnisse frei. Jetzt ist es entscheidend, dass du als erwachsener Mann den kleinen Jungen in dir beschützt und ihm jeden Tag liebevolle Aufmerksamkeit schenkst.

Die Begegnung mit Vater und Mutter

Unser Körper ist entstanden aus der körperlichen Vereinigung unserer Mutter und unseres Vaters. In jeder unserer Zellen leben Vater und Mutter in uns und durch uns weiter. Sie sind, genauso wie wir selbst, Teil einer langen Ahnenreihe. Deshalb ist es wichtig, sowohl die Ebene Vater-Mutter-Kind zu betrachten wie auch die viel umfassendere Ebene unserer Ahnen.

Meine Erfahrungen in der Arbeit haben mich gelehrt, dass sich jede Seele unter allen Frauen und Männern auf der Erde genau diese Mutter und genau diesen Vater wählt, um ganz bestimmte Erfahrungen zu machen. Es hat seinen guten Grund, dass genau diese Frau unsere Mutter und genau dieser Mann unser Vater ist. Manche von uns haben sehr schmerzhafte Erfahrungen in ihrer Kindheit erlebt, für andere war es angenehmer und leichter.

Mein verehrter Lehrer Frank Natale sagte einmal: „Auch wenn dir deine Eltern nur deine physische Existenz geschenkt hätten und sonst nichts, wäre das genug, ihnen solange du lebst dafür dankbar zu sein."

Wenn wir tiefe Verletzungen erfahren haben, vielleicht emotionalen, körperlichen oder sexuellen Missbrauch, ist diese Sichtweise schwer zu akzeptieren. Selbst wenn wir es intellektuell nachvollziehen können, fällt es manchen von uns schwer, unsere Eltern dafür zu lieben, dass sie unser physischer Ursprung sind, und noch schwerer, ihnen ihre Fehler und Defizite zu verzeihen.

Fakt ist doch, dass jeder Mann, der wirklich frei sein möchte und seinen eigenen Weg gehen will, den Kreis mit Mutter und Vater rund machen muss. Bevor das nicht geschehen ist, richten wir immer wieder unsere Vater- und Mutterprojektionen auf die Menschen, die uns nahe kommen. Wir folgen unseren alten Mustern: als artiges, braves Kind, oder wir beginnen zu rebellieren, reagieren mit Trotz, Abwehr und Rückzug.

Mein eigener Vater hatte im Alter von neun bis achtzehn Jahren keinen Vater, der war ja zu dieser Zeit in Russland. Er hat nie gelernt, seinen Schmerz, seine emotionale Verwundung, seine traurigen Gefühle zu zeigen und sich mitzuteilen. Deshalb wurde es seine Gewohnheit, Stress und Überforderung durch seinen Jähzorn, den er von seinem Vater geerbt hatte, in Verbindung mit Alkohol an mir und seiner Ehefrau auszuagieren. Ich war sein erstgeborener Sohn. Er war sehr stolz auf mich, und er hatte eine sehr genaue Vorstellung, wie ich und meine berufliche Entwicklung aussehen sollten. Von Anfang an hat uns Sport, vor allem Fußball, verbunden. Er hat mit Leidenschaft Fußball gespielt, und diese Leidenschaft hat er an mich weiter gegeben. Sport hat uns viele gemeinsame glückliche Stunden erleben lassen. Wie viele Fußballspiele haben wir zusammen gesehen, dazu Eishockey, Leichtathletik und die Boxkämpfe mit Muhammed Ali.

Die ersten zwölf Jahre mit ihm waren eine schöne Zeit, unterbrochen durch einige Jähzornausbrüche, die mit einer gehörigen Tracht Prügel verbunden waren. Er war glücklich, als ich als erster der Familie das Gymnasium besuchte, und auch gute Noten hatte. Schwierig wurde es, als ich mit dreizehn Jahren in die Pubertät kam. Spätestens dann wurde es offensichtlich, dass ich niemals die elterliche Firma übernehmen würde.

In seinen Augen entwickelte ich mich mehr und mehr zum Hippie. Ich hatte lange Haare, verrückte Klamotten an und war beseelt von *love, peace and freedom*. Die Jahre bis zu meinem achtzehnten Geburtstag waren für uns eine sehr harte Zeit. Der Streit eskalierte immer mehr. Es setzte oft Prügel. Diese starken Grenzüberschreitungen vollständig aufzuarbeiten, war sehr wichtig für mich, sonst wäre die Gefahr, dass ich selbst meinen Sohn Paul-John in emotionalen Stress-Situationen schlagen würde, sehr groß gewesen.

Nach Abschluss der Schule war ich froh, dass ich in Berlin einen Studienplatz bekam, weit weg von zu Hause.

Die letzten Jahre vor Vaters Tod hatten wir dann wieder ein inniges Verhältnis. Er sah, dass sein Sohn es auf seinem Weg zu etwas gebracht hatte und er war stolz auf mich. Drei Wochen bevor er starb, besuchte ich ihn zum letzten Mal. Er war pflegebedürftig und nach mehreren Hirnschlägen emotional auf der Stufe eines Kindes. Meine Mutter pflegte ihn sehr liebevoll, und jeder, der ihn kannte, dachte, er würde noch einige Zeit friedlich leben können. Er saß vor dem Fernseher. Wir schauten, wie schon so oft in unserem Leben, Fußball. Ich hielt seine Hand. Er, sonst durchaus kein Freund von allzuviel Körperkontakt, ließ meine Hand nicht mehr los. Alle paar Minuten drückte er ein wenig fester. Heute weiß ich, dass dies sein Abschied von seinem Sohn war.

Später, als sein toter Körper auf dem Friedhof meines Heimatdorfes aufgebahrt war und ich ihn ein letztes Mal zärtlich ansah, sagte etwas in mir: „Lebe dein Leben, verschiebe nichts mehr. Lebe und gib alles, was du hast, für das Leben und die Menschen!“ Es war sehr schmerzhaft für mich, meinen Vater mit 66 Jahren gehen zu lassen. Die Tränen und die Treue vieler Bewohner meines Heimatdorfes an seinem Grab haben mir gezeigt, dass sie ihn in ihren Herzen tragen.

Ungefähr ein Jahr später, während meiner täglichen Meditation, wurde es plötzlich ganz hell im Raum. Es war so, als würde seine Seele erscheinen. Und zum ersten Mal im Leben sah ich unsere gemeinsame Geschichte vollständig aus seiner Sicht. Ich begriff wie nie zuvor, dass es fast sein Herz gebrochen hatte, dass ich nicht seine Firma übernehmen wollte, die ihm soviel bedeutete. Ich begriff, dass es sehr schmerzlich für ihn war, als ich begann, meinen eigenen Weg zu gehen, mich öffnete für Rockmusik, Drogen, Rebellion und politisches Engagement. Ich begriff, wie sehr mein Vater mich auf seine Weise geliebt hatte. Ich musste lange weinen. Solange ich lebe werde ich ihn ehren und würdigen.

Seine Schläge und seine Ungerechtigkeiten zu verarbeiten, hat einige Jahre intensiver Arbeit an mir selbst und eine gute *Körperpsychotherapie* gebraucht. Es war auch wichtig in diesem Prozess, meinen Vater um Verzeihung zu bitten, für das, was ich *ihm* an Verletzungen und Leid zugefügt habe. Heute ist der Kreis mit meinem Vater rund, und meine männliche Kraft und meine männliche Autorität dürfen wirken. Seine tiefe Liebe für mich wird mich immer begleiten. Ich bin meinem Vater dankbar, dass er mir ein schönes Zuhause gab, dass er immer genug Geld verdiente, und dass er mich auf seine Weise so sehr liebte. Durch die gemeinsamen Lernsituationen bin ich zu dem Mann geworden, der ich bin. Er war für mich der richtige Vater.

Mit meiner Mutter war es viel einfacher, den Kreis rund zu machen. Sie war und ist, abgesehen von ihrer Überforderung in den ersten Jahren, für mich die allerbeste Mutter. Sie stand immer hinter mir und hat mich in meinem Wesenskern gesehen und unterstützt. Später, nach meinem Studium, als ich begann, meinen beruflichen Weg in die Selbständigkeit einzuschlagen, hat sie immer an mich geglaubt und mich vorbehaltlos unterstützt. Von ihr habe ich mich immer gesehen und verstanden gefühlt. Sie war der entscheidende Mensch, der immer an mich und das Gute in mir geglaubt hat. Diese zutiefst stärkende Erfahrung über so viele Jahre hinweg hat es mir ermöglicht, an mich selbst zu glauben. Sie hat mir nie Vorschriften gemacht. Sie hat mich unterstützt, meinen eigenen Weg zu gehen – den Weg, der für mich mit meinem Inneren übereinstimmte.

Vor allem ihre Fähigkeit, mich in meinem Wesen zu erkennen und an mich auch in schwierigen Zeiten zu glauben, hat mich sehr beflügelt. Ohne ihre ausdauernde, immer präsente Liebe wäre ich niemals der Mann und der Lehrer geworden, der ich bin. Sie hat mich gelehrt, was es bedeutet, einen Menschen für sein Wesen zu lieben und nicht nur für das, was er tut oder leistet. Sie hat mich geboren und mir so mein physisches Leben geschenkt. Sie hat immer zu mir gehalten, egal welche „Verrücktheiten" ich ausheckte. In meinem ganzen bisherigen Leben hat sie immer ihr Bestes für mich gegeben. Sie hat mich gelehrt, fleißig, aufrichtig und integer zu sein.

Heute ist sie 68 Jahre jung und noch immer sehr aktiv. Sie hat als Frau – lange bevor die Emanzipation der Frauen ein wichtiges gesellschaftliches Thema wurde – ihre Frau und oft genug auch „ihren Mann" gestanden. Sie hat sich in der Leitung einer Handwerksfirma mit vorwiegend männlichen Angestellten, noch dazu auf dem Bau, in einer männerdominierten Welt, behauptet und durchgesetzt. Ihre Menschlichkeit, ihr klares Urteilsvermögen, ihr enormer Fleiß, ihre Kompetenz und ihre große Tatkraft haben ihr geholfen, sehr viel zu erreichen und aufzubauen. Ich bete darum, dass sie mir und den anderen Menschen, die sie lieben, noch lange erhalten bleibt. Für mich hätte es keine bessere Mutter geben können! Für all das, was sie mir gegeben hat, werde ich sie immer ehren und in meinem Herzen tragen. Ich liebe sie genau so wie sie ist. Sie ist eine bewundernswerte Frau.

> Mein Vater und meine Mutter haben mich gelehrt, für das, was mir wirklich wichtig ist, alles zu geben.

Es kann oft ein langer Weg sein, bis wir als erwachsene Männer den Kreis mit unserer Mutter und unserem Vater rund machen können. Manche von uns gehen durch Phasen von großer Distanz zu den Eltern, die oft jahrelang aufrechterhalten wird – es gibt keinen oder kaum Kontakt. Für andere Männer gibt es Phasen von Wut, Zorn, Schuldzuweisungen und Vorwürfen.

Es ist unsere Aufgabe, den Kreis mit Mutter und Vater rund zu machen. Bis wir das nicht vollbracht haben, gleichen wir einer Baumkrone, die sagt „Ohne meine Wurzeln würde es mir viel besser gehen!" Bis wir das nicht aufrichtig und wahrhaftig getan haben, tragen wir immer wieder unsere unerlösten Mutter- und Vaterprojektionen in unsere Liebesbeziehungen hinein. Der Weg zur Liebe, der Weg zum Göttlichen, führt auch durch das Herz unserer Mutter und durch das Herz unseres Vaters!

11. Übung: ***Den Eltern begegnen***

Schaue dir in Ruhe ein Foto an, auf dem deine Mutter und dein Vater abgebildet sind – vielleicht ihr Hochzeitsfoto oder ein anderes Bild.
Dann betrachte deine Mutter. Sie hat dich in ihrem Körper getragen. In ihrem Körper bist du gewachsen. Sie hat dich geboren. Was hat sie dir geschenkt?
Was hat sie dir gegeben?
Was hat sie dir zu wenig gegeben?
Was hat sie dir zu viel gegeben?
Wofür bist du ihr dankbar?
Welche Verletzungen hast du durch sie erfahren?
Welche Geschenke möchtest du ihr zurückgeben, weil sie nicht zu dir gehören?
Wofür liebst du sie?
Was ist dein Schmerz mit deiner Mutter?

Welche Verhaltensweisen hat sie an dich weitervererbt?
Was wirfst du ihr vor?
Was musst du ihr sagen, damit du sie in Frieden aus ihrer Eltern-Rolle entlassen kannst?
Was musst du ihr verzeihen?
Wie kannst du sie als deine Mutter ehren?

Jetzt betrachte deinen Vater. Stell dir vor, wie auch er einmal geboren wurde und einmal ein Säugling, Kleinkind, Kind und Jugendlicher war. Stell dir die gemeinsame lange Ahnenkette vor. Dann betrachte deinen Vater in dem Alter, in dem du gezeugt wurdest und danach, als du ein kleiner Junge warst:
Wie war es für ihn, dein Vater zu sein?
Wie hat er sich als dein Vater gefühlt?
Was hat ihn beschäftigt?
Welche Verletzungen hast du mit ihm erfahren?
Welche Geschenke möchtest du ihm zurückgeben?
Welche Eigenschaften von ihm leben in dir weiter?
Was ist sein positives Erbe an dich?
Wofür liebst du ihn?
Welchen Schmerz hat er dir zugefügt?
Was musst du ihm sagen, damit der Kreis rund wird?
Was musst du ihm verzeihen, dass der Kreis zwischen euch rund wird und du ihn in Frieden aus seiner Elternrolle entlassen kannst?
Wie kannst du ihn als deinen Vater ehren?

Die Liebe zwischen Kind und Mutter und zwischen Kind und Vater ist mit die tiefstgehende Liebe, die es gibt. Das weiß jeder, der eigene Kinder hat. Unsere Kinder sind in den ersten Lebensjahren vollkommen von uns abhängig. Sie rühren unsere Herzen an und beschenken uns in nie gekannter Weise. Jede Mutter liebt ihr Kind, jeder Vater liebt sein Kind. Am Anfang liebt jedes Kind seine Eltern bedingungslos. Eltern machen Fehler. Sie begehen viele Irrtümer. Die Elternrolle ist nicht leicht. Zwangsläufig fügen Eltern ihren Kindern Verletzungen zu. Wenn Kinder dann erwachsen sind, ist es ihre Aufgabe, diese Verletzungen aufzuarbeiten. Die eigenen Eltern sind jetzt vielleicht schon alt. Irgendwann musst du den Punkt errei-

chen, wo du deinen Eltern verzeihen kannst für ihre Fehler und ihnen danken kannst für alles, was sie für dich getan haben. Du entlässt sie damit aus ihrer Elternrolle.

Das Kind in dir wieder an die Hand nehmen

John Bradshaw, einer der Pioniere der Arbeit mit dem inneren Kind, hat die Hinwendung des Erwachsenen zu seinem inneren Kind *Reparenting* genannt – die Bereitschaft, das Kind in uns als erwachsene Männer an die Hand zu nehmen. Reparenting bedeutet, unser inneres Kind tiefer und tiefer zu fühlen. Es bedeutet, diesem Kind zuzuhören, dieses Kind zu verstehen, in all seinen Sorgen, Ängsten und Nöten wie auch mit all seiner Neugier, Freude, Phantasie und Unschuld. Reparenting bedeutet, als großer, erwachsener, starker Mann in dich hineinzulauschen und deinem inneren Kind das zu schenken, was dein Kinderherz sich wünscht.

Mein inneres Kind, mein kleiner Junge mag eine heiße Badewanne mit viel Schaum. Über viele Jahre mochte er einmal in der Woche Hähnchen mit knuspriger Haut – richtig knusprig musste sie sein. Er mag jede Woche ein Fußballspiel anschauen und selber Fußball spielen, so wie früher. Er liebt es, im Wald spazieren zu gehen, in der Natur zu sein, am See, in den Himmel zu schauen, der endlos blau ist oder die Form der Wolken zu bestaunen. Er liebt Laugenbrezeln, dick mit Butter bestrichen, heiße Schokolade, Erdbeer- und Vanilleeis, den Gesang und den Flug der Vögel, die Sonne und vieles, vieles mehr. Heute in meinem Alltag übernehme ich als großer Mann die Verantwortung für meinen Jungen und schenke ihm jeden Tag etwas – heute gab's eine Butterbrezel.

Bis heute begeistert mich die folgende *Reparenting-Übung*, die deshalb so gut funktioniert, weil unser Gehirn nicht wirklich unterscheidet, ob eine Erfahrung schon vor vielen Jahren gemacht wurde oder ob sie erst heute passiert. Lebenspraktisch ausgedrückt bedeutet das, dass wir heute die Defizite von damals – also Mangel an Zuwendung und Liebe – nachträglich ausgleichen können. Dazu ist es am besten, wenn sich drei Menschen zusammenfinden – es geht aber auch zu zweit.

12. Übung: ***Nachnähren***

Der Mann, der in die Erfahrung seines inneren Kindes eintauchen möchte, wählt eine „ideale Mutter" und einen „idealen Vater". Die ideale Mutter und der ideale Vater sind ganz für ihr Kind da. Sie sind „die Großen", und wir dürfen wieder klein sein, wenn wir in die Erfahrung des Kindes gehen.

Spüre innerlich, wie alt dein inneres Kind ist, das nachgenährt werden möchte. Vielleicht zwei, drei oder vier Jahre alt. Dann nimm die Körperposition ein, die dein inneres Erleben dir anzeigt. Vielleicht liegst du auf der Seite, etwas eingerollt.
Jetzt spüre, wie und wo dein idealer Vater dich berühren soll und spüre auch, wo deine ideale Mutter dich berühren soll.

Entspanne dich in dem Kontakt und empfange die Liebe, den Schutz und die Geborgenheit deiner idealen Eltern. Welche Botschaften wünschst du dir von deiner idealen Mutter? Welche Botschaften wünschst du dir von deinem idealen Vater?

Empfange weiterhin die Berührungen, den Schutz, die Geborgenheit, die Liebe deiner idealen Eltern. Empfange ihre Botschaften.
Nimm das, was zu dir fließt bis in jede deiner Zellen auf.
Genieße und entspanne dich tiefer und tiefer.
Lass dich in deinen Atem sinken ...

Wichtig ist, dass deine idealen Eltern dabei so sitzen und liegen, dass sie vollkommen entspannt sein können und alle Liebe und Aufmerksamkeit zum Kind – zu dir – fließen lassen können.

Es gibt viele Menschen im Umfeld unseres Instituts, die sich diese Erfahrung regelmäßig Woche für Woche gegenseitig schenken. Meine Erfahrung damit ist, dass sie wirkt und dass sie hilft, die „emotionalen Löcher", die wir alle haben, aufzufüllen.

Die ödipale Phase

Jeder Abschnitt in der psycho-sexuellen Entwicklung eines Jungen ist wichtig. Jede Phase zu beschreiben, würde den Rahmen dieses Buches sprengen. Wegen ihrer herausragenden Bedeutung möchte ich aber im Folgenden den gesunden Verlauf der ödipalen Phase kurz beschreiben.

Im Alter von drei bis sechs Jahren erleben Kinder – Jungen wie Mädchen – mehr Energie, Lebendigkeit und Hinwendung zu ihren Genitalien als in der Zeit vorher. Mit diesen unschuldigen, neugierigen, vitalen kindlich-sexuellen Impulsen nähert sich der kleine Junge mehr und mehr seinem gegengeschlechtlichen Elternteil, der Mutter. Er empfindet kindlich-genitale Gefühle gegenüber seiner Mutter. Gleichzeitig braucht er in dieser Phase die Unterstützung des Vaters, quasi als Rückenstärkung. Wenn diese Phase gut verläuft, dann erlebt der Junge, dass er von seiner Mutter, seinem ersten Liebesobjekt, in seinen kindlich-sexuellen Impulsen angenommen wird. Dies kann die Mutter dadurch tun, dass sie ihn als sexuelles Wesen anerkennt und positiv spiegelt. Sie kann das über ihre Augen, ihre Stimme, ihre Worte, über ihre Körpersprache und ihre Berührungen tun. Die ideale Rolle des Vaters dabei ist, seinen Sohn zu unterstützen, sich als sexuelles Wesen zu erfahren.

Die Eltern sollten darauf achten, ihre eigenen sexuellen Bedürfnisse und Verletzungen bei sich zu behalten und ihrem Kind auf der kindlichen Ebene zu begegnen. Das gelingt am besten, wenn sie sich mit ihrer eigenen, inneren kindlichen Ebene von Neugier und Unschuld verbinden. Dann kann ein Junge seinen Impulsen nachgehen. Er wird so adäquat gespiegelt und erfährt: „Ich bin willkommen mit meiner sexuellen Energie – ich werde gesehen, gehört und erkannt als sexuelles Wesen." Er erfährt ebenfalls, dass der gleichgeschlechtliche Elternteil, sein Vater, hinter ihm steht.

Der Junge erlebt die Annahme und die Rückenstärkung in seinem sexuellen Erleben. Das ist die ideale Form, die ideale Konstellation des ödipalen Dreiecks. Bei Mädchen verläuft die ödipale Entwicklung entsprechend umgekehrt: für sie ist der Vater das erste Liebesobjekt.

Manche Männer beklagen in der Therapie eine Überflutung im Herzen und eine Ablehnung im Genitalbereich. Das geschieht, wenn die Mutter den Jungen nicht mit seinen kindlichen sexuellen Impulsen annimmt und positiv spiegelt. Wenn sie also sein Becken und seinen kleinen Penis ablehnt und den Sohn statt dessen im Herzen mit einer erdrückenden Liebe überflutet.

Ich bin sicher, dass in den nächsten Jahren in der Sexualtherapie vermehrt Aufmerksamkeit auf die Heilung von Verletzungen aus der ödipalen Phase gelegt werden wird. Der Ansatz des *Sexual Grounding* – die Heilung sexueller Verwundungen aus den psychosexuellen Entwicklungsphasen – des Psychologen William Poppeliers ist hierfür eine gute Grundlage. Auch der Schweizer Arzt Robert Fischer hat diese Sichtweise in seine Arbeit integriert.

Der Junge, der Jugendliche, der junge Mann

Neulich sagte ein Mann in einem unserer Seminare über Selbstliebe und Beziehungskompetenz: „Ich bin jetzt über fünfzig Jahre alt. Gestern bin ich wieder in Kontakt gekommen mit dem pubertierenden Jugendlichen in mir. Ich war so einsam damals, so mutterseelenallein. Es gab niemanden, den ich über Dinge, wie Beziehungen, Mädchen, Frauen, Sexualität befragen konnte. Ich hab' mich irgendwie durchgeschlagen. Wenn ich ehrlich bin, bestimmt dieser unsichere Junge und Jugendliche bis heute mein Verhalten in Beziehungen und in meiner Sexualität."

Er hat auf seine Art die innere Befindlichkeit vieler Männer auf den Punkt gebracht. In vielen von uns lebt neben dem verletzten inneren Jungen auch ein unsicherer Jugendlicher.

Beim Schreiben dieser Zeilen betrachte ich ein Bild, das anlässlich meiner Konfirmation aufgenommen wurde. Darauf ist ein schlanker, groß gewachsener Jüngling zu sehen. Er hat die Schultern nach oben gezogen. In seinem Gesicht lese ich Unschuld, Schüchternheit und Einsamkeit. Auf diesem Foto trage ich zum ersten und einzigen Mal eine Krawatte – kaum zu glauben. Wie sehr habe ich mir damals jemanden gewünscht, dem ich mich hätte anvertrauen können, mit allen meinen Fragen über das Leben und die Liebe. Wie schrecklich einsam war ich damals innerlich, als ich kein Junge mehr war und noch kein Mann.

Heute sind die äußeren Anforderungen, die an die Jugendlichen gestellt werden, um ein Vielfaches höher als vor dreißig oder vierzig Jahren. Als

Nachkriegsgeneration konnten wir beispielsweise ziemlich sicher sein, einen Ausbildungs- oder Studienplatz zu bekommen. Heute ist die Welt ein Ort, an dem sich alles rasend schnell verändert. In einer Zeit, in der sich so vieles im inneren und äußeren Erleben der Zwölf- bis Neunzehnjährigen verändert, verändert sich auch die Gesellschaft immer weiter. Das führt zu einer wachsenden Verunsicherung vieler männlicher Jugendlicher an der Schwelle zum erwachsenen Mann.

In vielen alten Kulturen und Stämmen gab es klare, über viele Jahrhunderte wirksame Initiationsriten. Der Jugendliche, der junge Mann wurde mittels dieser Riten von den Stammesältesten in sein Mannsein initiiert. Um als reife, erwachsene Männer in die Gesellschaft aufgenommen zu werden, mussten sich damals alle Männer einer Gesellschaft, eines Stammes einem Initiationsprozess unterziehen, der zum Schluss mit einem Einweihungsritual gekrönt wurde. Meistens hatte dieser Initiationsprozess mit Mutproben, körperlichen Entbehrungen wie Fasten und Schmerz, Naturerfahrung, Visionssuche und ähnlichen Dingen zu tun. Die künftigen Männer lernten die Fähigkeiten, Freiheiten, Pflichten und Verantwortungen kennen, die ein Mann in der Gemeinschaft hatte. Manchmal wurde den werdenden Männern eine Wunde zugefügt, von der eine Narbe zurückblieb. Nelson Mandela hat in seiner Autobiographie sein Beschneidungsritual beschrieben, mit dem er von seinem Stamm in sein Mannsein initiiert wurde. Manche Jugendliche wurden für Tage allein mit wilden Tieren in der Natur zurückgelassen, andere wurden eingegraben, manchmal verloren sie einen Zahn – aber immer stand am Ende des Initiationsprozesses eine bewegende Feier. Stolz, fröhlich, feiernd, tanzend wurden die neu initiierten Männer in die Gemeinschaft der erwachsenen Männer aufgenommen. Von jetzt an war jedem von ihnen klar, was es bedeutete, ein Mann zu sein und mit Würde seinen Weg zu gehen.

Aus der Sicht älterer Kulturen ist der moderne, zivilisierte Mann höchstens ein groß gewordener Junge, der einen Mann spielt. In unserer Gesellschaft gibt es nur noch wenig verbliebene, oft untaugliche, nicht wirklich funktionierende Initiationsfragmente wie die Konfirmation oder die Einberufung zur Bundeswehr.

Dieser Mangel an wirklicher Initiation, an wirklicher Einweihung in ein bewusstes Mannsein führt zu einer Schwächung des „reifen Männlichen“ in unserer Gesellschaft. Fast jeder von uns Männern kennt die Unsicherheit in seinem Inneren. Jeder fragt sich auf seiner Lebensreise immer wieder. „Bin ich richtig als Mann? Wie soll ich sein? Was ist überhaupt ein richtiger Mann? Was passiert, wenn meine Unsicherheit erkannt wird?“

Das Fehlen einer zeitgemäßen Initiation in ein reifes, bewusstes Mannsein erzeugt Männer, die Mannsein spielen, in Wahrheit aber kleine Jungs in erwachsenen Körpern sind. Der Dichter und Männerforscher Robert Bly hat dies die “Infantilisierung der Gesellschaft“ genannt.

Wo lernen denn die heranwachsenden männlichen Jugendlichen in unserer Gesellschaft Respekt und Achtung vor dem Leben, der Schöpfung, vor anderen Menschen, vor den Frauen, vor den Männern, vor der Erde? Wo lernen sie, ihre Familienältesten, die Frauen und Männer, die sie geboren, großgezogen, ernährt und beschützt haben, zu ehren und ihnen Respekt und Dankbarkeit zu erweisen? Wo lernen sie etwas über Ethik, Liebe, Beziehungen und erfüllende Sexualität? Wo lernen sie, auch angesichts der sich vollziehenden hormonellen Veränderungen – wenn beispielsweise bis zu dreißigmal mehr Testosteron ausgeschüttet wird als im Kindesalter –, ihren selbstbestimmten und selbstbewussten Weg zu gehen?

Wir dürfen unsere heranwachsenden Jugendlichen nicht der Werbeindustrie, den Musiksendern oder den Herstellern von Computerspielen, Mobiltelefonen und Markenklamotten überlassen. Sie brauchen unsere Präsenz, unsere Unterstützung und Begleitung in den Jahren des Übergangs vom Jungen und Jugendlichen zum Mann. Sie brauchen andere Männer, die ihnen vorleben, was es bedeutet, Freude am Leben zu haben und wirkliche Verantwortung für sich selbst und die uns anvertrauten Menschen zu tragen. Sie brauchen Männer, die ihnen zuhören, denen sie ihre Fragen stellen können über das Leben, über die Liebe, über die Frauen, über die Männer, über Sexualität, über Spiritualität und, und, und ...

> Jeder Euro, den unsere Gesellschaft in ganzheitliche Jugendarbeit investiert, zahlt sich hundertfach aus.

Alle unsere Seelenanteile als Mann wieder zu integrieren bedeutet, neben dem kleinen Jungen in uns, auch den Jugendlichen in uns wieder nach Hause, in unser Herz und in unser Bewusstsein zu holen. Es bedeutet, den Jugendlichen zwischen zwölf und neunzehn Jahren wieder zu fühlen, wieder leben zu lassen und tiefer und tiefer zu verstehen. Wenn ich mich für den Jugendlichen in mir öffne, empfinde ich eine enorme Sehnsucht nach Liebe, nach Sexualität, nach Freiheit. Er verbindet mich mit meinen Träumen, Idealen und Sehnsüchten. Er lehrt mich, auch heute noch, etwas über meine Einsamkeit, meine offenen Fragen, meine persönlichen Herausforderungen.

Mann, nimm dir Zeit für den Jugendlichen in dir. Erinnere dich an das, was ihn damals beschäftigt hat, lausche nach innen und höre ihm zu. Er hat dir eine Menge zu sagen, auch über dein heutiges Leben. Schau dir einige Bilder aus der Zeit von damals an, tauche ein in die Welt des Jugendlichen in dir. Je mehr wir wieder in lebendigem Kontakt sind mit dem pubertierenden Jugendlichen in uns, umso mehr können wir für die heutigen Jugendlichen ein Mentor, ein Freund, ein Wegbegleiter sein.

Vater sein, mit ganzem Herzen

> Der durchschnittliche Vater verbringt mit seinem Kind nur zwanzig Minuten pro Tag, ohne die Mahlzeiten. Und ich denke nicht, dass so ein Vater Vorbild sein kann. Vorbilder fehlen. Deshalb suchen sich die Kinder ihre Vorbilder im Fernsehen.
>
> Dr. R. Largo

Immer wieder berichten die Männer im Männertraining von ihrer Trauer über die Abwesenheit ihrer Väter. Manche sind ganz ohne Vater aufgewachsen, andere haben ihren Vater nur selten gesehen. Und die Männer, die das Glück hatten, in einer halbwegs intakten Familie aufgewachsen zu sein, sagen oft, dass ihnen ihr Vater emotional fremd geblieben ist.

Das Dilemma früherer Vatergenerationen war die typische Rollenverteilung in einer Familie: Der Mann arbeitet und die Frau versorgt die Kinder. Zum Glück hat sich diese starre Schema seit den siebziger Jahren verändert. Doch befinden sich bis heute viele voll arbeitende Väter in einem Dilemma. Unsere Gesellschaft muss mehr Möglichkeiten schaffen, damit Frauen und Männer gleichberechtigt Arbeit und Kindererziehung verbinden können. Die skandinavischen Länder gehen hier mit gutem Beispiel voran.

Für mich ist die Zeit, die ich mit meinem Sohn Paul-John verbringe, besonders kostbar. Mein Sohn ist ein großes Geschenk für mich. Ich habe durch ihn soviel über das Leben gelernt. Ich liebe ihn sehr. Für ihn ein guter Vater und ein Vorbild zu sein ist mir in meinem Leben das Wichtigste. Ich liebe es, mit ihm zu lachen – er hat einen so köstlichen Humor. Mit ihm Fußball zu spielen, am Feuer zu sitzen, Gitarre zu spielen, zu zelten, mit ihm Spaß zu haben oder einfach Zeit zu verbringen, heilt auch das Kind in mir.

Als Männer und Väter müssen wir einstehen für unsere Söhne und Töchter. Sie brauchen uns. Sie werden so schnell groß. Jeder bewusst erlebte Moment mit unseren Kindern kann uns etwas über die tiefste Liebe lehren, die es zwischen Menschen gibt – die Liebe zwischen Kindern und ihren Eltern.

Kernaussagen zum Kind in dir

- Es ist nie zu spät, eine glückliche Kindheit zu haben. Schenke deinem inneren Kind jeden Tag Aufmerksamkeit, Verständnis und Liebe.

- Suche einen geeigneten Platz in deiner Wohnung für den Jungen in dir. Hänge dort Fotos von ihm auf und schmücke diesen Ort mit den für dich wichtigen Gegenständen.

- Lass die Hände auf deinen Körper landen und fühle das Kind in dir. Erinnere dich: Jedes Menschenkind will gefühlt werden. Fühle den Jungen in dir: seine Gefühle, seine Sehnsüchte, seine Ängste, seine Bedürfnisse und seine Wünsche.

- Schenke dem Jungen in dir jeden Tag eine Kleinigkeit. Lass ihn spüren, dass du ihn wichtig nimmst und ihn als erwachsenen Mann beschützt.

- Sieh das innere Kind auch in den Menschen, die dir jeden Tag begegnen. Behandle andere Menschen mit Mitgefühl. Schenke ihnen das Gefühl, so willkommen zu sein wie sie sind.

- Praktiziere mit zwei dir vertrauten Menschen die Übung des Nachnährens. Lass dir heute das schenken, was du damals vermisst hast.

- Öffne dich deinem Fühlen. Fühle dich, halte dich selbst und das Kind in dir in deinen Armen. Sieh die Welt und die Menschen mit den Augen und dem Herzen des Jungen in dir. Sei berührbar. Lass dich weinen, lachen und staunen.

- Teile mit einem Freund die Gefühls- und Erfahrungswelt des Kindes in dir.

Kapitel 3

Der reife Mann in Beziehung

In der Mitte des Kreises brannte ein Feuer. Drumherum saßen die Angst, die Enttäuschung, die Hoffnungslosigkeit, der Schmerz, der Hass und die Liebe. Die Angst trat als erste in den Kreis und sprach: „Ich verschließe mein Herz, es tut so weh, verletzt zu werden." Dann trat die Enttäuschung vor und sagte: „Es hat doch alles keinen Sinn." Ihr folgte die Hoffnungslosigkeit. Sie sagte: „Ich bin so müde. Ich weiß nicht mehr weiter." Dann trat der Schmerz in den Kreis und sagte: „Ich reiche bis an das Ende der Welt." Dann kam der Hass und zischte: „Ich zertrete Euer Herz." Lange Zeit war es still. Dann trat die Liebe in den Kreis. Laut und klar sprach sie: „Ich überwinde Euch alle.

Quelle unbekannt

Der romantische Mythos

Wenn wir nachts einen Traum träumen und uns nach dem Aufwachen noch daran erinnern können, dann sagen wir: „Ich habe geträumt“. Wenn eine ganze Kultur träumt, sagen wir, dass diese Kultur einem Mythos, einem kollektiven Traum folgt. Unsere Kultur träumt den romantischen Mythos.

Überall und tagtäglich begegnet er uns, dieser romantische Mythos, massenhaft: in der Werbung, in Schlagern, Romanen und Filmen. Wir alle haben ihn mit der Muttermilch aufgesogen und gehört: „You can make me whole again, you make my life complete, now we're together till eternity, forever you're my darling – ooohhh baby!” In deutschen Schlagern hört sich das dann ungefähr so an: „Du, und für immer Du. Wir sind zusammen bis in alle Ewigkeit, seit ich Dich gefunden habe, ist alles gut, jetzt sind wir für immer glücklich bis in alle Ewigkeit.“

Das Symbol für Liebe und Verliebtheit in unserer westlichen Kultur ist ein Herz mit einem Pfeil, der sich durch das Herz bohrt – die Verknüpfung von Liebe und Schmerz. Seit Tristan und Isolde stellvertretend für uns alle den Trank der romantischen Liebe getrunken haben, träumt unsere Kultur diesen Traum. Er will uns glauben machen, dass es einen anderen Menschen gibt – den Ideal-Partner –, der das hat, was uns fehlt. Der uns ganz machen, vervollständigen, erfüllen kann. Wir lernen also, dass die Erfüllung, die Ganzheit, die wir letztendlich suchen, außerhalb von uns liegt. Wenn wir uns verlieben, neigen wir dazu, unsere Sehnsüchte nach Ganzheit, Verbundenheit und Glück auf unseren Partner zu projizieren. Unser Partner wird dadurch zu einer überdimensionalen Traumgestalt. Kein Mensch, kein Mann, keine Frau der Welt kann diesen Projektionen auf Dauer gerecht werden. Irgendwann bricht die romantische Projektion zusammen. Der edle Ritter ist eben nicht immer nur edel, und die Traumfrau ist eben nicht immer nur vollkommen.

Ob Tristan und Isolde, Romeo und Julia, Pretty Woman oder Sex and the City – unsere Kultur wird nicht müde, den Menschen Tag für Tag beizubringen, dass ihre Ganzheit, ihre Erfüllung, ihr Glück außerhalb von ihnen selbst liegt. Die romantische Liebe ist nicht falsch oder schlecht. Sie sollte uns lediglich lehren, uns in Richtung unserer Ganzheit zu bewegen.

Im romantischen Mythos werden zwei große Energiesysteme miteinander vermischt: zum einen das der spirituellen Liebe, die wir nur in uns, mit Gott in unserem Innern, erfahren können, und zum anderen der menschliche Liebe, die wir mit einem Menschen aus Fleisch und Blut leben können.

Da die wenigsten Menschen eine lebendige, innige Spiritualität praktizieren, versuchen sie, in ihren romantischen Liebesbeziehungen alles zu finden: Sicherheit, Liebe, Intimität, Ganzheit, Sexualität, Ekstase, Lebensglück, Erfüllung, Transzendenz.

Solange wir als Männer den romantischen Traum träumen, gleichen wir dem Mann in der bekannten Sufi-Geschichte, der im hellen Licht einer Straßenlaterne, unterstützt von vielen hilfreichen Menschen, verzweifelt etwas sucht. Dabei hat er das, was er sucht, in seinem eigenen Haus verloren. Leider ist es dort zu dunkel und nicht so hell wir hier unter der Laterne.

> Es ist Zeit, dass wir Männer wieder nach Hause zurückkehren und in unserem Inneren die verlorene Ganzheit finden.

Durch meine Arbeit lerne ich viele frisch verliebte Paare kennen. Ich sehe dann immer leuchtende Augen und höre Sätze wie: „Dieses Mal wird alles ganz anders. Es ist unglaublich – diese Frau ist es jetzt wirklich!“ Da ich ein sehr optimistischer Mensch bin, wünsche ich grundsätzlich von ganzem Herzen alles Gute. Die meisten von ihnen landen jedoch recht bald wieder bei ihren bekannten Problemen.

Der Moment, in dem die romantische Blase zum x-ten Mal zerplatzt, ist schmerzhaft und enttäuschend. Doch bietet gerade dieser Moment eine große Chance, nämlich die Gelegenheit zur menschlichen Liebe zu finden. Unseren Partner so zu nehmen, wie er ist, ihn in seinem Wesen zu erkennen und zu lieben, als fehlbares, menschliches Geschöpf mit allen angenehmen und unangenehmen Seiten.

Das Wesen einer Beziehung

In jeder Liebesbeziehung begegnest du immer nur dir selbst. Jeder Liebespartner, der uns wirklich nahe kommt, bringt uns früher oder später zwangsläufig in Kontakt mit uns selbst, mit unseren Wurzeln und unserem alten Schmerz. Nur in unseren verbindlichen Liebesbeziehungen kommen wir uns nahe genug, um auch den alten Schmerz wieder zu spüren und ans Tageslicht zu befördern. Deshalb kann eine bewusste Beziehung zwischen zwei Menschen ein kraftvolles „Heilungsgefäß“ sein. Solange uns das nicht klar ist, fangen wir an, dem anderen die Schuld zu geben.

In unseren Affären, lockeren Beziehungen, Urlaubsflirts dagegen können wir alte Wunden verdrängen und uns einbilden, sie würden keine Rolle mehr spielen.

Das Wesen einer bewussten Liebesbeziehung ist ein Raum zwischen zwei Menschen, den sie immer wieder mit Freude, Vergebung und Liebe erfüllen können. Eine bewusste Liebesbeziehung unterstützt die beiden Liebenden, in ihrem Wesen zu erblühen und Liebe zu sein.

Am tiefsten Punkt begegnen wir durch den Anderen immer Gott. Die Augen, die wir anschauen, sind die Augen des *Großen Geliebten.* So kann uns eine Beziehung lehren, immer tiefer zu lieben. Wir können in dem gelebten Geschenk unserer gegenseitigen Liebe erfahren, wie die Liebe uns mehr und mehr beseelt. Dabei sollten wir uns im Klaren sein, dass nichts selbstverständlich ist. Woher wissen wir, dass unser Partner am nächsten Tag noch da ist? Woher wissen wir, ob wir selbst oder unser Partner am nächsten Tag noch am Leben sind? Deshalb ist jeder Moment, den wir mit unseren Liebsten verbringen dürfen, so unendlich kostbar.

> Jeder Moment ist eine Einladung des Lebens, Liebe zu leben,
> Liebe zu sein, Liebe zu schenken und zu empfangen.

Jeder Partner ist für sich selbst verantwortlich

Ein anschauliches Bild für eine bewusste Beziehung gibt der Dichter und Poet Khalil Gibran. Er beschreibt eine Beziehung als Dach, das von zwei Säulen gemeinsam getragen wird. Jede Säule ruht in sich, ist gut geerdet und in Kontakt mit den eigenen Wurzeln. Jede Säule ist zentriert in der eigenen Ganzheit – im eigenen ICH BIN.

Jeder Partner übernimmt zu hundert Prozent die Verantwortung für die eigenen Gedanken, die eigenen Gefühle, die eigenen Handlungen und vor allem für das eigene Glück und Wohlbefinden. Jeder leistet seine Beziehungsarbeit und weiß, dass der Partner lediglich unsere wunden Punkte berührt und damit oftmals den alten Schmerz wieder auslöst. Dabei muss sich jeder Liebende im Klaren sein, dass die eigentlichen Verletzungen tiefer liegen und vor langer Zeit entstanden sind, im Säuglings- und Kindesalter oder auch in früheren Leben.

Wenn dieses Bewusstsein fehlt, und wenn nicht jeder Partner Verantwortung für seinen Schmerz und seine Verhaltensmuster übernimmt, besteht die hohe Wahrscheinlichkeit, dass wir uns in Schuldzuweisungen und endlosen Streits verlieren. Es muss uns klar sein, dass das Ungeheilte in beiden Partnern ein Beziehungsmuster bildet, das oftmals die größtmögliche Konfrontation mit der eigenen Verwundung bedeutet. Dann ist die Gefahr groß, in die alten unerlösten Vater- und Mutterprojektionen zu verfallen, und den Partner für unseren Schmerz verantwortlich zu machen.

Ein Mut machendes Beispiel für die Übernahme von Verantwortung für die eigenen Verletzungen gibt Uwe, ein Teilnehmer unseres Männertrainings: „Wenn ich im Verlauf eines Tages diese unbegründete Unruhe, ein Unwohlsein spüre, verbunden mit dem Wunsch, meine Partnerin anzurufen oder schnell zu ihr zu gelangen, gebe ich diesem Wunsch nicht sofort nach. Ich habe erfahren, dass sich so auch meine Verlassenheit meldet, dass diese sich so anfühlen kann. Ich ziehe mich ein paar Minuten in mich zurück und versuche zu ergründen, ob es Liebe ist, die mich antreibt – also das freie, frohe, glückliche Gefühl, meiner Frau etwas sagen und ihr nah sein zu wollen. Oder aber, ob es sich mehr nach Angst anfühlt. Dann ist es sicherlich mein inneres Kind, das sich mit seinen alten Verlassensängsten meldet. Ich wende mich dann dem kleinen Jungen in mir zu, tröste ihn, bringe ihm mein Verständnis und Mitgefühl zum Ausdruck und versichere ihm meine Liebe. Ich halte mich im Arm. Bald vergeht das Angstgefühl, und ich bin froh, mich selbst seelisch genährt und gestärkt zu haben, und meiner Frau nicht als bedürftiger Bettler begegnet zu sein und sie in ein Drama verstrickt zu haben."

In der Arbeit mit vielen Paaren hat sich immer wieder gezeigt, dass das Unbewusste der beteiligten Partner sehr intelligent ist. Es möchte, dass wir uns in Richtung Ganzheit entwickeln. Deshalb wählt sich derjenige, der in seiner Kindheit überwiegend Verlassenheit erfahren hat, einen Partner aus, der in seiner Kindheit durch Überflutungserfahrungen geprägt wurde. Wenn dann nach einigen Monaten oder ein, zwei Jahren der „romantische Zaubertrank" aufgehört hat zu wirken, finden wir uns manchmal ziemlich enttäuscht auf dem Boden der Tatsachen wieder. Doch genau darin liegt die großartige Chance, endlich unsere emotionalen Defizite zu heilen, unsere Vater- und Mutterprojektionen zurückzunehmen und unsere negativen Beziehungsmuster aufzulösen. So kann Schritt für Schritt wirkliche Liebe zur Grundlage der Beziehung werden.

Die drei Hauptebenen jeder Liebesbeziehung

Auf den folgenden Seiten beschreibe ich zunächst die drei Hauptebenen, auf denen jede Beziehung beruht. Tatsächlich lassen sich alle Herausforderungen und Themen in unseren Beziehungen diesen drei Hauptebenen zuordnen.

Beziehungsebene	*Grundbedürfnis*	*Kernthemen*	*Kernprobleme*
Obere Ebene	Atem-, Eigenraum Distanz zum Anderen	Kontakt zum Selbst Angst vor Nähe Autonomie	Angst vor Überflutung
Mittlere Ebene	Einschwingen	Gemeinsamkeiten Gemeinsame Projekte Kommunikation Spiegeln, Verhandeln	Schutz-, Charakterstil Mangel an Gemeinsamkeit Unproduktive Kommunikation
Basale Ebene	Beziehung/Bindung Liebesgefühl	Nähe zum Anderen Kontakt zum Anderen Kontakt zur Umwelt	Angst vor Verlassenheit Angst vor Alleinsein

Quelle: IBP-Institut, Schweiz

Die Grundlage jeder intakten Beziehung ist die *basale Ebene*. Sie bezeichnet eine klare eindeutige Bindung und das erlebte Liebesgefühl in der Beziehung. Damit wir uns glücklich, genährt und erfüllt fühlen, muss die Bindung eindeutig und stark sein. Vielen Paaren ist nicht bewusst, dass die Bindung immer wieder erneuert werden muss, und zwar Tag für Tag. Das geschieht, indem wir unserem Partner unsere Liebe zeigen – durch Worte, Umarmungen, Gesten und gemeinsame Unternehmungen, die eindeutig ausdrücken: „Ja, ich will dich! Ich will mit dir in einer Beziehung sein!“

Die verbindliche Bindung ist das Fundament, auf dem jede Partnerschaft ruht. Aufbauend auf diesem Fundament können wir die Nähe zum Partner, die Liebe und die Freude am Zusammensein jeden Tag nähren und pflegen. So kann die Beziehung immer wieder neu erblühen.

Die *obere Ebene* des Modells beschreibt das Grundbedürfnis nach Abgrenzung und nach eigenem Raum. Diese Ebene ermöglicht jedem Partner, immer wieder zu sich selbst zurückzukehren – in seinen eigenen Raum, in seine eigene Welt. Sie erlaubt es, uns immer wieder innerhalb unserer eigenen, selbst gesetzten Grenzen zu spüren. Wenn wir die obere Ebene vernachlässigen, erstarrt die Beziehung in Symbiose. „We nice each other to death", sagt Jack Lee Rosenberg. Für jeden Mann ist es essentiell wichtig, dass er selbstbestimmt und eigenständig sein kann.

Im Kontakt zu unserem Selbst werden unsere Batterien wieder aufgeladen und unsere Wurzeln vertieft. Je tiefer der Kontakt zu unserem Selbst ist, umso freudiger kehren wir auch wieder in das Geschenk unserer Beziehung zurück. Wenn wir als Männer allerdings die obere Ebene überbetonen, ist eine intime Beziehung schwer zu verwirklichen. Deshalb kommt der *mittleren Ebene* die entscheidende Brückenfunktion zwischen der grundlegenden Bindungsebene und dem essentiellen Recht auf Eigenraum zu. Sie hat die entscheidende Aufgabe, die Wünsche, Themen, Ängste und Bedürfnisse der beiden anderen Ebenen auszubalancieren. Dr. Markus Fischer hat es einmal so ausgedrückt:

> „Das Funktionieren der mittleren Ebene stellt die unabdingbare Grundvoraussetzung für das langfristige Gelingen des Tanzes zwischen Nähe und Distanz dar."

Auf der mittleren Ebene des Beziehungsmodells müssen die Partner lernen, die verschiedenen Bedürfnisse nach Nähe und Distanz zu verstehen und auch zu erfüllen. Jeder Mensch wünscht sich, mit seiner Wirklichkeit, seinen Bedürfnissen und seinen Gefühlen gesehen, verstanden und angenommen zu werden. Wenn alle drei Eben von beiden Partnern bewusst genährt und mit authentischem Sein erfüllt sind, kann die Beziehung gelingen. Sie kann sich permanent erneuern und immer wieder Freude, Intimität und Liebe schenken.

Beziehungsarbeit und kreative Kommunikation

Eine Beziehung ist die Begegnung von zwei eigenen Welten. Auf der mittleren Ebene geht es vor allem um körperliches, emotionales, gedankliches und spirituelles Einstimmen und Einschwingen. Es geht um die Fähigkeit, unseren Partner dort abzuholen, wo er ist.

Einschwingen – oder *Duplikation*, wie mein Lehrer Frank Natale es genannt hat, – ist die Fähigkeit, für eine kurze Zeit in die Welt des anderen Menschen einzutauchen, zu verstehen, was er meint, erlebt und fühlt und schließlich auf der Grundlage dieses Verständnisses zu antworten. Das bedeutet nicht, die Position des Anderen zu übernehmen oder den eigenen Standpunkt aufzugeben.

Wenn wir als Männer lernen, uns auf die Gefühle, Bedürfnisse und Wünsche unserer Partnerin einzuschwingen und diese zu duplizieren, entsteht bei unserem Gegenüber das Gefühl, verstanden zu werden. Dadurch erneuern wir eine wesentliche Grundvoraussetzung, uns in unserer Beziehung wohlzufühlen.

Wenn beide Partner die Fähigkeit haben, sich einzuschwingen, zu duplizieren, dann haben sie eine entscheidende Grundlage, um sich gegenseitig zu spiegeln. *Spiegeln* meint anteilnehmendes Zurückmelden der Botschaften, die man vom Partner empfangen hat", so Dr. Markus Fischer. Zum Beispiel: „Ich spüre, dass du verärgert bist." „Ich habe verstanden, dass du dich verletzt fühlst." „Ich sehe, dass du traurig bist." Einschwingen, Duplizieren und Spiegeln berühren die frühkindlichen Bedürfnisse jedes Erwachsenen.

Viele emotionale Verletzungen, die Menschen auf ihrem Lebensweg erlitten haben und erleiden, sind *Spiegelverletzungen*. Vor allem bei Kindern entstehen dadurch tiefe Prägungen. Zum Beispiel bei denjenigen, die „überspiegelt" werden, indem sie ständig „auf Händen getragen" oder „in den Himmel gehoben" werden. Folglich fällt es ihnen schwer, eine realistische Selbsteinschätzung zu entwickeln. Oder denen, die „unterspiegelt" werden. Egal was sie leisten oder sagen, es ist nicht gut genug. Es wird immer ein Haar in der Suppe gefunden. So werden wir konditioniert, an uns zu zweifeln, entwickeln ein schwaches Selbstwertgefühl und mangelndes Selbstbewusstsein. Manche werden gar nicht gespiegelt. Das geschieht etwa dann, wenn sich unser Gegenüber hinter einer hochgehaltenen Zeitung versteckt – eine beliebte Szene für Karikaturen und Frühstückswitze. Dieses Verhalten vermittelt uns, dass wir nicht wichtig sind, dass es egal ist, ob wir da sind oder nicht.

Andere wiederum werden verzerrt gespiegelt: sie erzählen freudig und engagiert, was sie erlebt haben, doch ihr Gegenüber wechselt plötzlich das Thema. Kinder lernen dadurch fälschlicherweise, dass sie sich auf ihre Empfindungen und Wahrnehmungen nicht verlassen können.

Manche werden narzisstisch gespiegelt. Ein Beispiel dafür ist, wenn wir etwas Wichtiges erzählen und unser Gesprächspartner kennt das alles schon und übernimmt das Thema und die Kommunikation. Ein Kind erfährt dadurch, dass es nur um die Bedürfnisse der Erwachsenen geht und nicht um seine.

Adäquates, stimmiges Spiegeln hingegen bildet die Botschaft so ab, wie sie gesendet wurde. Und schenkt damit dem Sender der Botschaft die beglückende Erfahrung: „Ja, ich werde verstanden, gehört, gesehen und gefühlt." Das ist eine elementare Voraussetzung, um allen unseren Beziehungen eine sichere und vertrauensvolle Grundlage zu geben.

Qualitätszeit – gemeinsame Zeit verbringen

Was Wert hat in unserem Leben müssen wir durch Wertschätzung und Aufmerksamkeit nähren und pflegen. Es ist „Gärtner-Arbeit", dafür zu sorgen, dass die Blumen unserer Liebe weiterhin blühen und dass neue hinzukommen. Dazu gehört, die Beziehung durch gemeinsame Interessen und Erlebnisse zu stärken. Das können Gespräche sein, Spaziergänge, Theaterbesuche, Sport, Freizeitaktivitäten, Hobbies und vieles mehr.

Darüber hinaus ist es besonders wichtig und empfehlenwert, unserer körperlich-sinnlich-sexuellen Beziehung zueinander einen festen und verbindlichen Rahmen zu geben. Wir Männer können die Verantwortung dafür übernehmen, dass beide Partner genug Körperkontakt bekommen, dass sie gehalten, gestreichelt, massiert und sexuell aktiv werden. Wenn wir gemeinsame Zeit verbringen, kommt es darauf an, dass wir mit unserer Aufmerksamkeit ganz bei uns, ganz beim Partner und im Moment sind. Das nährt und festigt die Beziehung und macht sie stark.

Auf die Bedürfnisse hören, nicht auf die Worte

Streit zwischen zwei Partnern hat immer damit zu tun, dass die jeweiligen Bedürfnisse nicht respektiert werden. Wir können endlos aufeinander einreden. Wenn wir aus dem Schutzstil heraus agieren, geht es nur noch um Rechthaberei.

Wir müssen lernen, auf die Bedürfnisse *hinter* den Worten zu hören und zu achten. Hinter den Beschuldigungen und Anklagen ist immer ein Bedürfnis verborgen. Dieses Bedürfnis will gehört, anerkannt und wert geschätzt werden. Das bedeutet nicht, dass ich das Bedürfnis erfüllen muss, es bedeutet zunächst einmal, dass ich meinen Gegenüber wirklich gehört und verstanden habe. Dadurch verändert sich schlagartig die Kommunikation.

Wirkliche Kommunikation hat sehr viel mit dem Ausdrücken und Hören von Bedürfnissen zu tun. Wenn ich das Bedürfnis meines Partners höre und anerkenne, öffnet sich die Tür in das „Land des gegenseitigen Verstehens".

Die grüne Karte: „Friedensland" schaffen

In unserem Training *Tantra für Paare – die Kunst des bewussten Liebens* geben wir den Männern und Frauen zu Beginn eine grüne Karte, die sie ständig bei sich tragen. Diese grüne Karte ist Bestandteil einer Vereinbarung, die jedes Paar miteinander trifft. Immer dann, wenn sie als Paar in Streit geraten und so die alten, negativen Verhaltensmuster ausgelöst werden, wie „du hast schon wieder…", „wie konntest du nur…", „du solltest endlich mal…", „du bist schuld, dass…", kann ein Partner die grüne Karte ziehen. Beide Parteien hören nun sofort auf zu streiten, und derjenige, der auf die grüne Karte schaut, fragt dann, egal wie groß seine Wut, sein Ärger, seine Ungeduld auch sein mag: „Wie kann ich dich unterstützen?" Dann hat der Partner, der die grüne Karte gezeigt hat, die Gelegenheit, sein wirkliches Bedürfnis mitzuteilen und Gehör zu finden.

Jedes Paar, das längere Zeit zusammen ist und den Alltag teilt, hat Themen und Punkte, die immer wieder zum Streit führen. Oft reicht ein Wort, ein Blick, diese „eine Bewegung", dieser „besondere Ton", die berühmte „Zahnpasta im Waschbecken", und der Streit bricht wieder los. Mit der grünen Karte und anderen sinnvollen Hilfsmitteln können wir „Friedensland“ mitten im eskalierenden „Krieg“ schaffen. Das ermöglicht beiden Partnern, sich gegenseitig wieder daran zu erinnern, was sie eigentlich verbindet. Sie werden wieder zu einem Team, das sich immer wieder neu dem gemeinsamen Ziel verpflichtet: dem Erblühen beider Partner und dem Erblühen ihrer Beziehung.

Wie wir über unsere Beziehung denken

Masaro Emoto hat mit seinen Forschungen und Dokumentationen über Wasserkristalle und die Auswirkungen unserer Gedanken auf die Struktur und Schwingung des Wassers einen wichtigen Beitrag geleistet.

Genauso wie negative Gedanken über uns selbst und unseren Partner, das Schwingungsfeld und das Klima der Beziehung verändern, können positive, konstruktive Gedanken, Gefühle und Sichtweisen in unseren Beziehungen zum Wohl aller Beteiligten beitragen.

Ein Klient, der sich gerade mit diesem Thema auseinandersetzte, gestand mir einmal: „Wenn ich ehrlich bin, denke ich jeden Tag schlecht über meine Frau und über unsere Beziehung. Oft frage ich mich, ob das stumme Leiden und die Frustrationen ewig so weitergehen. In mir ist sehr viel Negativität über unsere Beziehung vorhanden.“

Es ist wichtig, dass wir uns als liebende Männer von unserem klaren Verstand leiten lassen. Solange wir unserer Partnerin ein „Ja“ gegeben haben, sind wir aufgefordert, alles auf den drei Ebenen der Beziehung zu tun, damit die Liebe gelingen kann.

> Mann, glaube an die Liebe, glaube an dich selbst, glaube an
> deine Partnerin! Du bist machtvoll, auf dich kommt es an!
> Handle mit Liebe, sei Liebe. Höre auf, an Schuld zu glauben!
> Beende deine Negativität und gib der Liebe eine echte Chance!

Es gibt keine Garantie, kein Patentrezept für eine erfüllte Beziehung. Du musst wählen, welche Form von Beziehung du leben möchtest. Es mag Lebensabschnitte geben, in denen du die eine oder die andere Form bevorzugst. Alle Formen, sowohl die Zweierbeziehung als Ehe oder Lebenspartnerschaft wie auch Mehrfachbeziehungen oder das Single-Dasein haben ihre Vor- und Nachteile. Alle Beziehungen ändern früher oder später ihre Form, ändern sich im Lauf der Zeit. Wenn wir das Wesen unseres Partners lieben, können diese Veränderungen mit Würde und in gegenseitiger Liebe geschehen – selbst wenn wir wählen, uns als Paar zu trennen.

Wem wir die Schuld geben, dem geben wir auch die Macht

Die Gewohnheit, den Umständen, der Gesellschaft und anderen Menschen die Schuld und damit die Verantwortung für unser Unglück zu geben, führt nirgendwo hin. Wem wir die Schuld geben, dem geben wir auch die Macht.

Ein humorvolles Beispiel für die Gewohnheit, unserem Gegenüber die Verantwortung zuzuschieben, liefert folgende Geschichte:

Es war einmal ein Mann. Er hatte sich schon lange darauf gefreut, ein stadtbekanntes Gourmet-Restaurant zu besuchen. Endlich war der Tag gekommen. Er nahm Platz am vorbestellten Tisch. Ein freundlicher Kellner reichte ihm die Speisekarte. Unser Mann beschloss, sein Festessen mit einer leckeren Suppe zu beginnen. Nach einigen Minuten brachte ihm der freundliche Kellner die bestellte Suppe. Der Gast begann, die köstliche Suppe zu essen.

Plötzlich, er traute seinen Augen nicht, sah er ein Haar in der Suppe schwimmen. Das war doch wirklich unerhört – ein Haar in seiner Suppe! Wütend rief er nach dem Kellner und empörte sich: „Sehen Sie, in meiner Suppe schwimmt ein Haar!“ „Das tut mir leid“, sagte der Kellner und strich sich sanft über seine blank rasierte Glatze. Der Gast verlangte, den Koch zu sprechen. Nach kurzer Zeit erschien dieser auch. Erneut empörte sich unser Gast: „Sehen Sie nur, in meiner Suppe schwimmt ein Haar!“ „Das ist sehr bedauerlich“, sagte der Koch verständnisvoll und strich sich seinerseits sanft über die blank rasierte Glatze. Der Einzige, der Haare auf dem Kopf hatte, war der Gast. Das Haar in der Suppe gehörte zu ihm.

> Verdrängung nach innen und Projektion nach außen sind die häufigsten Abwehrmechanismen.

Das Konzept von Schuld, Angst, Sünde und Trennung ist das verheerendste aller Konzepte, denen wir in unseren Beziehungen und in unserer Gesellschaft folgen. Automatisch, wenn etwas nicht so läuft, wie wir es gerne hätten, suchen wir einen Schuldigen, einen Sündenbock. In einer intimen Beziehung ist es meistens unsere Partnerin. Die Hintergründe dieses destruktiven Konzepts, das die Menschen und die Welt gefangen hält, führe ich in Kapitel fünf weiter aus. Dort beschreibe ich auch, wie wir über Schuld, Angst, Sünde und Trennung hinauswachsen können.

Die aufrichtige Begegnung mit vielen Männern hat mir immer wieder auf erstaunliche Weise gezeigt, dass jeder alles in sich trägt, um sich zu lieben, sich zu heilen, die volle Verantwortung für sich zu übernehmen und ein selbstbestimmtes, erfülltes Leben zu führen.

Wir tragen alles in uns, um verbunden mit unserer inneren Stärke und Präsenz jede Situation meistern zu können. In unserer Bereitschaft, Verantwortung für unser Leben zu übernehmen (im Englischen *response-ability*). In unserer Fähigkeit, dem Leben jeden Moment zu antworten, öffnen wir uns unserem grenzenlosen inneren Potential. Wir öffnen uns für die Fähigkeit, jeden Moment bewusst zu erleben und bewusst zu sein.

Die „Ritterrüstung" ablegen und das „Agententum" beenden

Liebe zu riskieren bedeutet, uns verletzlich zu machen. Unser persönliches Schutzschild nach innen und nach außen trennt uns wie eine Mauer von der Liebe. Schutzverhalten, das nach innen gerichtet ist, zeigt sich zum Beispiel in einer Gefühlsabstumpfung und in einer indifferenten Dumpfheit. Schutzverhalten, das nach außen gerichtet ist, zeigt sich in Angriffsverhalten, in Beschuldigungen, in Vorwürfen. Beide Verhaltensweisen, die Abgestumpftheit und Resignation nach innen und die Attacke nach außen, schaffen Distanz und Trennung. Im Offenlegen unseres persönlichen Schutzverhaltens geben wir der Liebe erstmals eine wirkliche Chance. Denn jetzt kann unser Wesenskern eine Beziehung zum anderen Menschen aufnehmen.

Genauso wichtig für das Gelingen einer Beziehung ist die Beendigung unseres Agententums. Der „Agent" handelt aus dem verzweifelten Gefühl, keinen eigenen inneren Wert zu haben. Der Kontakt zum eigenen Wesenskern ist oft schon sehr früh abgeschnitten. So versucht der Agent immer wieder, im Außen Liebe, Bestätigung und Sicherheit zu finden. Er ist sich seiner selbst nicht sicher. Doch Sicherheit und Heimat finden wir alleine in unserem Wesenskern und in unserer inneren Ganzheit. Fortgesetztes Agentenverhalten nach dem Motto: „Ich opfere mich und meine Bedürfnisse für dich und erfülle deine Bedürfnisse, um geliebt zu werden," kann wie schon gesagt zu den verschiedensten körperlichen Beschwerden führen.

Erst das aufrichtige, gegenseitige Offenbaren und Offenlegen unseres Schutzverhaltens und unseren Agententums macht eine wirkliche Liebesbeziehung möglich. Solange wir unser Schutzverhalten und unser Agententum nicht offenlegen, werden wir weiterhin im Verborgenen von unseren Grundverletzungen und Grundängsten bestimmt.

Radikale Vergebung

Die Konzepte von Schuld, Angst und Sünde machen Menschen krank, leidend und einsam. Alle Menschen begehen Fehler, tagtäglich. Wirkliches Vergeben bedeutet, loszulassen und festzustellen: ich kann mir selbst oder einem anderen Menschen einen Fehler verzeihen.

Das Konzept von Sünde hingegen bedeutet etwas völlig anderes. Mein Gegenüber ist ein bedauernswerter Sünder, quasi ein „minderwertiges Subjekt", und ich, als „moralisch hoch stehendes Wesen", habe die Güte, diesem armen Sünder zu vergeben. Selbst wenn ich ihm gnädigerweise vergeben habe, bleibt er doch weiterhin in meiner Schuld. Das ist keine Vergebung, das ist ein verlogener Kuhhandel.

Wirkliche Vergebung, mir selbst und anderen Menschen gegenüber, befreit. Wirkliche Vergebung räumt die Fehler, die Mißverständnisse, die Irrtümer aus dem Weg. Scheinheilige Vergebung zementiert das Ungleichgewicht zwischen dem „armen" Sünder und dem „edlen" Vergebenden. Das Ergebnis von wirklicher Vergebung ist immer im Herzen und im Körper spürbar. Sie fühlt sich leicht an – so, als würden wir Ballast abwerfen. Wirkliche Vergebung lehrt uns, die Menschen und die Gesellschaft, in der wir leben, mit den Augen des Mitgefühls und der Liebe zu betrachten. Bedingt durch die spirituelle Gesetzmäßigkeit, dass Gedanken niemals ihre Quelle, den Geist, verlassen, bleibt der Hass, der Ärger, die Negativität, die wir jemandem gegenüber empfinden, immer in uns. Deshalb sagen wir auch: „Ich ärgere mich!" Der Ärger bleibt in mir. „Du bist zwar Schuld, aber die Zeche zahle ich!" Wirkliche Vergebung ist intelligent. Sie ist ein wirkungsvolles Werkzeug, mit dem wir Tag für Tag in der Gegenwart bleiben und glücklich leben können.

> „Vergebung befreit, Verurteilung verletzt."
>
> Ein Kurs in Wundern

Kommunikation ist am tiefsten Punkt immer nur ein Ausdruck von Liebe oder Angst. Wobei in der Angst immer auch ein Ruf nach Liebe enthalten ist. Unser Ego hält uns in Angst gefangen. Jeder, der uns nahe kommt, muss begutachtet und bewertet werden, eingeteilt in Freund oder Feind.

Mann, praktiziere radikale Vergebung, jeden Tag! Damit lädst du Wunder in dein Leben ein. Es ist deine Wahl, in jedem Moment deines Lebens!

20 zu 80

Zwanzig Prozent für die Ursachenforschung und Analyse eines Problems – achtzig Prozent für die Lösung. Es gibt eine Tendenz in der therapeutischen Szene, mit dem Klienten immer weiter zu „graben". Es wird manchmal endlos nach Traumen, schwierigen Themen und leidvollen Erfahrungen gesucht.

> Der Schüler eines Zen-Meisters stand vor einer Tonne, die ihm bis zum Bauch reichte. Die Tonne war gefüllt mit einer sehr übel riechenden Substanz. Der Schüler rührte mit einem kräftigen Stock darin herum. Er rührte und rührte und rührte. Dabei musste er zwangsläufig immer wieder die übel riechenden Dämpfe einatmen. Er rührte im Kreis, dann wieder rührte er mit Zick-Zack-Bewegungen. Ständig variierte er seine Technik. Das Rühren war sehr anstrengend und er bemüht sich sehr. Plötzlich trat sein Zen-Meister zu ihm und sagte: „So sehr du auch rührst, es bleibt doch die gleiche Scheiße. Wirf den Stock weg, hör auf zu rühren und geh deinen Weg der Sonne entgegen!"

Es nützt niemandem in der Therapie etwas, wenn immer neues Leid aufgedeckt wird, ohne etwas zu lösen. Lösung bedeutet, uns von dem zu lösen, was uns schmerzt. Der Fokus muss auf der Lösung und den Lösungsschritten liegen – nicht auf den Problemen. Er muss auf die Gegenwart und die Gestaltung der Zukunft gerichtet sein und nicht auf die Vergangenheit.

Ein Beispiel aus unserer Arbeit mit Paaren: „Der Schnee fiel in dicken Flocken vom Himmel. Wir waren im Winterurlaub. Es war fast wie im Märchen. Die Kinder waren im Ski-Kurs untergebracht. Meine Frau und ich standen am Rande der Piste. Alles war wunderbar – nur unser Sexleben lag seit der Geburt des zweiten Kindes darnieder, und das seit beinahe fünf

Jahren! Unsere Hoffnung, dass es im Winterurlaub wieder klappen würde, hatte sich nicht erfüllt. Unsere Nerven waren aufs Äußerste gespannt. Ja, und wie es dann eben so passiert – ein Wort gab das andere, und wir hatten den heftigsten Streit, inklusive Scheidungsdrohung! Glücklicherweise fiel mir abends beim Essen ein, dass wir zwar sehr viel Energie in die Ursachenforschung investiert hatten, aber keine Idee hatten, wie die Lösung aussehen könnte." So begann der Mann die Geschichte zu erzählen. Auch die Frau stimmte ihm zu, dass sie keinen Plan hätten, wie die Lösung aussehen könnte.

Schnell stellte sich heraus, dass die Frau die „Verlassene" und der Mann der „Überflutete" in der Beziehung war. Die beiden wussten eine Menge über ihre Kindheit, ihre Beziehungsmuster und ihre Ängste. Sie wussten auch sehr genau, was sie gerne anders hätten. Aber sie waren hilflos dabei, praktische Schritte zur Lösung des Problems zu unternehmen. Zunächst einmal einigten wir uns darauf, dass sie einen Friedensvertrag schlossen. Sie versicherten sich feierlich, dass sie für die nächsten drei Monate alle Beschuldigungen einstellen würden. Sie unterschrieben beide in meinem Beisein den Friedensvertrag. Dieser beinhaltete auch verschiedene Schritte wie beispielsweise die Bereitschaft, im Falle eines Missverständnisses oder einer Verletzung auf den Anderen zuzugehen, und auch um Verzeihung zu bitten, falls einer der Partner den anderen verletzt hatte.

Dieser Friedensvertrag und die regelmäßigen unterstützenden Sitzungen wirkten Wunder. Die zermürbenden Streits hörten auf. Plötzlich kehrte Frieden ein. Und diesen Frieden lernten die beiden auszufüllen: an bestimmten Tagen, nachdem die Kinder eingeschlafen waren, trafen sie sich zu einer sinnlichen Begegnung. Außerdem trafen sie sich alle zwei Wochen zu einem besonderen Vormittag oder Abend, an dem sie ins Kino gingen, wie früher ein schönes Café besuchten oder einen Spaziergang unternahmen.

Am Ende der Paartherapie hatten sie wieder regelmäßig Sex. Der, wie beide lachend sagten, manchmal wunderschön war, und manchmal einfach so wie er war. Sie waren wieder ein Team geworden. Sie vertrauten einander wieder. Sie hatten gelernt, dass die Lösung praktische, konkrete Schritte braucht und die Bereitschaft, sich in ausreichendem Maße dafür einzusetzen – achtzig Prozent.

Die Macht des „Nein!“

Ein Mann, der seine Heilungsarbeit tut, wird fähig, seinen Eigenraum zu beschützen. Er hat dann den Mut, „Nein!“ zu sagen, wenn er Nein meint. Solange das Ungeheilte in uns regiert, ist unser Nein oder Ja immer „gefärbt“. Der „Überflutete“ sagt sowieso meistens „Nein!“ oder „Ja, aber …“ oder „Später vielleicht, jetzt lass mir erst mal meine Ruhe“. Der „Verlassene“ sagt meistens „Ja, mach ich“, und meint damit „ich tue was du willst, aber verlasse mich nicht“. Um anerkannt und geliebt zu werden, tun wir als „der Verlassene“ das, was andere von uns wollen.

Das Nein, das aus unserem Innern, aus dem Wesenskern kommt, setzt Grenzen. Es zeigt, dort ist ein Stop, dort geht es nicht weiter. „Nein!“, “Stop!“, „Grenze!“

Ohne ein authentisches Nein werden wir konturlos und fremdbestimmt. Unser authentisches Nein definiert den Raum, in dem wir leben. Es ermöglicht uns, auf unsere Art in Freiheit zu leben. Es gibt uns das Recht, nicht alles zu tun, was unser Umfeld von uns einfordert.

Wir sind keine schlechten Menschen wenn wir Nein sagen, sondern wir nehmen unser Recht in Anspruch, auf unsere Art zu leben. Wenn wir Nein sagen, sagen wir nicht grundsätzlich zu einem Menschen Nein, sondern zu einem bestimmten Sachverhalt, einer Situation oder Frage.

„Nein!“ schafft Klarheit und Raum. Es zeigt deutlich: „Das will ich und das nicht. Ich bin ein freier Mann, ich darf – ich muss – Nein sagen, wenn ich Nein meine!“

Jeder Mann muss lernen, im Kontakt mit anderen Menschen Nein zu sagen. Wir selbst und die anderen Menschen haben ein Recht auf die Wahrung unserer Grenzen, sonst sind wahrhaftige, authentische Beziehungen nicht möglich.

Die Macht des „Ja!“

Ein „Ja!“ aus deinem Wesenskern heraus gegeben, kannst du auch in schwierigen Situationen aufrecht erhalten. Ein freies, freiwilliges „Ja!“ aus ganzem Herzen – zu einem Menschen oder einem Projekt – öffnet den Raum, in dem Schöpfung geschieht. Ein aufrichtiges „Ja!“ öffnet den Raum für Wunder. Als Jürgen Klinsmann sagte: „Ja, ich trainiere die deutsche Fußballnationalmannschaft“, hat er einen beeindruckenden Schöpfungsprozess in Gang gesetzt. Sein Ja – und das von Joachim Löw, Oliver Bierhoff, Franz Beckenbauer, den Spielern und allen anderen Menschen, die im engeren Sinn mit der Fußball-Weltmeisterschaft 2006 zu tun hatten, hat unserem Land eine Welle von Freude und positivem Nationalgefühl gebracht, wie es keine Werbekampagne der Welt besser hätte tun können.

> Ein Nein definiert Grenzen. Ein Ja nutzt den Raum innerhalb dieser Grenzen, um etwas erblühen zu lassen.

Ein Ja, das aus innerer Freiheit und innerem Selbstkontakt gegeben wird, gibt uns die Kraft, alles zu sein, alles zu tun, damit das Versprechen, das in jedem Ja verborgen ist, seine Erfüllung findet. Ein authentisches Ja, das immer wieder erneuert, überprüft und aufrecht erhalten wird, hat die Kraft, zerstrittene Beziehungen, zerstrittene Familien, ja selbst zerstrittene Völker wieder zu versöhnen und zu vereinen!

> Achte genau darauf: Wann und warum gibst du ein Nein, und wann und warum gibst du ein Ja? Das Nein und das Ja sind die beiden Flügel deiner Freiheit.

Intakte Grenzen – das Recht auf deinen eigenen Raum

Jeder Mann muss lernen, innerhalb seines eigenen inneren Raumes mit sich selbst in fühlendem Kontakt zu sein. Jeder von uns hat ein Recht auf seinen eigenen Raum. Dieser eigene Raum wird definiert durch die Grenzen, die ihn von unserer Umwelt trennen. Diese Grenzen lassen uns spüren: „Hier ende ich – dort fängst du an." Ohne klare Grenzen verausgaben wir uns. Unsere Grenzen deutlich wahrzunehmen und zu kommunizieren ermöglicht uns, klarer Ja und Nein zu sagen.

Bevor wir nicht gelernt haben, unsere Grenzen klar zu kommunizieren, befinden sich die „Verlassenheitsgeschädigten" von uns immer in der Gefahr, zuviel zu geben und sich selbst nicht mehr zu spüren. Zuviel zu geben bedeutet, sich selbst zu verlassen. Die „Überflutungsgeschädigten" hingegen müssen aufpassen, dass sie ihre Grenzen nicht völlig dicht machen und sich in ihre eigene Welt zurückziehen. Jede Wohnung, jedes Haus hat seine Grenzen. Die Wohnungstür gibt uns ein Gefühl von Schutz und Eigenraum. Durch diese Türen können wir in die Welt gehen. Wenn wir sie hinter uns schließen und geschlossen halten, schützen sie uns vor der Welt.

Für mich persönlich war es extrem hilfreich, zu lernen, dass ich auch Nein sagen darf, dass ich ein Recht auf meine Grenzen, auf meinen eigenen Raum habe. Als „Verlassenheitsgeschädigter“ gab es bei mir viele Jahre immer nur Ja, Ja, Ja. Ich wollte um jeden Preis geliebt werden und tat alles dafür, bis zur Erschöpfung.

Bei einem Freund von mir war es ganz anders. Er wurde in der Kindheit von seiner Mutter überbehütet und überflutet. Lange Jahre begegnete er der Welt mit Distanz, Nüchternheit und Skepsis. Für ihn war es sehr heilsam, seine Grenzen durchlässiger werden zu lassen. Er lernte, zu fühlen und zu unterscheiden, wann er wirklich Nein sagen wollte und wann das Nein nur ein alter Reflex aus der Kindheit war. Nun kann er Ja sagen, wenn er Ja fühlt – und Nein sagen, wenn er Nein fühlt. Intakte, gefühlte und kommunizierte Grenzen machen uns beziehungsfähig. Dadurch beenden wir den starren Automatismus, der in unserer Kindheit begründet liegt. Sie erlauben uns, sowohl authentische Beziehungen als auch Eigen- und Atemraum zu erfahren. Selbstkontakt, die Voraussetzung für jede Form von Beziehung – wird zur Grundlage unseres Lebens. Selbstkontakt innerhalb unserer eigenen, stimmigen Grenzen lässt uns unser Geburtsrecht erfahren, ein eigenständiger und authentischer Mensch zu sein. Durch ein klares Gefühl für unsere Grenzen wird ein flexibles Ja und Nein in unseren

Beziehungen möglich. Wir sind dadurch in der Lage, unsere Grundbedürfnisse nach Eigenraum wie auch nach Beziehung beziehungsweise Bindung zu leben und zu wahren.

„Aha, so ist das."

Im 17. Jahrhundert lebte einst ein Zen-Meister namens Hakuin. Den Menschen seiner Zeit war er verdächtig, weil er sehr unkonventionell lebte und sich manchmal etwas eigentümlich verhielt. Er machte keine große Geschichten, aus dem was geschah. Meistens sagte er nur: „Aha, so ist das". Er nahm die Dinge so, wie sie waren.
Eines Tages klopfte es an seine Tür. Er öffnete, und draußen lag ein weinender Säugling, eingewickelt in eine warme Decke. Hakuin betrachtete den Säugling, dann schaute er sich um. Niemand war zu sehen. „Aha, so ist das", sagte er, nahm den Säugling vorsichtig in seine Arme und trug ihn in sein Haus. Die nächsten Tage und Wochen versorgte er den Säugling mit all seiner Liebe und Hingabe. Die Leute im Dorf zerrissen sich die Mäuler. Wie kam er zu dem Kind? Was war das wieder für eine Geschichte? Das halbe Dorf tuschelte hinter seinem Rücken. „Aha, so ist das", war alles, was Hakuin dazu zu sagen hatte. Eines Tages klopfte es wieder an seine Tür. Hakuin öffnete. Draußen stand eine junge Frau und weinte. Mit zitternder Stimme sagte sie zu ihm: „Hakuin, das Kind dort drinnen ist mein Kind. Ich war total überfordert. Ich wußte nicht mehr weiter. Da habe ich es dir vor die Tür gelegt. Ich wusste, bei dir ist es sicher. Jetzt bin ich wieder stark genug, um es selbst zu versorgen." Hakuin sagte: „Aha, so ist das". Dann holte er das Kind und legte es in die Arme der noch immer weinenden Mutter. Sie dankte ihm voller Liebe und verneigte sich vor ihm. Dann ging sie. Hakuin schaute ihr nach und sagte: „Aha, so ist das!"

Es ist wichtig, dass wir Männer sagen und verstehen lernen „Aha, so ist das." Das hilft, vieles nicht mehr so persönlich zu nehmen. Vieles von dem, was Menschen tun, hat nichts mit uns als Person zu tun. Das, was sie tun, ist oft eine Konsequenz oder Folge ihrer Verhaltensmuster und Abwehrmechanismen. Wenn wir beginnen, die Dinge nicht mehr persönlich zu nehmen, dann entsteht Raum – Raum für die Dinge, wie sie wirklich sind.

Vieles, was in unseren Liebesbeziehungen geschieht, ist geprägt von der Verstrickung der emotionalen Grundverletzungen beider Partner. Entscheidend bei der Lösung einer schwierigen Beziehungssituation ist die Bereitschaft jedes Partners, die Verantwortung für seinen eigenen Schmerz und für seine eigene Wut zu übernehmen. Die innere Haltung von „Aha, so ist das“ hilft uns, bei uns zu bleiben und das zu tun, was uns und der Beziehung hilft.

Spirituelle Partnerschaft

Ich hatte in meinem Leben viele Liebesbeziehungen und viele sexuelle Beziehungen. Ab dem Beginn meines vierzehnten Lebensjahres war ich fast immer in Beziehung, meistens in Mehrfachbeziehungen. Daneben gab es Affären. Ich habe in fast allen Formen von Beziehungen gelebt: zu zweit, zu dritt, allein, mal mit mehreren Menschen und mal in Gemeinschaften. In allem, was ich getan und erlebt habe, habe ich immer die Liebe gesucht. All meine Beziehungen haben mir einen reichen Schatz an Erfahrungen geschenkt. Ich habe geliebt und ich wurde geliebt. Ich habe verletzt und ich wurde verletzt. Ich habe verlassen und ich wurde verlassen. Ich habe verziehen und mir wurde verziehen.

Aus meiner heutigen Sicht habe ich *mich* in den anderen Menschen gesucht. Ich brauchte und ersehnte es, geliebt zu werden. Fühlte ich mich geliebt, fühlte ich mich wertvoll und ganz.

Es hat viele Jahre gedauert, bis mir allmählich dämmerte, dass ich in mir schon *ganz* bin. Es hat all meine Beziehungen gebraucht, um mich zu finden – in meiner Ganzheit, Vollständigkeit als Mann und Mensch anzukommen. Um aus dieser Ganzheit heraus zu leben und zu lieben, war und ist es für mich entscheidend, meine Verlassenheit zu heilen und meinen Schutzpanzer niederzulegen. Das Ungeheilte regiert uns so lange, bis es erlöst und integriert ist.

Alle Prozesse, die wir auf unserem Lebensweg durchlaufen, wollen uns letztendlich tiefer und tiefer mit unserer innersten Essenz verbinden – mit dem Licht unserer inneren Quelle. Daher ist jede bewusst geführte Partnerschaft auch eine Einladung zu einer spirituellen Partnerschaft. Schon in einem Jahr ist unser Körper und der Körper unseres Partners ein veränderter, ein anderer Körper. Unsere Zellen erneuern sich kontinuierlich. Der Körper, die Äußerlichkeiten, die Lebensumstände ändern sich ständig. Auch die Form einer Beziehung verändert sich.

Ich habe gelernt, mich auf den Inhalt, die Essenz, das Wesen zu beziehen. Die Beziehung zu meiner geliebten Partnerin und Frau, Uschi, ist für mich eine bewusste, spirituelle Partnerschaft. Von Anfang an haben wir uns beide in unserem Wesen erkannt und geliebt. Und wie bei fast allen Paaren flogen die Projektionen und Traumvorstellungen am Anfang nur so hin und her, frei nach dem Motto: „Hallo, mein Traumprinz – hallo, meine Traumprinzessin!" Nach einer sehr intensiven Zeit im „romantischen Mythos" landeten wir ziemlich unsanft auf dem Boden der Tatsachen. Genau wie bei den meisten anderen Paaren auch, waren unsere überzogenen Traumvorstellungen, die wir gegenseitig auf uns projeziert hatten, nicht mehr aufrecht zu erhalten. Wir waren auf einmal sehr ernüchtert. Dann machten wir uns „an die Arbeit".

Die Beziehungsarbeit, die jeder von uns für sich und die wir gemeinsam geleistet haben, hat Jahre gebraucht und sie dauert an. Zum ersten Mal bin ich in einer Beziehung geblieben, durch alle Schwierigkeiten hindurch. Zum ersten Mal ist sie in einer Beziehung geblieben, durch alle Schwierigkeiten hindurch. Erst diese Bereitschaft hat uns unsere Ganzheit erkennen lassen. Wir können den Anderen jetzt immer öfter von der Last befreien, uns glücklich machen zu müssen. Die gegenseitigen Mutter- und Vaterprojektionen lösen sich auf. Dafür hat sich jede Stunde, jeder Tag, alle Mühe gelohnt! Unser tiefes „Ja!" zum Wesen des Anderen hat uns geholfen, Hürden und schwierige Herausforderungen zu meistern, die wir mit früheren Partnern nicht meistern konnten. Jetzt ist es eine große Freude, die Früchte unserer Beziehungsarbeit zu ernten und zu genießen.

Spirituelle Partnerschaft bedeutet, zum Körper, zum Herzen und zum inneren Wesen – zur Seele deines Partners – „Ja!" zu sagen. Das heißt auch, „Ja!" zu sagen zu allen Veränderungen der äußeren Formen.

Spirituelle Partnerschaft bedeutet, Gefährten der Liebe zu sein, die sich einem Ziel verpflichtet haben, nämlich Liebende zu sein, die sich mit aller Hingabe unterstützen, alte Muster, altes Leid zu überwinden und in diesem Leben Befreiung zu erlangen. Spirituelle Partnerschaft bedeutet auch, immer tiefer zu erkennen: Gott hat uns diese Frau, diesen Mann anvertraut. Wir sind eingeladen, diesen Menschen so zu sehen, wie Gott ihn gemeint hat. Wir sind eingeladen, den Weg der Liebe im Alltag zu vertiefen, und in der Hingabe an die Liebe gemeinsam die tiefsten Geheimnisse des Lebens zu entschlüsseln.

Spirituelle Partnerschaft bedeutet vor allem, als Mann das zu praktizieren, was du von anderen forderst. Nichts ist stärker als ein liebender Mensch, der das lebt und praktiziert, was er sich von anderen Menschen wünscht.

Die Meditation der drei heiligen Wurzeln

Je mehr wir Männer in unseren Wurzeln ruhen, desto fähiger werden wir, wirklich zu lieben. Die Natur lehrt uns: Alles, was tiefe Wurzeln hat, kann in den Stürmen des Lebens bestehen. Ohne starke Wurzeln fällt jeder Baum beim ersten größeren Sturm um. Die Natur lehrt uns die Wichtigkeit und die zentrale Bedeutung unserer Wurzeln.

In einigen indianischen Kulturen gibt es einen speziellen Brauch. Er besteht darin, dass nach der Geburt eines Kindes die ganze Familie, der ganze Stamm, in die Natur geht. Dort graben sie ein Loch in die *heilige Mutter Erde*. Dahinein legen sie den Mutterkuchen und ein Stück der Nabelschnur. Dann pflanzen sie an dieser Stelle einen Baum, der den Lebensbaum dieses neuen Erdenmenschen symbolisiert. Solange dieser Mensch lebt, weiß er, was Heimat bedeutet.

Die *Meditation der drei heiligen Wurzeln* möchte dich wieder mit der Kraft, der Wahrheit und der Stärke deiner Wurzeln verbinden.

Die *erste Wurzel* ist die deiner Blutsahnen. Die Verbindung mit den Männern und Frauen, deren Blut in deinen Adern fließt und deren Gene du in dir trägst. Diese erste Wurzel gibt dir die Gelegenheit, dich vom negativen Erbe deiner Ahnen, von den generationsübergreifenden Mustern zu befreien und endlich das positive Erbe deiner Ahnen in Empfang zu nehmen und zu spüren: Hinter jedem von uns steht, durch alle Generationen hindurch, eine lange Kette von Männern und Frauen, die uns den Rücken stärken.

Die Heilung von den Verwundungen, die wir durch Mutter, Vater, Großeltern und andere Verwandte erfahren haben, erlaubt uns endlich, auch ihr positives Erbe zu empfangen. In der Meditation wirst du immer wieder eingeladen, deinen Körper mit der Erde in Kontakt zu bringen und das Leid, das dir widerfahren ist, aus deinem physischen Körper, deinem Gefühlskörper und auch aus deinem Gedankenkörper herausfließen zu lassen.

Alle von uns, die einen Garten oder einen Komposthaufen haben, wissen, dass die Erde Dinge verwandeln und transformieren kann. Und genau das geschieht in der *Meditation der drei heiligen Wurzeln*. Die Erde verwandelt das negative Erbe, das wir von unseren Ahnen mitbekommen haben, in ein positives Erbe. Wir verbinden uns mit der langen Reihe von Männern und Frauen, unseren Ahnen, die genauso wie wir ihr Bestes gegeben haben. Es ist für viele Männer zutiefst berührend und bereichernd, ihre Ahnen wirklich hinter ihrem Rücken zu fühlen. Mit einer individuellen Geste, zum Beispiel einer Verneigung, ehrt, segnet und anerkennt jeder Mann seine Ahnen auf seine Weise.

Dann folgt die Begegnung mit der *zweiten Wurzel*. Die Begegnung mit den Menschen auf unserem Lebensweg. Menschen, die uns geholfen haben und die uns geliebt haben, so wie wir sind: als Kinder, als Jugendliche und als Erwachsene. Wir nennen es „die Begegnung mit den Sonnen, den Juwelen unseres Lebens“, Menschen, die uns wirklich nahe gekommen sind und ohne die wir nicht die Menschen wären, die wir heute sind. Das beinhaltet auch die Begegnung mit Menschen, die uns geholfen haben, die inneren und äußeren Prüfungen unseres Lebens zu bestehen. Für mich waren etwa meine Grundschullehrer, Herr Kozel und Herr Weber, und später meine Gymnasiallehrer, Herr Löschke und Herr Kölmel, solche Menschen.

Diese zweite heilige Wurzel bilden alle die Menschen, die uns in unseren Freundschaften, Beziehungen und Liebesbeziehungen geliebt haben. Die uns unter den Millionen Menschen als Freund, als Gefährten, als Kameraden, als Geliebten, als Ehemann gewählt haben. Dazu gehören vor allem auch die Menschen, die da waren, als es uns „dreckig“ ging, als wir krank waren, einsam, am Boden zerstört und vielleicht gar nicht mehr leben wollten. Für mich war meine Mutter auch eine Freundin. Sie hat immer an mich geglaubt. Sie hat mich immer unterstützt. Als ich Panik hatte, mich mit HIV angesteckt zu haben und an AIDS zu erkranken, sagte sie in ihrem ruhigen, bodenständigen Tonfall: „Na Frank, dann richte ich dir das Zimmer oben her.“ Kein Vorwurf, keine Anklage. Oder meine Freundin Ute. Als ich mit achtundzwanzig Jahren nach einer schmerzhaften Trennung depressiv war und nicht mehr leben wollte, brüllte sie mich an und schüttelte mich: „Kerle, du sollscht leben und net dei Lebe wegschmeiße!" Oder mein Freund Markus, der immer an mich als Lehrer und als Mensch geglaubt hat, oder meine Freunde Christoph und Udo, die immer an meiner Seite gehen.

Zur zweiten heiligen Wurzel gehören auch die heiligen Männer und Frauen aller spirituellen Traditionen aller Zeiten, die über diese Erde gegangen sind und die Befreiung erlangt haben. Sie umfasst ebenso alle Menschen, die uns nahe gekommen sind und die uns geliebt haben. Und genauso die, die uns auf der geistig-spirituellen Ebene gefördert und geformt haben.

Die *dritte Wurzel* ist die Begegnung mit den großen Söhnen und Töchtern des Stammes der Menschen. Jeder von uns hatte oder hat Menschen, die er bewundert für ihre menschliche Größe und Würde. Jeder Mann hat Menschen, zu denen er aufschaut und vor denen er die Stirn neigt.

Andere Menschen sind Wege für uns gegangen, sie haben sich engagiert und haben gekämpft für ein gutes Leben aller Menschen, jenseits von Rasse, Religion, Partei oder Hautfarbe. „Égalité, liberté, fraternité," wurden erkämpft. Lohnfortzahlung im Krankheitsfall gab es nicht als Weihnachtsgeschenk – auch sie wurde erkämpft. Viele von uns hatten in ihrer Jugend Vorbilder und Ideale.

> Was ist aus deinen Idealen geworden? Wer sind die Menschen, die für dich Größe, Ethik und Würde symbolisieren?

Für mich war Mahatma Gandhi immer ein Vorbild, auch Erich Fromm mit seinem Buch „Die Kunst des Liebens" hat mich sehr berührt. Den Wissenschaftler Robert Jungk (Autor des Buches *Der Atomstaat*) traf ich als junger Mann im Zug, als ich gerade von einer Indienreise zurückkehrte. Er hat mich gelehrt, mich für die Erde und für den Frieden zu engagieren. Oder Heinrich Böll, Alice Schwarzer und ihr überragender Beitrag zur Gleichberechtigung der Frauen; Nelson Mandela, Martin Luther King, die Begründer von *Greenpeace* und *Amnesty International*, oder die iranische Friedensnobelpreisträgerin Shirin Ebadi.

Die dritte heilige Wurzel möchte dich daran erinnern, dass es auf dich ankommt. Alle, die wir bewundern für ihren Beitrag zu einem friedlichen und gerechten Leben der Geschlechter und der Völker, hatten irgendwann Zweifel und Angst, haben Fehler gemacht und Irrtümer begangen, so wie alle Menschen. Trotzdem sind sie ihren Weg gegangen, sind über Bequem-

lichkeit, Faulheit, Angst und andere Vermeidungsstrategien hinausgewachsen, zum Wohle vieler Menschen. Sie erinnern uns daran, was es bedeuten kann, uns zu unserer vollen menschlichen Größe aufzurichten und die Gaben, die uns geschenkt wurden, zum Wohl aller Wesen einzusetzen.

Für mich ist auch Dietrich Bonhoeffer Teil meiner dritten Wurzel. Es berührt mich in meinem tiefsten Herzen, wenn ich seine Worte lese:

> Von guten Mächten wunderbar geborgen, erwarten wir getrost,
> was kommen mag. Gott ist bei uns am Abend und am Morgen
> und ganz gewiss an jedem neuen Tag.

Diese Worte und die Geisteshaltung dahinter drücken grenzenloses Gottvertrauen aus, auch angesichts der faschistischen Gewalt und des nahenden Todes.

Seine Heiligkeit der Dalai Lama ist für mich ebenfalls ein wichtiger Teil meiner Wurzeln. Wie er sich friedlich und unermüdlich für die Rechte des tibetischen Volkes einsetzt, ist ein herausragendes Beispiel für praktizierte Liebe.

Oft habe ich erlebt, wie gerade die dritte heilige Wurzel etwas in Menschen berührt und sie an den Auftrag erinnert, den sie auf der Erde zu erfüllen haben. Die dritte heilige Wurzel erinnert uns auch daran, dass es auf jedem der fünf Kontinente Kinder, Frauen und Männer gibt, die sich für *eine Erde, eine Menschheit, eine Liebe* engagieren. Dass es in jedem Dorf, in jeder Stadt, in jedem Land dieser Erde Menschen gibt, die im Bewusstsein der Einheit des Stammes der Menschen handeln, die wissen und fühlen: „Das Leid meines Bruders ist auch mein Leid. Die Freude meines Bruders ist auch meine Freude."

Die dritte heilige Wurzel möchte dich packen, schütteln und erinnern: Auf dich kommt es an! Das Leben, die Große Kraft, hat nur dein Bewusstsein, nur deinen Verstand, nur deine Stimme, nur dein Herz, nur deine Hände, nur deine Füße. Auf dich kommt es an!

Ich habe die folgende Meditation durch meine langjährige Freundin, die Dharma-Lehrerin Bettina Romhardt kennengelernt. Sie hat diese Meditation in Thich Nhat Hanhs Gemeinschaft *Plum Village* in Südfrankreich kennen und lieben gelernt. Ich danke Thich Nhat Hanh und Bettina ganz herzlich für die Anregung zu dieser essentiellen Meditation.

> Es macht einen Unterschied, ob wir in Kontakt mit unseren Wurzeln sind oder nicht. Und ob wir Tag für Tag diesen Kontakt zu unseren Wurzeln vertiefen und erneuern.

Dich so durch die Meditation zu führen, wie wir sie am Institut praktizieren, würde den Rahmen dieses Buches sprengen. Denn dort dauert sie mehr als zwei Stunden. Deshalb hier nur eine verkürzte, leicht modifizierte Form.

13. Übung: ***Meditation der drei heiligen Wurzeln***

Suche dir einen guten Platz und stelle dich entspannt hin, die Füße etwa schulterbreit auseinander.
Verbinde dich mit deinen weiblichen Ahnen und stelle sie dir in Gedanken hinter deinem Rücken stehend vor. Mutter, Großmütter, Urgroßmütter ... und weiter zurück, in andere Zeiten, andere Jahrhunderte ... Fühle alle weiblichen Ahnen hinter deinem Rücken stehen.
Verbinde dich auf gleiche Art mit deinen männlichen Ahnen. Vater, Großväter, Urgroßväter... und weiter zurück, in andere Zeiten, andere Jahrhunderte. Fühle alle deine männlichen Ahnen hinter dir.

Bringe dann deinen Körper zur Erde, zum Boden. Leg dich hin. Lass alles Leid, das du mit deiner Mutter erlebt hast, aus deinem physischen Körper, deinem Gefühlskörper und deinem Gedankenkörper herausfließen. Übergib es der Erde. Die Erde nimmt es auf und wandelt es um. Reinige dich von dem Leid, das du von den Frauen deiner Ahnen erfahren hast. Danach übergib der Erde das Leid, das du mit deinem Vater erfahren hast. Lass das Leid und die Verletzungen aus deinem physischen, emotionalen und Gedankenkörper herausfließen. Übergib alles der Erde. Die Erde nimmt es auf und wandelt es um. Reinige dich von dem Leid, das du von den Männern deiner Ahnen erfahren hast. Übergib alles der Erde – lass es los.

Dann komme wieder ins Stehen. Jetzt, gereinigt von ihrem negativen Erbe, empfange das positive Erbe und die Rückenstärkung deiner weiblichen und männlichen Ahnen. Mit einer Geste, einer Verneigung, anerkenne deine erste heilige Wurzel – die Wurzel deiner Blutsahnen. Der Frauen und Männer, deren Blut in deinen Adern fließt und deren Gene du in dir trägst. Würdige sie. Nimm ihr positives Erbe an und fühle ihre Rückenstärkung.

Mache dich bereit für die Begegnung mit der zweiten heiligen Wurzel. Für die Begegnung mit den Kindern, Frauen und Männern, die deinen Lebensweg gesäumt haben und die dich geliebt haben, so wie du bist. Mach dich bereit für die Begegnung im Bewusstsein und im Herzen mit all denen, die dir nahe gekommen sind, die dir auf deinem Lebensweg Freundlichkeit, Wohlwollen, Freundschaft und Liebe geschenkt haben. Als Freunde, als Spielkameraden, als Kollegen, als Geliebte, als Partnerin, als Ehefrau …

Bringe deinen Körper wieder zur Erde. Verbinde dich mit der Erde, werde eins mit ihr. Jetzt verbinde dich mit den Frauen, Männern und Wesen, die dir geholfen haben, die heilige Flamme, das heilige Licht in deinem Inneren wieder zu entfachen. Mit deinen Therapeuten, Lehrern, Meistern und Freunden aus der geistigen Welt, die dir Inspiration, Zuversicht und Segen auf deinem Weg schenken und geschenkt haben. Öffne dich für die Liebe des Großen Geistes, der wie das Meer alle spirituellen Pfade und Religionen in sich als Eins vereint und verbindet. Lass dich hineinsinken in die große Liebe.

Dann erhebe Dich wieder und segne die zweite heilige Wurzel. Segne die Menschen, die einen Beitrag zu deinem Leben geleistet haben und leisten. Segne auch deine spirituellen Weggefährten und erneuere deine Verbindung zur großen Liebe, zum Großen Geist.

Jetzt öffne dich für die Begegnung mit der dritten heiligen Wurzel. Öffne dich für die großen Töchter und Söhne des Stammes der Menschen. Öffne dich für die, die Wege für viele Menschen gegangen sind. Für die, die über Bequemlichkeit, Faulheit, Feigheit und den herrschenden Zeitgeist hinausgegangen sind. Die ihren Beitrag geleistet haben für ein friedliches, freies Leben aller Kinder, Frauen und Männer jenseits von Rasse, Religion oder Partei. Ehre die, die dir durch ihre menschliche Größe, ihre Ethik, ihre Integrität ein Vorbild waren und sind. Fühle, was sie dir gegeben haben, an was sie dich erinnert haben. Fühle, was es für dich bedeutet, dich zu deiner vollen Größe aufzurichten und dein volles Potential zum Wohle aller zu leben. Sie haben ihr Licht an dich weitergegeben. Ihr Feuer brennt in dir. Auf dich kommt es an. Denn das, was du an ihnen bewunderst, das lebt auch in dir. Erinnere dich, auch sie hatten schwere Zeiten, doch sie sind ihren Weg weiter gegangen. Auch für dich.

Dann bringe deinen Körper wieder zur Erde. Übergib ihr die Gewohnheiten, mit denen du Tag für Tag für dich selbst und andere Menschen Leid erzeugst. Übergib sie der Erde, lass sie aus deinem Körper herausfließen. Die Erde nimmt sie auf, wandelt sie um. Übergib der Erde auch Krieg, Rassismus und religiösen Fanatismus, die noch immer im kollektiven Unbewussten der Menschheit leben. Übergib alles der Erde.

Stehe langsam wieder auf. Segne, würdige, anerkenne, wertschätze diese dritte heilige Wurzel, die Wurzel der großen Söhne und Töchter des Stammes der Menschen. Segne auch die Brüder und Schwestern überall auf der Erde, die jeden Tag einstehen für ein freies, gerechtes, friedliches, selbstbestimmtes Leben aller Kinder, Frauen und Männer. Segne all die, die jetzt gemeinsam mit dir einstehen für eine Erde, eine Menschheit, eine Liebe ... Du stehst jetzt an der Spitze der Kette deiner Ahnen zusammen mit deinen Kindern. Du hast die Macht und die Verantwortung, die Kette des Leids zu durchbrechen, die von Generation zu Generation weitergegeben wurde und wird. Fühle deine Ahnen und ihr positives Erbe in deinem Rücken. Fühle die Kraft, die Wahrheit und die grenzenlose Zuversicht der drei heiligen Wurzeln!

Mann, stehe in dieser Kraft und vertiefe, erneuere deine Wurzeln jeden Tag! Gehe jeden Schritt in der Kraft der drei heiligen Wurzeln! Das macht den entscheidenden Unterschied.

Kernaussagen zum reifen Mann in Beziehung

- In jedem Partner begegnest du immer nur dir selbst.

- Du bist schon eins und vollständig. Kein Partner der Welt hat die Macht, dich „ganz“ zu machen.

- Nimm Abschied von den Illusionen des romantischen Mythos – lebe bewusst deine Liebe. Lerne Menschen so zu lieben, wie sie sind. Entlasse sie aus deinen Projektionen.

- Glaube an deine Beziehungen. Glaube an die Liebe. Denke, sprich, handle zum Wohle deiner Freundschaften und Beziehungen. Behandle andere Menschen so, wie du behandelt werden möchtest.

- Vergib! Vergebung befreit. Verurteilung verletzt.
  Sprich aufrichtig und von Angesicht zu Angesicht über alles, was du nicht vergeben und loslassen kannst, doch ohne zu beschuldigen und anzuklagen.

- Einem Menschen die Schuld zu geben, heißt auch, ihm die Macht zu geben. Handle und liebe aus deiner Essenz, deiner inneren Ganzheit heraus!

- Heile deine Verlassenheit und deine Überflutung.
  Lege immer wieder bewusst dein „Schutzschild“ nieder.
  Sei berührbar in deinem Herzen!

- Nichts ist stärker als gelebte, praktizierte Liebe.
  Sei Liebe, denke Liebe, handle mit Liebe!

- Erneuere und vertiefe immer wieder die Beziehung zu deiner Partnerin.

- Vertiefe deine Männerfreundschaften!

Kapitel 4

Der sinnliche und sexuelle Mann

Deine Sexualität im Körper spüren

Es ist ein warmer Sommerabend im Juli. Ich bin auf Korfu, am Meer. Langsam sinkt die Sonne. Ich bin alleine am Strand. Die Menschen sind in ihre Zimmer und Appartements gegangen, um sich für das Abendessen fertig zu machen. Das Wasser ist warm, fast 26 Grad.
Ich liege in einer Mulde hinter einer Sandbank und lasse mich von den sanften Wellen wiegen. Zärtlich streichelt das Wasser meine Haut. Hinter mir ragt die Steilküste in die Höhe. Ganz oben sehe ich grüne Bäume und Sträucher. Vor mir in der Ferne drei Inseln, deren Umrisse ich gerade noch erkennen kann. Tief in mir breitet sich eine wohlige Sinnlichkeit und ein tiefer Frieden aus. Ich beginne zu singen und mich im Wasser zu schlängeln und weiter zu wiegen.
Mit jeder neuen sanften Welle streichelt mich das warme Wasser. Die Sonne ist immer noch wärmend, einhüllend, voller Kraft, entspannter Kraft. Das Meer, der endlose Himmel, mein Herz ist berührt von all der Sinnlichkeit der Natur. Ich berühre mein Herz, mein Gesang wird stärker. Ich berühre meinen Penis, meinen geliebten *Lingam*, meinen Lichtstab. Er liebt das warme Wasser. Ich streichle ihn zärtlich, die Eichel, den Eichelrand, den Schaft, die Hoden. Dann meine Beine und den Bauch.
Immer mehr lasse ich los, gebe mich dem Wasser hin, der Sonne, dem warmen Sand – beschützt von der Küste hinter mir. Mein ganzer Körper taucht ein in den sinnlichen Genuss. Mein Lingam liebt es – so wie der Lingam jedes Mannes auf dieser Erde –, gehalten, gestreichelt und liebkost zu werden.
Zärtlich berühre ich meinen Po. Ein Finger gleitet in den Anus. Wie schön es ist, auch dort Liebe, Entspannung, Genuss und Sinnlichkeit zu erleben. Ich bin eins mit mir selbst, dem Meer dem Himmel, der Landschaft, der Erde.

Es ist schön, ein Mann zu sein – ein liebender sinnlicher, sexueller Mann.

Sexualität ist unser physischer Ursprung. Unsere Körper sind entstanden aus der sexuellen Vereinigung unserer Mutter und unseres Vaters. Somit ist jede Zelle auch eine sexuelle Zelle. Sexuelle Energie ist – zusammen mit der spirituellen Energie, die stärkste Lebenskraft, die durch uns hindurchfließt. Diese sexuelle Energie zu unterdrücken, ist nicht gesund. Deshalb stellt sich für jeden Mann tagtäglich die Frage: „*Wie will ich meine sexuelle Energie leben*?"

Aus vielen Gesprächen und sexualtherapeutischen Sitzungen mit Männern weiß ich, wie sehr sie sich danach sehnen, mit ihrer eigenen Sexualität voll und ganz angenommen zu werden. Wenn wir uns bewusst machen, dass wir alle paar Minuten an Sex oder sexuelle Situationen denken, und wenn wir uns zugleich ehrlich anschauen, mit wieviel Enttäuschungen, Frustrationen und Schwierigkeiten unser Sexualleben manchmal verbunden ist, lohnt es sich, der männlichen Sexualität eine tiefere und umfassendere Aufmerksamkeit zu schenken.

Die Beziehung zu deinem Körper

Die erfüllende Erfahrung einer selbstbestimmten Form von Sinnlichkeit und Sexualität beginnt mit der Hinwendung zu unserem männlichen Körper, mit der täglichen Bereitschaft, uns wohl in unserer Haut zu fühlen. Das schließt unsere Ernährung mit ein, sowie die Bewusstheit in Bezug auf Alkohol, Zigaretten und andere Drogen, wie auch die Bereitschaft, unserem Körper genug Bewegung und Erholung zu geben, unseren ganzen Körper bewusst wahrzunehmen und unseren Atem bis tief in den Bauch strömen zu lassen. Sex beginnt innen, in uns. Sex ist die Hingabe an die Lebensenergie, die jeden Körper durchströmen möchte.

Viele der Männer, die an den Männertrainings teilgenommen haben, haben gelernt, ihren eigenen Körper so anzunehmen und zu lieben, wie er ist. Diese Haltung von Selbstliebe ist ihre Basis für jeden neuen Tag.

Bewusste Sinnlichkeit und eine Sexualität mit Seele haben nichts mit Leistung oder „machen" zu tun. Bewusster Sex geschieht im Innern. Bewusster Sex ist fühlen, erleben, sein, sich hingeben, loslassen, stark sein, schwach sein, alles sein – ist vollständiger Ausdruck unseres Mannseins und Menschseins.

Was willst du als Mann im Sex?

Jeder Mann will so angenommen werden, wie er ist. Er will als attraktiv und begehrenswert empfunden werden. Er will spüren: meine Frau, meine Geliebte, meine Freundin findet mich gut und begehrenswert und freut sich darauf, mir sexuell zu begegnen. Jeder Mann möchte das Gefühl haben, mit seiner Lust willkommen zu sein, egal ob mit Erektion oder ohne.

Ein Mann will einfach sein dürfen, er will nichts auf Kommando leisten müssen. Er genießt es, in den Arm genommen und gehalten zu werden. Er liebt es, wenn sein Schwanz gehalten wird, wenn auch die Hoden, der Damm, die Innenseiten der Schenkel, der Bauch, das Herz oder eventuell der Anus mit ins Liebesspiel einbezogen werden. Ein Mann wünscht sich, zu spüren und zu hören: „Ich liebe deinen Körper, deinen Geruch, deinen Schwanz und alles andere an dir. Sei einfach so wie du bist!"

In diesem Erleben – ich werde so angenommen, wie ich bin, als ganzer Mann, als ganzes Wesen – kann sich die tiefere Lust, die in jedem Mann strömt, wieder zeigen. Männer möchten erleben und hören, dass ihre Erektion bewundert und genossen wird. Der Mann, der sich selbst tiefer und tiefer als Einheit von Körper, Herz, Geist und Seele erlebt und so auch von seiner Geliebten behandelt und begehrt wird, wird zum Liebenden.

Jeder Mann ist liebenswert und begehrenswert, wenn er sich selbst liebt und bejaht, so wie er ist. Kein Mann ist perfekt. Jeder von uns hat seine Macken, hat kleinere und größere Fehler – gerade das macht uns zu den liebenswerten Männern, die wir sind.

Wie „funktioniert" die Sexualität im männlichen Körper?

Wie der Film von Woody Allen *Was sie schon immer über Sex wissen wollten, aber nie zu fragen wagten* humorvoll zeigt, hat der Mann für den „Informationstransport" von Sexualität und Erotik eine relativ lange Leitung. Sexualität beginnt im Gehirn. Im Hypothalamus- und Hypophysebereich sowie der Zirbeldrüse werden bei erotischen Stimulationen – durch bestimmte Reize, Gedanken und Fantasien – Hormone freigesetzt. Diese

Hormone kontrollieren das endokrine System des Körpers und damit auch die Geschlechtsdrüsen. Sie unterstützen die Bereitschaft zum Geschlechtsverkehr. Im Gehirn wie auch im Rückenmark befinden sich bestimmte Nervenknoten, die als Erektionszentren fungieren. Diese Erektionszentren leiten die entscheidenden Impulse für eine Erektion über die Nervenbahnen an den Penis weiter. Kommen eindeutige Signale dort an, die sagen: „Auf geht's, Sex ist eine feine Sache", dann wird Blut in die Schwellkörper gepumpt. Diese beginnen sich zu füllen und die Gliedversteifung beginnt. Je mehr Reize, vor allem Berührungsreize, gesetzt werden, desto steifer wird das männliche Glied.

Der Penis besteht aus zwei parallel zueinander verlaufenden Schwellkörpern, die am unteren Schambeinast des Beckenknochens ansetzen und unter der Eichel enden. In die Schwellkörper mündet jeweils eine Schwellkörper-Arterie und füllt diese mit Blut. An der Unterseite der beiden Erektionsschwellkörper verläuft der so genannte Harnröhrenschwellkörper, dessen Ende sich zur Eichel hin verjüngt. Durch die Harnröhre werden sowohl der Urin als auch die Ejakulationsflüssigkeit nach außen transportiert. Ein intelligenter Mechanismus in den Schwellkörpern und in der Beckenbodenmuskulatur verhindert den Abtransport des Blutes und hält die Erektion aufrecht – solange die Signale auf Lust stehen.

Was stört die Erektion?

Wie wir festgestellt haben ist die „erotische Leitung" des Mannes recht lang. Sie verbindet Gehirn, Rückenmark, Penis und Eichel. In der Eichel und am Eichelrand befinden sich, genau wie in der Klitoris der Frau, extrem viele Nervenenden. Manchmal „flutscht" es im Sex ganz leicht. Alles geschieht wie von selbst. In solchen Situationen gibt es nur eins: genießen und loslassen. Doch manchmal gibt es Störungen: Geräusche, Irritationen, negative Gedanken, Leistungsdruck, Erwartungen, Stress, Sorgen und vieles mehr können die männliche Erektion stören oder verhindern. Auch körperliche Faktoren, wie etwa Diabetes, medizinische Behandlungen, Schmerzen, Alkohol- oder Drogenkonsum können negativ einwirken und sollten dann auf jeden Fall mit einem Haus- oder Facharzt abgeklärt werden.

Die Grundängste der Männer in der Sexualität

„Ein Mann kann immer – ein Mann will immer!" So lassen sich die sexuellen Erwartungen, die viele Männer auf ihrem Lebensweg verinnerlichen, auf den Punkt bringen.

Wenn ein Mann diese Ansprüche an sich stellt oder stellen lässt, dann ist Leid vorprogrammiert. Männer sind keine Maschinen. Unsere männliche Sexualität wird, wie unser gesamtes Verhalten und Befinden, von den vielfältigsten Faktoren beeinflusst. Existenzängste, berufliche Herausforderungen, Beziehungskrisen, das Älterwerden, Krankheiten, all das kann sich stark auf unsere Sexualität auswirken.

Jeder Mann ist einzigartig, jeder Körper ist anders, und jeder Mann hat eine ganz persönliche Geschichte und Biographie. Doch zeigen sich in vielen Gesprächen mit Männern immer wieder folgende vier *Grundängste*:

- die Angst, keine Erektion zu bekommen
- die Angst, zu früh zu ejakulieren
- die Angst, nicht genug Sex zu bekommen
- die Angst, den Erwartungen der Partnerin nicht zu genügen und sie nicht vollständig befriedigen zu können

Wenn wir Angst empfinden und ängstliche Gedanken denken, dann verengt sich unsere Wahrnehmung. Wir beginnen, nur noch das zu sehen und zu fühlen, wovor wir uns ängstigen. Deshalb ist der erste Schritt, um die Grundängste zu heilen, immer eine geistig-gedankliche Öffnung. Eine Öffnung für neue Möglichkeiten und Erfahrungen in der Sexualität.

Dieser gedanklichen Öffnung folgt dann das schrittweise Einüben und Erleben einer sinnlichen und sexuellen Ganzkörper-Erfahrung. Durch tiefes Atmen, wohliges Stöhnen und Tönen kann jeder Mann die *Pulsation*, das Strömen der Lebensenergie in seinem ganzen Körper erfahren. Diese Ganzkörper-Lebendigkeit nimmt den Ängsten ihre Macht.

Unser Körper ist mit zahlreichen erogenen Zonen gesegnet, und wir können an vielen Stellen orgasmische Gefühle erleben (Ohren, Kniekehlen, Füße, Bauch, Nacken, Rücken und anderswo). Das Erleben des Ganzkörper-Strömens löst die Erstarrung, die durch die Angst verursacht wurde, auf.

Wir beginnen, die Wahrheit des Satzes „Lust ist immer deine eigene Lust," voller Freude zu erfahren. Jeder Mann ist fähig, im ganzen Körper zu strömen und zu pulsieren. Dieses Strömen bis hinein in jede Zelle lässt uns als Männer unser Geburtsrecht, voll lebendig und orgasmisch zu sein, wieder erleben. Wir sind in unserem Körper zuhause, anwesend und präsent.*

Nach der geistigen Neuöffnung und dem Erlernen des Ganzkörper-Strömens ist der nächste Schritt, alle Möglichkeiten und Ausdrucksweisen der liebenden, partnerschaftlichen Sexualität bewusst zu nutzen und zu praktizieren. Dazu gehören Massagen und die sinnliche Verehrung des menschlichen Körpers mit seinen erogenen Zonen. Hinzu kommt, dass Männer und Frauen oftmals unterschiedliche Zeit brauchen, um für eine sexuelle Vereinigung bereit zu sein. Ein Körper, der durch Zärtlichkeit und Liebe verwöhnt wird, öffnet sich viel leichter dafür.

Für Männer, die zu früh ejakulieren oder keine Erektion bekommen, ist es sehr unterstützend, wenn sie sich Zeit nehmen und ihre Partnerin erst mit den Händen und mit dem Mund lieben. Wenn sich dann bei den Liebenden der Wunsch einstellt, sich sexuell zu vereinigen, gibt es *tantrische Techniken*, bei denen es nicht wichtig ist, ob der Mann die ganze Zeit eine Erektion hat. Diese Möglichkeiten der Vereinigung können auch mit einer leichten Erektion – und sogar ganz ohne – sehr erfüllend sein.

So wird das sexuelle Erleben eines Paares von der Fixierung auf die Ängste und Befürchtungen weggeführt und gelangt in einen erweiterten Raum von Sinnlichkeit und Sexualität. Dieser vergrößerte Raum bietet beiden Partnern alle Möglichkeiten, angenommen zu sein und wirkliche Intimität und sexuelle Erfüllung zu erleben.

Ich habe viele Männer und Frauen erlebt, die durch ihren Mut zur Praxis über ihre sexuellen Begrenzungen hinausgewachsen sind. Deshalb möchte ich an dieser Stelle jedem Mann Mut machen, sich seiner Heilung und seinem Ganzkörper-Erleben zuzuwenden. Getreu dem Motto, das mein Lehrer Michael Plesse einmal so ausdrückte:

> „Was wäre, wenn unsere Ängste kein persönlicher Makel wären, sondern eine Tür zu einer tieferen, wahrhaftigeren Form von Sinnlichkeit und Sexualität?"

* Wilhelm Reich hat zur Erforschung und Entwicklung der Ganzkörper-Lebendigkeit und des Ganzkörper-Strömens einen herausragenden Beitrag geleistet.

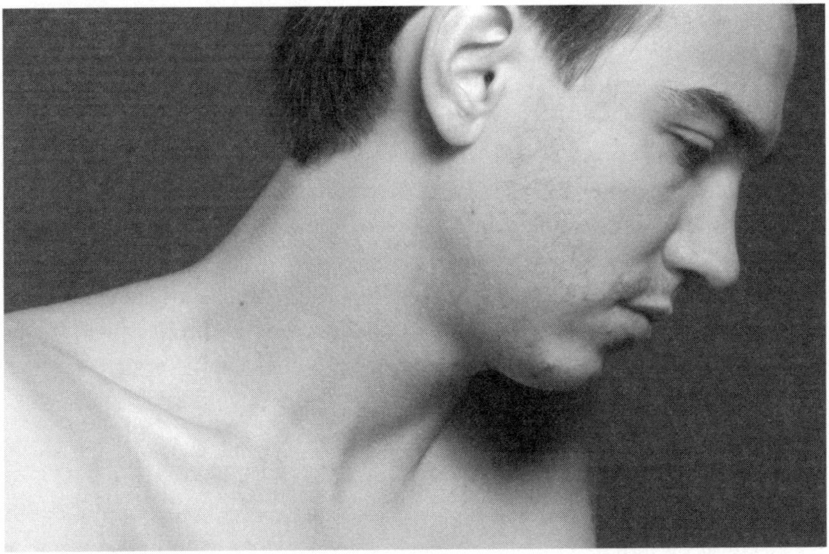

Was unterstützt die Erektion?

Kein Mann der Welt kann eine Erektion „machen". Schon deshalb geht der Satz „du kannst wohl nicht" an den Tatsachen vorbei. Eine Erektion geschieht. Viele Männer erleben die unwillkürlichen nächtlichen Erektionen oder die „Morgenlatte" als sehr angenehm. Diese Erektionen geschehen ohne äußere Stimulation.

Neulich sah ich eine Dokumentation, in der Darsteller von Porno-Filmen portraitiert wurden. Jeder von ihnen hatte seine Mittelchen, Substanzen, Tabletten. Es ist eine Illusion, dass Männer auf Knopfdruck eine Erektion produzieren und „ewig lange" halten können.

Eine Erektion kann unterstützt werden durch liebevolle, zärtliche und stimulierende Berührungen; saugende Stimulationen; Massage und Streicheln des Penis, des Damms wie auch der Innenseiten der Schenkel und des Bauches. Überall dort, wo die Bereitschaft des Mannes geweckt wird, zu atmen, zu stöhnen, sich lustvoll zu bewegen, sich ganz seiner Lust zu öffnen und hinzugeben. Sehr lustvoll ist es auch, die Hoden in die Verehrung des männlichen Körpers und des Liebesspiels mit einzubeziehen. Die Hoden ersehnen es, gehalten, gestreichelt und geliebt zu werden.

Ausreichende Wärme ist sehr angenehm und unterstützend. In unseren Trainings gibt es unter anderem auch eine rituelle Waschung des Lingams. Dabei wird der Penis in warme Tücher gehüllt und mit Liebe, Verehrung, Zärtlichkeit und „aller Zeit der Welt" verwöhnt.

Sehr stimulierend ist auch die Lust der Partnerin, die spürbar, sichtbar, hörbar ist – ohne zu fordern.

Weiterhin kann es im Rahmen einer Sexualtherapie durchaus sinnvoll sein, ausgesuchte Stimulantien oder Medikamente wie zum Beispiel *Viagra* – in Absprache mit einem Arzt – begleitend einzusetzen.

Der sexuelle Kreislauf zwischen Mann und Frau

> „Wenn du jemals eine ganze Nacht lang geliebt hast und dann morgens zur Arbeit gegangen bist, erinnerst du dich vielleicht noch daran, in welchen Glanz die Welt gehüllt war. Wie ein Idiot strahltest du alle und alles an – Autos, Vögel, Menschen, Hydranten. Du musstest dich wahrscheinlich zurückhalten, um nicht wildfremde Leute anzureden und konntest deine Beine nur schwer vom Tanzen abhalten, weil Du immer noch im Gefühl dieser unglaublich süßen und kostbaren Stunden geschwelgt hast. Wenn du so vor Begeisterung strahlst, liebst du die Welt. Dann bist du überzeugt, dass Gott uns den Sex geschenkt hat, um uns einen Vorgeschmack vom Himmel zu geben!"
>
> William Ashoka Ross

Der Mann ist *Yang* – gebend, er gibt mit seinem Penis. Die Frau ist *Yin* – empfangend, sie empfängt mit ihrer Vagina, ihrer *Yoni.* Sie gibt mit ihrem Herzen. Der Mann empfängt mit seinem Herzen und gibt mit seinem *Lingam*. Das ist der heilige sexuelle Kreislauf zwischen Mann und Frau.

Wir haben gesagt, jeder Mann dieser Erde ersehnt es, so angenommen und geliebt zu werden, wie er ist, als Einheit von Körper, Herz, Geist und Seele. Jeder Mann repräsentiert das *Heilige Männliche*, das archetypisch

Männliche, ob unbewusst oder bewusst. Jeder Mann ist in Wahrheit ein heiliger Tempel genauso wie jede Frau in Wahrheit ein heiliger Tempel ist. Aus ihrer Yoni sind wir alle gekommen. Die Frau trägt die tiefen Geheimnisse der heiligen spirituellen Sexualität in ihrem Körper. Ihr Körper ist ganz natürlich mit der Erde und dem Universum verbunden. Durch den Zyklus ihrer Menstruation ist sie eingebunden in den Zyklus des Lebens.

Uns als Männer zu unserer vollen Kraft und Freiheit aufzurichten bedeutet, auch das *Heilige Weibliche* in unserer Frau und Geliebten wieder wahrzunehmen. Jede Frau ersehnt es, dass wir als Mann sie und keine andere meinen. Sie will nicht austauschbar sein, keine Gefäß, in das wir uns entladen, weil wir sexuellen Druck haben. Sie will als „Königin" erkannt und geliebt werden. Jede Frau ersehnt es, mit den Augen der Liebe gesehen zu werden, mit den Lippen der Liebe geküsst zu werden, mit den Händen der Liebe an ihren Brüsten erweckt und gehalten zu werden. Dann fließt die Energie von ganz allein in ihren Schoß, in die Yoni, in den heiligen Ort. Sie öffnet sich, wird feucht und weit.

Beim Mann fließt die Energie genau umgekehrt. Er möchte, dass sein Schwanz, seine Hoden, seine Männlichkeit gehalten, gewürdigt und geliebt werden. Er möchte, dass er als „König" gesehen und erkannt wird. Dann fließt seine Energie nach oben und sein Herz öffnet sich.

Wenn diese energetischen Wahrheiten wieder beachtet werden, dann ist es manchmal so, dass wir überfließen und Tränen kommen, die uns an die Wonnen erinnern, die uns aus der Verbindung von Liebe und Sexualität geschenkt werden.

Im Kern ist das Nichtbeachten der energetischen Wahrheiten das jahrhundertealte Missverständnis in unseren Beziehungen und Ehen: Die Frau will, dass der Mann erst sein Herz öffnet, doch seinen Schwanz, seinen Sex lehnt sie ab. Der Mann will, dass die Frau erst ihren Schoß öffnet, doch ihr Herz will er nicht. Das kann nicht funktionieren. Früher oder später zahlen wir den Preis: Enttäuschung, Frustration, Trennung.

> Setze die Sexualität, die du zur Zeit in deinem Leben praktizierst niemals ins Unrecht! Genieße sie, und wenn du willst, probiere etwas Neues aus.

Jeder Körper kennt, ersehnt das tiefere sexuelle Lieben, das uns auch spirituell satt macht. Der Kreislauf wird geschlossen, wenn der Lingam in der

Yoni ruht und sich immer wieder liebevoll bewegt, wenn die Frau über ihren Atem und ihr Bewusstsein erlaubt, dass die Energie bis in ihr Herz steigt. Von dort aus schenkt sie ihrem Geliebten, dir, die Energie. Du empfängst sie mit deinem Männerherzen. Dort sinkt sie nach unten, stärkt deinen Lingam, der seine Energie und Liebe weiter in die Yoni leitet.
Bei dieser Art des In-Liebe-Seins, ist es empfehlenswert, eine bequeme Position zu wählen. Das kann die *seitliche Scherenposition* sein. Dabei legt sich die Frau links neben den Mann. Ihr rechter Schenkel liegt zwischen den Schenkeln des Mannes. Ihr linker Schenkel liegt oben auf. Eine weitere entspannte Möglichkeit ist auch, dass die Frau auf dem Mann sitzt. Es ist wichtig, darauf zu achten, dass es immer Phasen des Innehaltens gibt.

Es ist nicht notwendig, dass du als Mann die ganze Zeit eine Erektion hast. Sie darf weniger werden, verschwinden, wieder kommen. Wichtig ist, in deinem Atem, deinem Körper präsent zu sein, und den Lichtkreislauf, der die heiligen Wesen verbindet, immer weiter geschehen zu lassen. Dann geschieht das Gleiche wie bei einer Batterie, wenn wir Plus und Minus zusammenbringen. Es wird Strom erzeugt, Elektrizität, Energie – ein leuchtendes Energiefeld, das die beiden Liebenden in Seligkeit und Wonne einhüllt.

Viele alte Kulturen kannten die Geheimnisse und Rituale der *Heiligen Sexualität*. Frauen und Männer kamen zusammen, um sich zu erneuern, zu heilen und zu heiligen. Sie umgab ein ganzer, vollständiger Lichtschein. Wenn wir uns gegenseitig ehren, tief erkennen und lieben, dann erblüht in uns unser ekstatisches Potential. Wir werden liebende Gefährten auf dem Weg nach Hause.

Die Hingabe an die sexuelle und spirituelle Liebe braucht keine Treueschwüre. In unserer praktizierten Liebe erfahren wir die Kostbarkeit unseres Geliebten, unserer Geliebten. Wohin soll ein Mann gehen, der satt ist und wie ein „König" verehrt wird?

Der Lingam des Mannes

Wenn Männer sich im Sportverein beim Duschen, in der Sauna oder am FKK-Strand begegnen, nehmen sie sich gegenseitig nackt wahr. Sie schauen sich ins Gesicht und in die Augen. Wie zufällig schweift ihr Blick meistens dann auch ein wenig tiefer – zum „besten Freund“ des Mannes. Viele Männer beschäftigt es ungemein, ob ihr Schwanz, ihr Penis, ihr Lingam groß genug, schön genug, potent genug ist.

Die indianisch-tantrischen *Quodoushka-Teachings* der *Deer Tribe Metis Medicine Society* unterscheiden fünf *Lingam-Typen*. Dabei werden Länge und Dicke des Lingams folgendermaßen bestimmt: Im voll erigierten Zustand wird die Länge mit der eigenen Handbreite gemessen. Der Durchmesser des Lingams ergibt sich durch die Berührung der Kuppe des Zeigefingers am Daumenglied, bei den dickeren Lingams an der Daumenkuppe.

Fünfzig bis sechzig Prozent aller Männer gehören dem Typus des „*Tanzenden Mannes*“ an. Bei voller Erektion beträgt die Länge ihres Lingams ungefähr zwei Handbreit (die Länge ist immer auch von der Körpergröße abhängig). Der Durchmesser entspricht dem Kreis, der entsteht, wenn die Kuppe des Zeigefingers das Daumenglied berührt.

Die Länge des Lingams eines „*Hirsch-Mannes*“ beträgt bei voller Erektion zwei Handbreit plus die Länge der Eichel. Der Durchmesser ist etwas geringer als beim „Tanzenden Mann“.

Beim „*Coyote-Mann*“ beträgt die Länge des Lingams bei voller Erektion eine Handbreit plus die Länge der Eichel. Der Durchmesser entspricht in etwa dem des „Hirsch-Mannes“.

Beim „*Bär-Mann*“ beträgt die Länge des Penis circa ein bis zwei Handbreiten. Der Durchmesser ist größer als bei den bisher beschriebenen Lingam-Typen. Er entspricht dem Kreis, der entsteht, wenn die Kuppe des Zeigefingers die Kuppe des Daumens berührt. Die Eichel ist ebenfalls sehr groß.

Der größte Lingam ist der des „*Pferd-Mannes*“. Bei voller Erektion misst er gut zwei Handbreit plus die Länge der Eichel. Sein Durchmesser entspricht ungefähr dem des „Bär-Mannes“.*

Nach unseren Erfahrungen in der Sexualberatung und Sexualtherapie mit vielen hundert Frauen und Männern kommt es beim Sex nicht in erster Linie auf die Länge und die Dicke eines Lingams an. Was wirklich wichtig sind das Gefühl, das Bewusstsein und die Verbundenheit des Lingams mit dem Herzen und dem ganzen Körper des Mannes. Wichtig ist es auch, dass jedes Paar die für beide Partner idealen Stellungen erforscht und findet.

* Diese Angaben stammen aus den Teachings von Harley Swift Deer Reagan, Batty Gold und Rose Fink: *Quodoushka 1 und 2. Aus:* Elmar und Michaela Zadra: *Tantra*, München 1998

Die genitale und anale Verehrung des Mannes

Die Massage des männlichen Glieds, der Hoden, des Dammbereichs, der Innenseiten der Schenkel, des Bauches und des Herzbereichs öffnet den Mann für das lustvolle Ganzkörper-Erleben. Viele Männer berichten von ihrer Sehnsucht, loslassen zu können, sich im Sex angenommen zu fühlen, ohne auf Knopfdruck Erektionen produzieren zu müssen. Diesem Bedürfnis wird die Lingam-Massage gerecht.

Die Lingam-Massage

Die Raumtemperatur sollte mindestens 25° betragen. Darüberhinaus ist es sehr einladend, wenn schöne Tücher, Düfte, Federn und andere sinnliche Accessoires bereit liegen und den Raum schmücken. Es sollte gewährleistet sein, dass die nächsten anderthalb bis zwei Stunden keine Störungen eintreten.

Nach einer gemeinsamen Einstimmung mit der Partnerin und einer Verneigung – dem *Namasté* – legt sich der Mann, der die Massage empfängt, auf den Bauch. Zuerst erfolgen leicht massierende Berührungen des Rükkens, des Pos und der Beine.

Hat die Rückseite ausreichend Berührung empfangen, dreht sich der Mann um, und du machst auf der Vorderseite weiter. Berührungen sollten die ganze Vorderseite bis zu den Füßen einschließen. Vor allem im Herzbereich ist es wichtig, viel Aufmerksamkeit und liebevolle Berührungen zu schenken. Der empfangende Mann atmet tief und entspannt durch den Mund ein und aus. Jetzt brauchst du eine Schale mit sehr warmem und duftendem Wasser (mit einigen Tropfen angenehm riechenden ätherischen Ölen) und einige Tücher. Suche dir einen guten Platz zwischen den Beinen des Mannes. Dann wird der Lingam behutsam in feuchte, warme Tücher gehüllt und gehalten. Viele Männer lieben diesen Teil sehr. Die Wärme, der Duft, das Gehaltenwerden schenken ihnen das Gefühl, so angenommen zu sein, wie sie sind. Mehrmals werden der Lingam und die Hoden gewaschen und in warme Tücher gehüllt. Die Wärme und die Zärtlichkeit entspannen das Gewebe. Der empfangende Mann atmet die ganze Zeit tief hinein in sein Becken, erlaubt Bewegungen und Töne. Immer wieder gibt es Phasen, in denen der Lingam einfach gehalten wird.

Wenn die Waschung vollendet ist, wird der Lingam eingeölt und mit angenehmen, kreativen Griffvarianten verehrt, berührt und liebkost. Dabei ist es wichtig, immer wieder streichende Bewegungen vom Schaft bis zur Eichel auszuführen. Die Rückseite des Lingams ist mit der Wirbelsäule verbunden. In der Eichel und am Eichelrand befinden sich viele Nervenenden. Die Massage dieser Bereiche ist für die meisten Männer enorm lustvoll. Achte darauf, immer wieder die Hoden, den Damm, die Innenseiten der Schenkel, den Bauch und das Herz mit einzubeziehen.

Viele Männer berichten von einer sehr tiefen, heilenden Erfahrung. Bei der Lingam-Massage gibt es kein Ziel. Es geht nicht darum, eine Erektion zu bekommen oder eine Ejakulation zu haben. Das Anliegen dieses Rituals ist die Verehrung des männlichen Körpers. Alte Ängste, Misserfolgs-Erfahrungen und sexueller Stress können sich auflösen und heilen. Freude und tiefe Lust dehnen sich im ganzen Körper aus.

Der Anus und die Prostata des Mannes

Ich bin immer wieder berührt, wie zart und wie schön jeder Anus ist. Mit den Augen der Liebe betrachtet, ist der ganze Körper ein Tempel und ein Wunder.

Der Anus und der Po repräsentieren auf der körperlichen Ebene den negativen Aspekt der Einteilung in „gut“ und „böse“, die in unserer Gesellschaft häufig vorzufinden ist. Das Herz ist schön, der Po ist schmutzig. Die Genitalien werden geliebt, der Anus wird abgelehnt. Jeder von uns kennt Sätze wie: „Ich reiß mir den Arsch auf.“ „Mir ging der Arsch total auf Grundeis.“ „Blödes Arschloch!“ oder „Das geht mir doch am Arsch vorbei.“ Viele körperliche Symptome und Beschwerden wie Hämorrhoiden, Blähungen, Verdauungsstörungen bis hin zu Darmkrankheiten und Erkrankungen der Prostata haben häufig mit der oftmals lebenslangen Anspannung im Anus zu tun. Jedes Mal, wenn wir uns im Alltag anspannen und verkrampfen, ist auch der Bereich des Anus davon betroffen. Von dort aus „wandern“ die Anspannungen und die Verkrampfungen in den Körper hinein.

Manche Männer wissen gar nicht so genau, was die Prostata eigentlich ist und welche Funktion sie hat. Viele Männer beschäftigen sich erst dann mit ihr, wenn sie Beschwerden verspüren.

Prostata bezeichnet die „Vorsteherdrüse". Sie liegt direkt unter der Harnblase, zwischen Beckenboden, Harnblase, Enddarm und Beckenknochen. Die Prostata hat zwei Hauptfunktionen: die eine ist die Produktion einer Flüssigkeit, die als Transportmittel für die Spermien, die im Hoden gebildet werden, benötigt wird. Die Spermien brauchen diese Flüssigkeit, um auf dem Weg bis zur Eizelle der Frau überleben zu können. Die andere Funktion ist die Beschleunigung des Ejakulats durch das Zusammenziehen der gesamten Drüse. In den Momenten des männlichen Orgasmus wird das Ejakulat durch den Harnleiter des erigierten Penis ausgestoßen. Gleichzeitig ist die Prostata auch der „Knotenpunkt", an dem zwischen Harn- und Samenfluss umgeschaltet wird. Da die Rückseite der Prostata an den Enddarm grenzt, kann sie vom Anus aus leicht erreicht und berührt werden (zum Beispiel bei einer Vorsorgeuntersuchung). Die Größe der Prostata eines erwachsenen Mannes entspricht in etwa der Größe einer Kastanie. Ihr Gewicht beträgt ungefähr zwanzig Gramm.

Für Männer ab dem fünfzigsten Lebensjahr ist es sehr zu empfehlen, zu einer Prostata-Vorsorgeuntersuchung zu gehen. Nach ärztlichen Berichten erkranken jährlich etwa 20.000 Männer an Prostata-Krebs. Es ist die häufigste bösartige Erkrankung bei Männern über Fünfzig. Jahr für Jahr sterben einige tausend Männer an Prostata-Krebs.

Was kannst du für deine Prostata tun? Unterstützend wirken:
- regelmäßige Bewegung und regelmäßige Spaziergänge
- möglichst ein bis zwei Mal in der Woche eine Stunde schwimmen, joggen oder ähnliches
- das Vermeiden von übermäßigem Alkoholgenuß und Rauchen
- regelmäßges Yoga, Entspannung und Meditation
- gesunde Ernährung: Vollkornprodukte, Obst, Gemüse, Salat, wenig rotes Fleisch. Grüner Tee, Sojaprodukte und Leinsamenöl gelten als vorbeugend gegen Prostataerkrankungen. Das gilt auch für Carotinoide, die sich in Kürbissen, Tomaten, Aprikosen und Grapefruits befinden
- regelmäßige Eigenmassage des Anus und der Prostata (mit Hilfe des Fingers oder eines Anus-Dildos)
- Massage-Austausch mit einem Partner

Für viele Männer ist es eine sehr tiefgehende und heilsame Erfahrung, zu erleben, wie ihr Po, ihr Anus und ihre Prostata angenommen und geliebt werden. Einige Männer erleben die Anus-Massage von Anfang an als entspannend und auch lustvoll. Andere hingegen kann sie durchaus in Kontakt mit unangenehmen und schmerzhaften Gefühlen bringen. Gerade bei Männern, die sexuellen Missbrauch erfahren haben – was öfter der Fall ist, als in der Öffentlichkeit bekannt ist – oder aber bei traumatischen Erfahrungen mit Fieberthermometern, Zäpfchen, Prostatauntersuchungen und Operationen gemacht haben, ist es sehr wahrscheinlich, dass alte Erinnerungen aufsteigen. Deshalb ist es wichtig, dass die nachfolgend beschriebene Anus-Massage sehr liebevoll, achtsam und einfühlsam durchgeführt wird.

Die Anus-Massage

Bei der Anus-Massage sind dieselben äußeren Vorraussetzungen wichtig, wie bei der Lingam-Massage. Der Mann, der die Massage empfängt, legt sich zunächst auf den Rücken. Dann wird zuerst die ganze Vorderseite verehrt, berührt, massiert. Hat sich der Mann umgedreht, wird die gesamte Rückseite seines Körpers verehrt, bis zu den Füßen.

Dann finde einen bequemen Sitz zwischen den Beinen des Partners. Oder aber der Partner kniet sich gebückt hin. Diese Position heißt auch „die Stellung der Katze“ oder des „Hundes“. Ich persönlich mag diese Stellung als Gebender wie auch als Empfangender am liebsten. In dieser Körperposition ist sowohl für den Gebenden wie auch für den Empfangenden eine ausreichende Bewegungsfreiheit gewährleistet.

Die Anus-Massage beginnt wieder mit einer Waschung (siehe Lingam-Massage). Der Anus und seine Umgebung werden in feuchte, warme Tücher eingehüllt und der ganze Bereich wird liebevoll und zärtlich gehalten. Der Empfangende atmet langsam und tief durch den Mund ein und aus. Die Wärme und die liebevolle Präsenz des Gebenden helfen dem Mann, der die Massage empfängt, mehr und mehr loszulassen.

Wenn die Waschung beendet ist, wird der empfangende Mann gefragt: „Darf ich den Anus innen berühren?“ Wenn er ja sagt, ziehen wir einen Fingerling über einen oder manchmal zwei Finger, benutzen genügend Gleitmittel und legen den Finger an den Eingang des Anus. Der empfangende Mann atmet von innen in den Anus. Dann, langsam, wenn sich das

Gewebe sanft weitet, lassen wir es geschehen, dass unser Finger in den Innenraum des Anus „eingeladen“ oder „eingesaugt“ wird – wir penetrieren nicht, wir machen nicht, wir lassen uns vom Körper des empfangenden Mannes führen.

Wenn wir im Innenraum und damit auch im Inneren des Mannes angekommen sind, verweilen wir dort. Oftmals ist Hitze zu spüren. Später, wenn der Raum weiter, offener wird, ertasten wir vorsichtig die Wände – seitlich, oben und unten. Und dann, wenn der Empfangende es möchte, ertasten wir auch die Prostata in Richtung Bauchdecke.

Viele Männer lernen die Berührung und später auch die Stimulation der Prostata schätzen und können dadurch wellenartige, orgasmische Erfahrungen im Körper erfahren.

Bei der Anus-Massage ist es wichtig, dass der Gebende einfühlend und sensibel auf die Zeichen seines Partners achtet und sie befolgt. Am Anfang ist es ratsam, nicht länger als höchstens dreißig Minuten im Anus zu verweilen. Wenn du dich dann, nach Absprache, liebevoll wieder aus dem Anus zurückgezogen hast, halte den gesamten Anus- und Po-Bereich noch für einige Minuten von außen. Der Partner kann sich dann wieder bequem auf den Bauch legen und seinen Erfahrungen nachspüren.

Bewusster Sex ist gesund, natürlich und heilend

In all den Jahren meines Lehrens und Lernens habe ich viele Rezepte kennen gelernt. Rezepte und Ideale, die es manchmal an sich haben, die Menschen noch angespannter zu machen. Sex soll heutzutage multiorgasmisch sein. Männer sollen die Erektion schön lange aufrechterhalten, die Ejakulation lustvoll zurückhalten – oder Lieben nach Barry Long. Wir sollen den G-Punkt der Frau finden, die Klitoris richtig stimulieren, nicht zu fest, nicht zu leicht, nicht zu schnell, nicht zu langsam. Mein Fazit aus all den Erfahrungen ist sehr einfach: Genieße die Form von Sex, die du gerade erlebst und vergleiche dich mit niemandem. Lebe einfach das, was dir und deinem Sexualpartner Spaß und Freude bereitet!

Für Sex gibt es kein Patentrezept! Das ist meine Erkenntnis nach der intensiven Auseinandersetzung und Forschungsarbeit mit männlicher und weiblicher Sexualität seit mehr als zwanzig Jahren. Sexualität ist hochgra-

dig individuell. Sie hängt von vielen äußeren und inneren Faktoren ab, wie zum Beispiel der Beziehungssituation, den jeweiligen Lebensphasen, dem Alter und anderem mehr. Deshalb möchte ich dir die Ideen und Anregungen nahe bringen, die ich auf meinem eigenen Weg als Mann und in der Begegnung mit vielen hundert Männern als praktikabel und wertvoll empfunden habe.

Für mich steht zum Beispiel der „Quickie“ unter „Artenschutz“. Ich habe als Mann, von dem viele Menschen jeden Tag etwas wollen, der eine herausfordernde Arbeit hat, eine Familie und ein Kind, nicht jeden Tag Zeit für eine mehrstündige Vereinigung.

Lebe deinen Sex, mal bist du glücklich damit und manchmal nicht. Das ist die Grundlage. Und dann kann noch hinzukommen, was die alten Lebenshaltungen des Tantra, des Taoismus und der indianischen Sexualität für uns an Geschenken bereithalten.

Zahlreiche Männer, die in unserer Gesellschaft aufgewachsen sind, haben verschiedenste Gier- und Fantasie-Mechanismen in Bezug auf Sexualität verinnerlicht. Ihre Sexualität reduziert sich auf Sexual-Athletik, einige wenige Stellungen und die Größe von Brüsten und Schwänzen. Für große Teile unserer Gesellschaft ist Sexualität zur Ware geworden – „*sex sells*“. Die Produkte der Sex- und Porno-Industrie zeigen eine Erotik und Sexualität, die dem Leistungsempfinden und den Bewertungsmaßstäben der Wirtschaft zu unterliegen scheinen: größer, weiter, höher, schneller, besser! Frauen werden zu Sexualobjekten reduziert.

Wenn ein Mann nicht lernt, seine Sexualität zu kultivieren, ihr wieder Seele zu schenken und sie im ganzen Körper als Ausdruck des freien Flusses der Lebensenergie zu erfahren, kann es leicht geschehen, dass er versucht, sie immer wieder auszuagieren, ohne in seiner Ganzheit darin präsent zu sein. Ein 55jähriger Teilnehmer unseres Trainings drückte es kürzlich so aus: „Wenn ich ehrlich bin, dann war Sex, und ich hatte Sex mit vielen Frauen, für mich bis jetzt fast immer nur ein Ausdruck von Trennung. Ich habe mir die Genitalien meines Gegenübers ausgeliehen und bin dann in meine Fantasiewelt abgedriftet.“

Für unsere Gesellschaft findet Sex im Außen statt. Für die meisten bedeutet das „Tun“ und „Machen“, sich Tag für Tag in Fantasien und Wunschvorstellungen zu verlieren, und nach äußeren Reizen: Brüste, Hintern, nackte Körper zu jagen. In Wahrheit kann Sex zutiefst erfüllend, nährend und heilend sein. Doch das setzt voraus, dass unsere Seele und unser Sein daran beteiligt sind. Wenn wir unsere Sexualität damit erfüllen, dann kann es geschehen, dass sie ihre spirituelle, göttliche Dimension offenbart, dass wir erleben, wie durch die Liebe ein größerer, zutiefst heilender und heiliger Raum des Seins entsteht.

Viele Männer haben, etwas deftig ausgedrückt, folgendes Schema eines „guten Liebhabers" verinnerlicht: „Erobere die Frau, leg sie aufs Kreuz, fick sie gut durch und spritz ab." Jeder Mann, der das oft genug praktiziert hat, weiß, dass dies ist eine wichtige Phase und Erfahrung sein kann, aber irgendwann wird es hohl und leer. Wie immer sind die wichtigsten Geheimnisse nicht im Außen zu finden, dort, wo am lautesten geprahlt wird, sondern innen, wo es still ist.

Bisher haben wir den biologischen Kreislauf Gehirn - Rückenmark - Penis - Ejakulation beschrieben. Diesen ersten Kreislauf können wir als einen nach unten und hinaus gerichteten Kreislauf bezeichnen. Der zweite Teil des Kreislaufs findet statt, wenn wir die sexuelle Energie nicht wie sonst in einem Orgasmus oder einer Ejakulation entladen, sondern in die zweite Phase, die aufwärtsgerichtete Phase eintreten lassen. Dann erlauben wir unserer sexuellen Energie, die ja pure Lebensenergie ist, zurück zu ihrem Ursprung im Gehirn zu fließen und so den Hypothalamus-Bereich, die Hypophyse und die Zirbeldrüse mit Energie zu versorgen. Diese Drüsen haben einen starken Einfluss auf unsere Gesundheit und unser Wohlbefinden. Die heilende Wirkung der sexuellen Energie kann sich in unserem ganzen Körper ausbreiten, bis in die Organe und in jede Zelle hinein.

Sexuelle Energie im Körper bewahren

Den Mann führt die Bereitschaft, sexuelle Energie in seinem Körper sich ausdehnen zu lassen, zu einer völlig neuen Erfahrung. Die meisten Männer lernen: „Ich bin geil. Jetzt wäre es schön abzuspritzen. Raus damit, dann geht's mir gut!" Das ist durchaus okay, viele Generationen von Männern haben so gelebt. Tantra und der Taoismus offenbaren uns aber noch weitere Möglichkeiten, mit unserer sexuellen Energie umzugehen. Statt der Gewohnheit, die sexuelle Energie zu entladen – also die Flüssigkeiten aus Hoden, Nebenhoden, Cowper´schen Drüsen, Prostata, Samenblasen zu ejakulieren –, kann sie in einen aufwärts gerichteten Kreislauf eingebracht werden. Wir können lernen, die sexuelle Energie im ganzen Körper zu verteilen und zu speichern. Prinzipiell ist jede Zelle, jede Drüse, jedes Organ fähig und bereit, Lebensenergie aufzunehmen. Sexuelle Energie ist Lebensenergie in konzentrierter Form. Über den „kleinen Kreislauf" und den „Ganzkörper-Kreislauf" können wir die sexuelle Energie zirkulieren lassen und in die jeweiligen Körperbereiche, Organe, Drüsen, Knochen, Zellen schicken.

In vielen alten Kulturen gab es Langlebigkeitsrituale und andere Praktiken, mit deren Hilfe Männer und Frauen ihre sexuelle und spirituelle Energie nutzten, um bis ins hohe Alter gesund und vital zu bleiben. Für uns als Männer bedeutet das, die Gewohnheit zu durchbrechen, jedes Mal beim Sex zu ejakulieren. Die Taoisten schlagen eine Ejakulations-Frequenz von „Lebensalter multipliziert mit dem Faktor 0,2" vor. Das ergibt zum Beispiel für einen 40-jährigen Mann die Empfehlung, ungefähr alle acht Tage zu ejakulieren. Viele sexuell aktive Männer fallen beinahe in Ohnmacht, wenn sie das hören. Mir ging es damals jedenfalls so. Die meisten von uns sind es gewohnt, über Jahre und Jahrzehnte jeden Tag zu ejakulieren, ob durch Masturbation oder partnerschaftliche Sexualität. Du kannst als Mann durchaus bis ins hohe Alter täglich ejakulieren. Es geht hier um zusätzliche, erweiternde Möglichkeiten, die sich positiv und unterstützend auf deine Lebensenergie auswirken.

Der männliche Körper ist ein sexuelles Kraftwerk. Die Hoden und die Nebenhoden gehören zu den produktivsten Organen des Körpers. Jeden Tag arbeitet der männliche Körper daran, uns fit und bereit zu machen für die Sexualität. Die Flüssigkeiten, die ein Mann ejakuliert, beinhalten hochkonzentrierte Lebensenergie und Lebenskraft. Die Taoisten sagen sinngemäß: Ein Ejakulat enthält die Lebenskraft von 100 Tropfen Blut.*

Manche Männer finden es äußerst beglückend, Ejakulation und Orgasmus zu trennen. Die Ejakulation ist nur ein Reflex. Wir können lernen, diesem konditionierten Reflex nicht jedes Mal zu folgen. Orgasmen – also Beckenbodenmuskelkontraktionen, Prostatakontraktionen – können wir trotzdem haben. Damit beginnen wir, den Gier-Reiz-Reaktions-Kreislauf zu durchbrechen. Allerdings ist es wichtig, wenn wir nicht ejakulieren, die

* Vgl. Mantak Chia: Das Tao der Liebe, Interlaken 1985

sexuelle Energie im ganzen Körper zu verteilen. So wird der ganze Körper zu einem sinnlichen Gefäß. Das hat nichts mit Unterdrückung oder Kontrolle zu tun. Es ist vielmehr eine Hingabe an unsere Lebensenergie, die sich überall im Körper ausdehnen möchte.

Durch Ganzkörpererfahrungen, wie dem Feueratem, dem Ladungsatem, der Chakra-Welle und anderen Übungen, können wir lernen, mehr und mehr den freien Fluss unserer Lebensenergie im Körper zu genießen. Dies führt zu Gesundheit, Wohlbefinden und einer großen Vitalität. Auch hier sind die drei Verbündeten der Kraft – Atem, Klang (Stimme) und Bewegung – von entscheidender Bedeutung.

Je mehr sich ein Mann der inneren Welt seiner sexuellen Energie öffnet, umso mehr berührt ihn ein tiefes Geheimnis des Lebens. Bisher war er abhängig von Frauen – jetzt wird er attraktiv für Frauen. Frauen spüren, wenn ein Mann sich um sich selbst und um seinen Körper kümmert, sich in seiner Kraft tiefer und klarer verwurzelt, seine emotionale Heilungsarbeit tut und für seine sexuelle Energie die volle Verantwortung übernimmt.

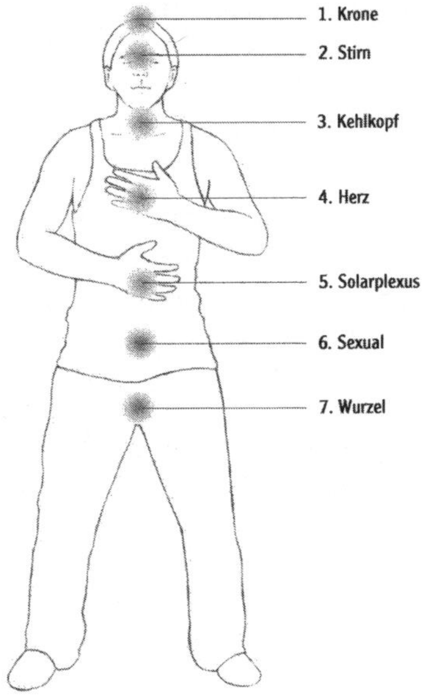

Abb.: Die Lage der sieben Haupt-Chakras oder Energiezentren.

Die Chakras 2 bis 6 haben ihre Öffnungen sowohl an der Vorderseite wie auch an der Rückseite des Körpers und sind über einen Energiekanal miteinander verbunden. Das Wurzel- und das Kronen-Chakra sind die nach außen geöffneten Enden des vertikalen Energiekanals, der die Wirbelsäule entlang läuft.

Die Chakras sorgen dafür, dass der Körper mit Lebensenergie versorgt wird. Jedes Chakra ist mit einer endokrinen Drüse und einem der Hauptnervenknoten verbunden. Die Chakras nehmen die kosmische, universelle Energie auf und leiten sie dann weiter ins Nervensystem zu den endokrinen Drüsen bis ins Blut. So wird der Körper mit Lebensenergie versorgt. Ein Chakra eines erwachsenen Menschen hat einen Durchmesser von etwa fünfzehn Zentimetern.

Es gibt viele verschiedene Modelle und Sichtweisen zu den Chakras und den feinstofflichen Energiekörpern. Am besten ist es, damit deine eigenen Erfahrungen zu machen.

In der folgenden Übung, *der Chakra-Welle*, bist du eingeladen, die sieben Energiezentren und Schlüsselbereiche des menschlichen Seins durch deinen Atem, deinen Klang und deine Bewegungen zu einem pulsierenden Ganzen zu verbinden. Zugleich werden damit auch die Schlüsselthemen – Wurzeln und Selbstwert, Gefühle und Sexualität, Ich-Stärke und Sonnenkraft, Mitgefühl und Liebe, Kreativität und Ausdruck, Seelenweisheit und Intuition, die Verbindung mit dem Göttlichen – verwoben.

Weisheit entsteht nur aus einem gelebten Leben. Sie beginnt sich zu offenbaren, wenn wir unsere persönlichen Herausforderungen auf jeder der sieben Haupt-Lebensebenen annehmen und meistern.

14. Übung: ***Die Chakra-Welle***

Dauer der aktiven Phase etwa dreißig Minuten, Ausruhphase und Nachspüren etwa zehn Minuten.

Stehe stabil, die Füße ungefähr Schulterbreit und schließe die Augen ...
Schüttele für ein paar Minuten deinen ganzen Körper ...
Töne, seufze, mache Geräusche. Atme tief durch den Mund ein und aus ...

Dann stell dir vor, du holst den Atem tief vom Mittelpunkt der Erde und „ziehst" ihn bis nach oben zu deinem Perineum, deinem Damm, dem Bereich zwischen Genitalien und Anus (Wurzel-Chakra). Beim Ausatmen lässt du den Atem wieder zurück zum Mittelpunkt der Erde fließen. Atme auf diese Weise ungefähr zwanzig mal ein und aus. Zentriere dich in der Erde ...
Dann atme durch den Dammbereich ein. Ziehe den Atem in dein Becken bis zur Höhe des Kreuzbeins (Sexual-Chakra). Lass ihn dort an der Vorderseite des Körpers ausströmen. Nimm etwa zehn von diesen Atemzügen...
Dann atme weiter am Dammbereich ein und ziehe jetzt den Atem bis zum Solarplexus hoch (Solarplexus-Chakra). Nimm wieder etwa zehn tiefe, kraftvolle Atemzüge. Erlaube alle Töne, Bewegungen, die geschehen möchten. Nimm den ganzen Körper mit. Nutze Atem, Stimme, Bewegungen.
Danach atme auf die gleiche Weise bis in den Bereich deiner Brustmitte (Herz-Chakra). Lass dort wieder den Atem vorne ausströmen. Erlaube alle Gefühle, alle Töne, alle Bewegungen ...
Dann ziehe den Atem bis zum Kehlkopf-Bereich (Kehlkopf-Chakra). Dort strömt er vorne am Körper aus.
Nun bring den Atem bis zu einem Punkt, leicht oberhalb zwischen den Augenbrauen (Stirn-Chakra), und lass ihn wieder vorne ausströmen ...
Zum Schluss ziehe den Atem hoch bis zum Scheitelpunkt deines Kopfes, der Fontanelle (Kronen-Chakra). Atme weiter durch den Damm ein. Der Atem strömt jetzt durch die gesamte innere Flöte bis in die Schädeldecke, dort strömt er aus und ergießt sich über dich wie ein warmer Sommerregen ...

Lass den ganzen Körper sich wellenförmig bewegen. Tauche ein in ekstatische Bewegungen, Töne, Geräusche. Nimm die Hände über den Kopf. Genieße deine volle Körperlebendigkeit. Nimm noch einige weitere Atemzüge und komme dann langsam zur Ruhe. Lege dich bequem auf den Rücken und genieße in Stille, wie die Lebensenergie sich von ganz alleine in deinem Körper bewegt.

Eine Frau sexuell verstehen und verehren

Jede Frau möchte gesehen und erkannt werden. Sie möchte das Gefühl haben, dass sie unsere Königin ist, einzigartig, kostbar und wunderschön. Ihre Augen sind die Tore zu ihrem Herzen und ihrer Seele. Im sanften Augenkontakt begegnen sich die Wesen der Liebenden. Die erotische Energie kann durch die liebevolle Präsenz im Augenkontakt ins Fließen kommen.

Ein weiteres Tor der Liebe sind ihre Lippen und ihre Zunge. Die Lippen einer Frau sind energetisch mit ihren Brustwarzen, mit ihrer Klitoris und dem gesamten Beckenraum verbunden. Zärtliches Küssen, zärtliches Liebkosen der Lippen öffnet den gemeinsamen Raum für eine sinnliche Begegnung. Im sexuellen Kreislauf der Liebe zwischen Mann und Frau haben wir beschrieben, dass der Herzbereich, die Brüste und die Brustwarzen der positive gebende Pol der Liebe der Frau sind. Sie dort zu halten, zu berühren, zu verehren bedeutet, ihr das Gefühl zu schenken, dass wir sie fühlen und tief willkommen heißen.

Die Gewohnheit mancher Männer, nur kurz die Brustwarzen zu stimulieren, um dann zum Sex überzugehen, mag in der ersten heißen Verliebtheitsphase verständlich sein. Doch in einer länger andauernden Beziehung möchte eine Frau in ihrem Herzen, in ihren Brüsten gefühlt, gehalten, gestreichelt und verehrt werden. Vom Herzen, von den Brüsten und Brustwarzen aus strömt die erotisch-sexuelle Energie ins Becken der Frau.

Jede Frau hat eine einzigartige innere und äußere sexuelle Landschaft. Für viele Männer ist es sehr berührend, wenn sie sich die Zeit nehmen, die Schönheit einer Yoni zu bewundern und das einzigartige sexuelle Gesicht ihrer Geliebten mit Liebe anzuschauen. Die äußeren und inneren Schamlippen zärtlich zu liebkosen, zu küssen, zu streicheln und wie wunderschöne Blütenblätter zu verehren, schenkt einer Frau das innige Gefühl, dass sie uns als Mann vertrauen kann und dass es eine Freude für beide ist, wenn sie uns auch erlaubt, das Innere ihres heiligen Ortes zu besuchen.

Wie bei den Männern unterscheiden die *Quodoushka-Teachings* auch bei den Frauen fünf unterschiedliche Yoni-Typen:

Danach sind fünfzig bis sechzig Prozent aller Frauen „*Tanzende Frauen*“. Bei einer „Tanzenden Frau“ befindet sich die Klitoris etwa drei bis vier Finger breit von der Scheidenöffnung entfernt und wird ganz vom Häubchen bedeckt. Die Vaginaöffnung beträgt ungefähr zweieinhalb, die Vaginatiefe etwa acht bis zwölf Zentimeter. Der G-Punkt liegt sehr tief.. „Tanzende Frauen“ brauchen durchschnittlich zwischen zwanzig und vierzig Minuten, um zum Orgasmus zu kommen.

Fünf bis sechs Prozent aller Frauen sind *„Hirsch-Frauen“*. Bei diesem Typus liegt die Klitoris direkt am oberen Vaginaeingang und ist damit fast ein Teil der Vagina. Das Häubchen der Klitoris bedeckt diese normalerweise nicht. Die Vagina ist siebzehn bis zwanzig Zentimeter tief. Die Öffnung beträgt circa zweieinhalb Zentimeter. Der G-Punkt liegt nahe an der Scheidenöffnung und ist etwa zwei Finger breit vom Vaginaeingang entfernt. „Hirsch-Frauen“ kommen oft nach zwei bis fünf Minuten zum Orgasmus.

Fünfzehn Prozent aller Frauen sind *„Schaf-Frauen“*. Bei ihnen befindet sich die Klitoris etwa zwei bis drei Finger breit über der Scheidenöffnung. Die Klitoris ist weit zurück gezogen und versteckt. Die Vagina ist zwischen zwölf und siebzehn Zentimeter tief. Die Öffnung der Vagina beträgt drei bis dreieinhalb Zentimeter. Der G-Punkt liegt ziemlich tief. „Schaf-Frauen“ brauchen im Durchschnitt fünfzehn bis dreißig Minuten, um zum Orgasmus zu kommen.

Etwa fünfzehn Prozent der Frauen sind *„Büffel-Frauen“*. Bei ihnen befindet sich die Klitoris zwei bis drei Finger breit über der Scheidenöffnung. Das Häubchen bedeckt die Klitoris. Die Vaginatiefe beträgt zischen siebeneinhalb und zehn Zentimeter. Die Vaginaöffnung ist ziemlich groß, zwischen fünf und sieben Zentimeter. Die Zeit um einen Orgasmus zu erreichen, beträgt bei den „Büffel-Frauen“ zwischen fünfzehn und zwanzig Minuten.

Ungefähr zehn Prozent aller Frauen gehören zu den *„Wolfsfrauen“*. Bei diesem Typus befindet sich die Klitoris ein bis zwei Finger breit über dem Scheideneingang. Die Klitoris ist nur leicht bedeckt. Die Vaginatiefe beträgt zwischen zehn und zwölfeinhalb Zentimeter. Die Vaginaöffnung ist zwischen 2,8 und 3,2 Zentimeter breit. Der G-Punkt liegt ziemlich tief. „Wolfsfrauen“ brauchen zwischen zwanzig und dreißig Minuten, um zum Orgasmus zu kommen.

Die anatomischen Gegebenheiten zu kennen, erspart eine Menge Stress, sowohl für den Mann als auch für die Frau. Wenn wir die anatomischen Gegebenheiten anerkennen und in unser Liebesspiel einfließen lassen, stellt die Anatomie kein Hindernis für die gegenseitige sexuelle Erfüllung dar.

Den heiligen Ort unserer Geliebten ausgiebig außen und innen zu verehren, gibt ihr das Gefühl, dass wir sie in ihrer innersten Weiblichkeit fühlen, annehmen und lieben. So kann sich unsere Geliebte mehr und mehr fallen lassen, und tiefe sexuelle Begegnungen sind möglich.

Einer Frau die Yoni-Massage schenken

Als Mann ein *König der Liebe* zu sein, bedeutet auch, wieder zu lernen, von ganzem Herzen zu geben und zu schenken. Wenn du einer Frau eine Yoni-Massage gibst, dann stimme dich auf deine Weise darauf ein, ein Instrument der Liebe zu sein.
Bei der Yoni-Massage sind die gleichen äußeren Vorbereitungen zu treffen wie bei den zuvor beschriebenen Massagen. Nach einer gemeinsamen Einstimmung und einer Verneigung, dem *Namasté*, legt sich die Frau bequem auf den Bauch.

Beginne im Bereich von Nacken, Kopf und Schultern mit einer ersten Kontaktaufnahme. Für die Frau, die empfängt, empfiehlt es sich, von Anfang an tief durch den Mund ein und restlos wieder auszuatmen. Das unterstützt eine hohe energetische Aufladung und eine tiefe Entspannung. Als Gebender verehre zuerst die gesamte Rückseite der Frau ...

Dann bitte sie, sich langsam umzudrehen. Streiche ihr Gesicht, ihre Stirn, ihre Lippen, berühre Nacken, Schultern und Arme. Dann wende dich langsam dem Herzbereich und den Brüsten zu. Dieser Bereich ist, wie wir bei der Beschreibung des sexuellen Kreislaufs von Mann und Frau gesehen haben, der gebende Bereich der Frau. Deshalb ist die liebevolle, zärtliche Aufmerksamkeit dafür so wichtig. Dort wird die Frau energetisch erweckt. Dort ist sie sehr tief innen berührbar. Deshalb halte ihr Herz, halte ihre Brüste. Wenn die Frau es möchte, ist es oft sehr schön, auch die Brüste in warme, duftende Tücher zu hüllen. Achte darauf, wenn du Ihre Brüste berührst, nicht in die alte Gewohnheit zu verfallen, die Brustwarzen zu berühren, um sie zu stimulieren. Verehre einfach diesen Bereich der Frau. Halte immer wieder inne und lass deine Hände auf ihren Brüsten ruhen ...

Dann führe deine Hände über die ganze Vorderseite nach unten bis zu ihren Füßen. Wichtig ist an dieser Stelle, dass die Yoni noch nicht berührt wird. Finde einen bequemen Sitz zwischen den Beinen deiner Partnerin.

Betrachte die Yoni, bewundere ihre Schönheit. Jede Yoni hat eine einzigartige Form und ein einzigartiges Aussehen.

Beginne, die Yoni und die gesamte weibliche sexuelle Landschaft in warme Tücher zu hüllen. Halte die Yoni, schenke ihr Wärme, Zärtlichkeit, Kontakt, Geborgenheit, das Gefühl, vollständig geliebt und angenommen zu sein, so wie sie ist.

Die Frau sollte jetzt tief hinunter in das Innere der Vagina atmen und sich Töne und Bewegungen erlauben, wenn sie das möchte. Sie kann auch die Muskeln ihres Beckenbodens anspannen und wieder loslassen ...

Nach zehn bis fünfzehn Minuten, wenn du die Waschung beendet hast, frage deine Partnerin, ob du die Yoni von innen berühren darfst. Wenn sie dich dazu einlädt, berühre zunächst einmal die gesamte äußere Landschaft, also die äußeren und inneren Schamlippen, die Klitoris, den Damm. Lass dir Zeit damit ...

Finde dann den „Eingang zum heiligen Ort“. Benutze viel Gleitmittel oder mildes Öl und lege einen Finger an den Eingang. Verweile dort. Es geht nicht um Penetration, nicht um machen oder tun. Verweile dort und warte, bis du von der Yoni „eingeladen“, „hineingesaugt“ wirst. Lass dich auch hier vom Körper der Frau führen. Verweile in der Yoni. Erfühle den inneren Raum.

Die Frau atmet weiter tief hinein in ihre Yoni. Auch jetzt ist es unterstützend, wenn sie immer wieder einmal die Beckenbodenmuskeln anspannt und wieder loslässt. Verweile weiter in der Yoni...

Wenn sich der Raum dort innen weiter öffnet, berühre, erforsche die Yoni. Ertaste sanft die inneren Wände und den Göttinnen-Punkt – den G-Punkt, der sich Richtung Bauchdecke befindet. Das Gewebe dort fühlt sich meist etwas „geriffelt“ an. Verweile dort. Auch hier gibt es kein Ziel. Erlaube dir, in deiner Präsenz zu ruhen, so dass die Frau tiefer und tiefer loslassen kann, dass sie erfahren kann: „Ich bin geliebt, so wie ich bin. Ich muss nichts leisten, nichts erfüllen, nichts darstellen. Ich darf sein. Ich werde so wie ich bin geliebt.“

Verweile bei der ersten Yoni-Massage nicht länger als dreißig Minuten im heiligen Ort. Ziehe dich dann nach Absprache mit deiner Partnerin sehr langsam und achtsam aus der Yoni zurück. Halte die Yoni, das Herz und die Brüste noch ein wenig. Dann vollende diese wundervolle Verehrung der Frau.

Ein König der Liebe sein

Sex ohne Liebe, ohne Bewusstheit wird irgendwann hohl und leer. Geiler Sex ohne Liebe bindet uns immer nur an die Geilheit. Diese ist gebunden an einen bestimmten Körpertypus oder bestimmte Praktiken. Dabei ist es oft so, dass die Reizschwelle immer höher geschraubt werden muss, und die Praktiken immer extremer werden müssen.

Sexualität, die mit Liebe verbunden ist, bindet uns an die Liebe und verstärkt die Liebe. Die bewusste Verbindung von Sexualität und Liebe schenkt uns einen spirituellen Raum, der uns nährt, heilt und tief bis in unsere Zellen hinein erfüllen kann. Die Seele kommt wieder in unser sexuelles Erleben zurück.

Die Arbeit mit hunderten von Paaren hat mir gezeigt, dass erfüllende Sexualität in einer Beziehung die Bereitschaft beider Partner erfordert, sich klar und eindeutig für die gemeinsame Sexualität zu engagieren.

Die Sexualität eines Paares braucht, neben der Offenheit für spontane sexuelle Begegnungen, einen festen Rahmen. Wir alle wissen, in einer langjährigen, verbindlichen Partnerschaft mit Kindern, Haushalt, Wohnung, Haus, Arbeit und all den Verpflichtungen, die ein Familienleben so mit sich bringt, nicht leicht ist, das Feuer der Sexualität am Brennen zu halten. Was können wir Männer dazu beitragen? Hier einige Vorschläge:

- eine liebende und liebevolle Beziehung zu unserem eigenen Körper als Ganzheit kultivieren und täglich erneuern
- Selbstliebe-Rituale, die unsere Sexualität mit uns selbst aus dem engen, armseligen Raum von „Wichsen und zwanghaftem Masturbieren“ herausnehmen und uns dahingehend öffnen, unsere eigene Lust zu genießen und den Fluss unserer sexuellen Energie im ganzen Körper zu spüren
- damit experimentieren, Ejakulation und Orgasmus zu trennen. Nicht jeden Tag ejakulieren und fühlen, wie sich sexuelle Energie überall in unserem Körper ausbreitet
- eine sinnliche, erotische Atmosphäre schaffen durch Wärme, Musik, Düfte, Massageöl, schöne Farben, Federn, Accessoires

- unsere Partnerin zu einer sexuellen Begegnung einladen
- zusammen tanzen, spielerisch kämpfen, sich necken, Spaß haben, lachen, die Stille teilen, meditieren
- nichts fordern – die Lust geschehen und sich entwickeln lassen
- nichts kritisieren – Männer und Frauen sind in ihrem sexuellen Selbstbewusstsein sehr verletzlich
- immer wieder Humor, die Bereitschaft zu spielen und zu lachen
- Rollenspiele, die beide genießen und die Spaß machen
- alles Leistungsdenken und Vergleichen loslassen
- Hingabe an das, was ist, von Moment zu Moment – sexuelle Energie möchte fließen und sein dürfen
- immer wieder unsere Geliebte anschauen und zusammen atmen – tiefer und tiefer loslassen
- unseren Mund, unsere Hände und unseren ganzen Körper schenken um unserer Königin sexuelle Freude zu bereiten
- uns bewusst sein, dass wir einen heiligen Ort „betreten", wenn wir uns vereinigen. Dass wir den Körper und die Seele unserer Geliebten lieben
- entspannt und gelassen bleiben, auch wenn die Erektion schwächer wird und sich verändert
- entspannt und präsent bleiben, auch wenn es immer lustvoller und geiler wird
- zu unserer Lust stehen, auch zu unserer geilen, wilden, leidenschaftlichen Seite
- alle Facetten unserer männlichen Sexualität erlauben

Das Wort *Orgasmus* stammt von dem griechischen „Orgasmos", was in seinem Kern (Orge) soviel bedeutete wie „Antrieb". In unserer Kultur habe ich manchmal den Eindruck, dass daraus ein „Orgas-muss" geworden ist.

Lust ist immer deine eigene Lust

Es kann für unseren Alltag sehr bereichernd sein, wenn wir uns mehr und mehr erlauben, *orgasmisch* zu sein. Wilhelm Reich, Jack Lee Rosenberg und die anderen Pioniere der westlichen Körperpsychotherapie haben uns das Verständnis des orgasmischen Aufladungs- und Entladungszyklus geschenkt. Ihr Verständnis vom Fließen sexueller Energie basiert auf der Grundüberzeugung, dass Lust immer unsere eigene Lust ist und dass orgasmisches Erleben auf unserer Fähigkeit gründet, Lebensenergie, sexuelle Energie, in unserem ganzen Körper frei strömen zu lassen. Dieses Verständnis von sexueller Energie und die vollständige Verantwortung jedes Mannes und jeder Frau für die eigene Lust bringt die Aufmerksamkeit zurück vom Partner zu unserem eigenen Körper, zum energetischen Geschehen in uns selbst. Reich, Rosenberg und andere beschreiben die Phasen eines vollständigen Aufladungs- und Entladungszyklus so:

- Selbstkontakt und Nähe – die Fähigkeit eines Paares, Frieden und Harmonie zu erleben und aufrecht zu erhalten
- Begehren und Verlangen – die Fähigkeit des Mannes und der Frau, klar, eindeutig und liebevoll das eigene sexuelle Begehren und Verlangen auszudrücken
- Annäherung – die Fähigkeit, sich einander zu nähern und in einen gemeinsamen sexuellen Raum einzutauchen
- Aufladung und Präsenz in hoher Energie – die Fähigkeit beider Partner, über Atem, Bewegungen, Töne und Berührungen die sexuelle Stimulation zu intensivieren
- Loslassen und Erfüllung (Orgasmus) – die Fähigkeit, auf dem Gipfel der energetisch-sexuellen Aufladung loszulassen und zu „fliegen“
- Intimität – die Phase des Gleitens in das sanfte Tal der Entspannung, sich nahe sein und genießen, die zärtliche intime Vollendung des gemeinsamen Erlebnisses

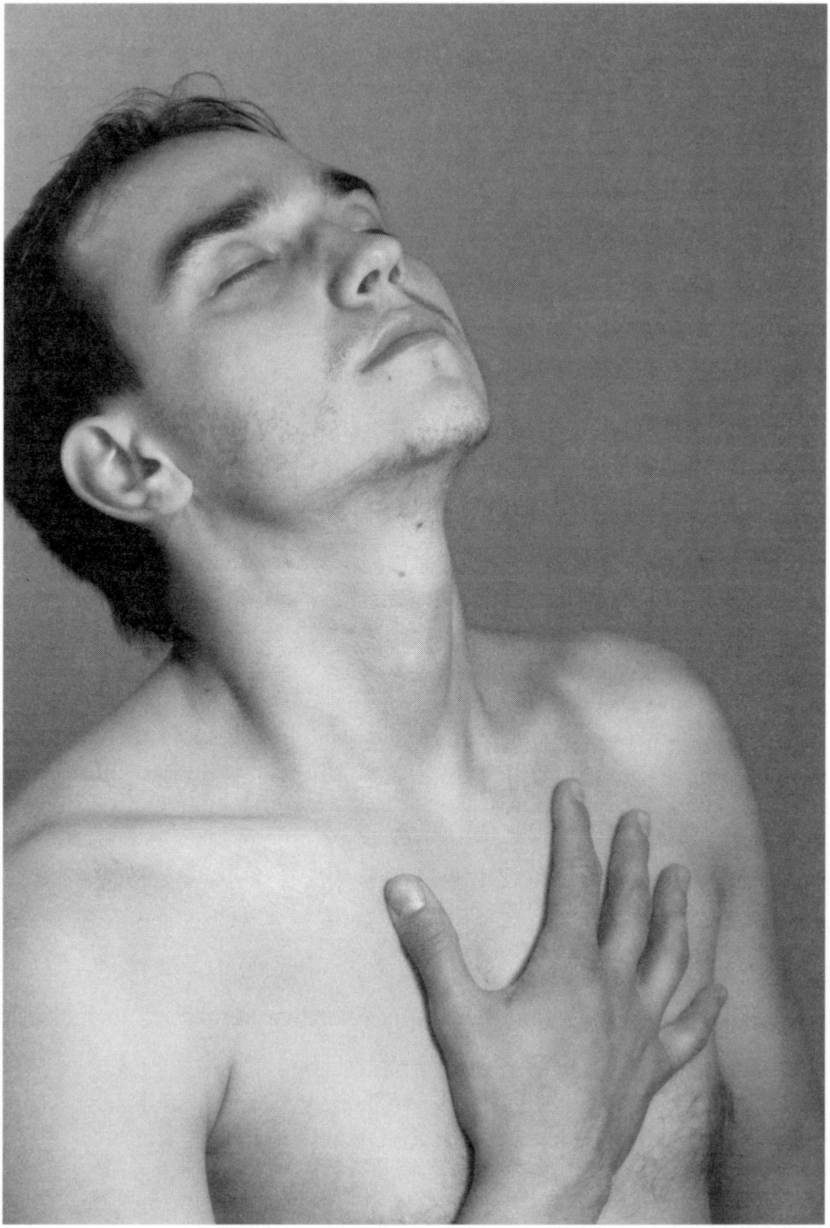

Störungen der partnerschaftlichen Sexualität können in jeder dieser Phasen vorkommen. Doch das Verständnis, dass Lust immer unsere eigene Lust ist, spielt den Ball wieder in unser Feld. Wir können unsere Energie darauf konzentrieren, in jeder Phase des orgasmischen Aufladungs-und Entladungszyklus lebendig, klar und energetisch präsent zu sein.

Eine klare Zuordnung, in welchen Phasen die Herausforderungen in der gemeinsamen Sexualität liegen, hilft enorm. Dadurch wird es möglich, dass sich ein Liebespaar vom fortwährenden: „du solltest endlich mal..., würdest du nur..., warum kannst du nicht..." wegbewegt und statt dessen jeder Partner Verantwortung für seine Lust sowie auch für die gemeinsame Lust übernimmt.

Für manche Paare liegen die Schwierigkeiten mehr in der ersten Phase. Wenn sich zum Beispiel ein Paar oft streitet, abwertet, verstrickt ist in alltägliches Hick-Hack, dann ist die Phase des Beginns schon gestört und einer oder beide Partner werden versuchen, Sex zu vermeiden. Bei anderen Paaren geht es eher darum, zu lernen, sexuelles Begehren und Verlangen klar und liebevoll auszudrücken – erotische Kommunikation zu praktizieren. Für andere Paare wiederum geht es darum, dass jeder für sich und beide gemeinsam lernen, sich über ein vollständiges Ganzkörpererleben mehr energetisch-sexuelle Aufladung zu schenken und dann auf dem Gipfel der Lust loszulassen.

Je mehr du dich in deinem Körper zuhause fühlst, je mehr du lernst, die sexuelle Lebensenergie im ganzen Körper strömen zu lassen, umso mehr Wohlbefinden und Erfüllung strahlst du aus. Das macht dich attraktiv und anziehend. Wie gesagt: Lust ist immer deine eigene Lust. Kultiviere sie, erforsche sie, umarme sie tiefer und tiefer. Sie wird dir und deiner Partnerin viele wundervolle Erlebnisse schenken.

Kernaussagen zum sinnlichen und sexuellen Mann

- Berühre deinen Körper mit Liebe. Besorge dir ein angenehmes sinnliches Körperöl und schenke deinem Körper und deiner Seele täglich liebevolle, zärtliche, verehrende Berührungen.

- Praktiziere Selbstliebe-Rituale so, dass du dich der Lebensenergie in deinem Körper hingibst.
  Lust ist immer deine eigene Lust.
- Verehre deinen Penis, deinen Lingam. Öle ihn ein. Schenke ihm sinnliche, zärtliche Berührungen und Entspannung.
- Praktiziere die Lingam- und Anus-Massage. Schenke deiner Partnerin eine Yoni-Massage.
- Erlaube deiner sexuellen Energie, sich mehr und mehr in deinem ganzen Körper auszubreiten. Atme, töne und bewege dich. Dein Körper ist ein sinnliches und sexuelles Wesen.
- Sexuelle Energie, die in deinem Körper strömt und vibriert, macht dich attraktiv. Kultiviere deine Lust. Sei ein liebender, bewusster, sexueller Mann!
- Wachse über Gier, Benutzen und Trennung im Sex hinaus.
  Liebe auch die Seele im Körper deiner Geliebten.
  Verbinde Liebe, Bewusstsein und Sexualität,
  vereinige deine Sexualität und deine Spiritualität!
- Alles, was du im Sex gibst, kommt zu dir zurück. Lass los.
  Sexuelle Energie ist pure Lebensenergie. Gib dich ihr hin!

KAPITEL 5

Der spirituelle Mann – folge dem Ruf deiner Seele

„Als Physiker, also als Mann, der sein ganzes Leben der nüchternen Wissenschaft, der Erforschung der Materie diente, bin ich sicher vom Verdacht frei, für einen Schwarmgeist gehalten zu werden. Und so sage ich nach meinen Erforschungen des Atoms Folgendes:
Es gibt keine Materie an sich! Alle Materie entsteht und besteht nur durch eine Kraft, welche die Atomteilchen in Schwingung bringt und sie zum winzigsten Sonnensytem des Atoms zusammenhält. Da es im Weltall aber weder eine intelligente noch eine ewige (abstrakte) Kraft gibt, so müssen wir hinter dieser Kraft einen bewussten intelligenten Geist annehmen. Dieser Geist ist der Urgrund aller Materie. Nicht die sichtbare, aber vergängliche Materie ist das Reale, Wahre, Wirkliche (denn die Materie bestünde, wie wir es gesehen haben, ohne diesen Geist überhaupt nicht!), sondern der unsichtbare Geist ist das Wahre. Da es aber Geist an sich nicht geben kann, und jeder Geist einem Wesen zugehört, so müssen wir zwingend Geistwesen annehmen. Da aber auch Geistwesen nicht aus sich selbst sein können, sondern geschaffen worden sein müssen, so scheue ich mich nicht, diesen geheimnisvollen Schöpfer ebenso zu nennen, wie ihn alle alten Kulturvölker der Erde früherer Jahrtausende genannt haben: Gott!“

MAX PLANCK

Geboren werden

Als mein Sohn, Paul-John, in meine Arme geboren wurde, sagt eine Stimme in mir: „Ja, es gibt Gott wirklich.“ Die Geburt dauerte viele Stunden. Meine Frau Uschi hatte große Schmerzen. Sein Kopf schaute erst zu einem Drittel heraus. Es ging nicht mehr weiter. Dann forderte mich die befreundete Hebamme auf, näher zu kommen. Ich berührte den kleinen Kopf, und zwei Sekunden später hielt ich das größte Geschenk unseres Lebens in meinen Armen.

> Geburt und Tod öffnen uns für das, was über den logischen, rationalen Verstand hinausgeht.

Jeder Mann, der einmal ein Neugeborenes in seinen Armen gehalten hat, wird berührt von dem Geschenk, dass jedes menschliche Leben darstellt. Jeder Mann, der einmal einen sterbenden Menschen in den Armen gehalten hat, wird berührt von der Vergänglichkeit des Körpers und der Unsterblichkeit der Seele.

Ohne Seele sind wir Männer wie rastlose Roboter. Wir tun, wir machen, sind aktiv, werden älter, unsere Haare werden grau und der Körper verändert sich. Nach und nach werden wir schwächer, und irgendwann klopft einmal der Tod an unsere Tür.

Die meisten von uns öffnen sich erst in Krisenzeiten ihres Lebens für ihre Seele und für Gott. Bis dahin hält uns die Welt gefangen. In unseren Eitelkeiten, Äußerlichkeiten, in unserem Tanz zwischen Größenwahn und Minderwertigkeit, zwischen „ich bin der tollste Hecht im Karpfenteich“ und „ich bin nicht gut genug“ oder „ich bin ein Versager.“

Vor vielen Jahren – nach der Trennung aus einer intensiven Beziehung – fiel ich in ein bis dahin nie erlebtes Verlassenheitsgefühl, das bei mir tiefste Existenzängste auslöste. Wie von Sinnen tat ich Dinge, die ich bei klarem Verstand niemals getan hätte: fast jeden Abend betrank ich mich hemmungslos und hatte danach mehrfach ungeschützten Sex im Bordell.

Irgendwann kam ich zur Besinnung und ging zum Arzt, um mich untersuchen zu lassen. Er sagte: „Sie haben einen Tripper. In drei Monaten sehen wir uns zum AIDS-Test“. Er erklärte mir, dass im Zusammenhang mit der Übertragung von Geschlechtskrankheiten auch das HIV-Virus leichter übertragen werden kann. Die folgenden drei Monate der Ungewissheit waren für mich die Hölle. Ich war mitten im Aufbau unseres Instituts, und fast jedes Wochenende kamen viele Menschen zu unseren Seminaren. Meine Aufgabe war es, Ihnen Mut, Kraft und Zuversicht zu vermitteln. Sie zu lehren, ihr Leben zu meistern und mit Freude und Liebe ihren selbst bestimmten Weg zu gehen.

Ich wurde täglich hundertfach von Todesgedanken überschwemmt, die mir sagen wollten: „Jetzt hast du dein Leben ruiniert! Du, der du anderen Menschen predigst, achtsam im Sex zu sein und sich zu schützen. Du hast leichtfertig dein Leben riskiert!“

Es war eine furchtbare Zeit. Noch nie hatte ich soviel Angst wie in diesen drei Monaten. Und vielleicht habe ich genau deshalb in dieser Zeit zu Gott gefunden. Ich habe wieder gelernt zu beten. Ich habe Jesus gefunden und den Heiligen Geist.

Davor war Jesus für mich nicht greifbar, etwas Totes, Lebloses. Der Heilige Geist war für mich nur eine Phrase. Jetzt war Jesus auf einmal bei mir, jeden Tag. Und ich konnte den Heiligen Geist plötzlich fühlen. Ich hatte Gott wieder gefunden. Ich hatte den größten Schatz meines Lebens entdeckt – Gott in meinem Inneren, in allen Menschen und in allem, was ist.

Ich legte einen Schwur ab: selbst wenn ich HIV-positiv sein würde, würde ich weiterhin alles für Gott und die Menschen, die sich mir anvertrauen, tun. Bis zum letzten Atemzug würde ich einstehen für die Menschenliebe und die Gottesliebe – für *eine Erde, eine Menschheit, eine Liebe!*

In dieser Zeit begriff ich tiefer als je zuvor, dass es nichts gibt, in dem Gott nicht ist. Alles ist beseelt von der göttlichen Schwingung. Jedes Kind, jede Frau, jeder Mann, jeder Stein, jede Pflanze, jedes Tier – alles.

Dann kam der AIDS-Test. Noch einmal bin ich fast verrückt geworden vor Angst. Und dann las ich das erlösende Wort: negativ. Gott sei dank!

Seither hat Gott den ersten Platz in meinem Leben. Ich habe die große Liebe meines Lebens gefunden. Gott, die Quelle, den großen Geliebten in meinem Inneren und in allem, was ich sehe und wahrnehme.

In meiner Arbeit diene ich dieser Kraft, die in jedem von uns präsent ist. Diese eine, allumfassende Liebe, diese stille, leuchtende Präsenz gehört keiner Kirche, keiner Religion, keinem Land, keiner Partei, keiner Rasse, keiner Nation. Sie ist überall und in allem, hier und jetzt und bis in alle Ewigkeit.

Die hermetischen Gesetze

Einen bewussten, spirituellen Weg als Mann zu gehen bedeutet auch, sich mehr und mehr mit den geistigen Gesetzen vertraut zu machen, die dem sichtbaren, physikalischen Universum Gestalt und Ordnung geben. Dafür bieten die *sieben Prinzipien* des Hermes Trismegistos eine wunderbare Grundlage:*

1. Das Prinzip der Geistigkeit

Alles, was wir im Universum vorfinden entsteht aus dem Geist.
In jeder materiellen Form findet sich ein schöpferischer Gedanke – Geist.

2. Das Prinzip der Entsprechung

Dieses Prinzip lässt sich am besten mit der Gesetzmäßigkeit *wie oben, so unten – wie unten, so oben* beschreiben. Sie will unser Bewusstsein für die Erkenntnis öffnen, dass das, was im Mikrokosmos geschieht, auch im Makrokosmos abläuft – und umgekehrt: *wie innen, so außen – wie außen, so innen.*

3. Das Prinzip der Schwingung

Alles bewegt sich, nichts steht still, alles befindet sich in Schwingung. Energie und Materie sind Manifestationen von Schwingungen unterschiedlicher Frequenzen. Wenn ich als Mensch meine Schwingung verändere, indem ich etwa meine Gedanken, meine Worte, meine Handlungen bewusst auf die Liebe ausrichte, erschaffe ich mir eine andere Wirklichkeit. Die höchste, reinste Schwingung ist Gott – der Urgrund allen Seins – reiner Geist, der alle Materie und alle Formen erschafft.

4. Das Prinzip der Polarität

Alles im Universum hat zwei Pole und ist in Wirklichkeit eins. Zur Helligkeit gehört die Dunkelheit, Freude verwandelt sich irgendwann in Leid.

* Kurt Tepperwein: Die geistigen Gesetze, München 2002

Misserfolg wird abgelöst durch Erfolg. In jeder Erfahrung, die wir machen, ist auch ihr Gegenteil angelegt und verborgen.

5. Das Prinzip des Rhythmus

„Panta rhei" – alles fließt, alles strömt aus und ein. Alles hat seine Zeiten und Gezeiten, alle Dinge steigen und fallen. Alle Formen entstehen und vergehen. Das Schwingen des Pendels zeigt sich in allem. Ein Weltbild, das nur eine Seite betrachtet, ist wie ein Pendel, das nur zur einen Seite schwingen soll – es funktioniert nicht. Das Prinzip des Rhythmus richtig zu begreifen bedeutet, den Wandel anzunehmen und „Ja" zu Veränderungen zu sagen. „Das einzig Beständige ist der stete Wandel." Dieses Prinzip lädt uns ein, unseren ganz eigenen Lebensrhythmus zu finden und nach ihm zu leben. Das bedeutet konkret Phasen der Aktivität auch Phasen des Ausruhens und der Regeneration folgen zu lassen.

6. Das Prinzip von Ursache und Wirkung

Es besagt, dass eine Wirklichkeit die Konsequenz einer schöpferischen Ursache ist. Das Gesetz von Ursache - Wirkung - Wirklichkeit lehrt uns, dass es keine Zufälle im umgangssprachlichen Sinne gibt. Zufall bedeutet: etwas geschieht, etwas „fällt" uns zu, entsprechend der Ursache, die wir durch unsere Gedanken, Worte, Handlungen setzen. Menschen, die uns auf unserem Weg begleiten, Orte, die uns inspirieren, Ereignisse, die uns widerfahren, Bücher, die wir lesen – alles geschieht entsprechend den Ursachen, die wir körperlich, gedanklich, emotional und spirituell in uns setzen, ob bewusst oder unbewusst.

7. Das Prinzip des Geschlechts: Yin und Yang

In allem, was wir erleben, begegnet uns das männliche und das weibliche Prinzip. Das männliche Prinzip steht für gebende, schöpferische Energien, wie Tatkraft, Aktivität, Handlungsstärke, Durchsetzungsvermögen. Das weibliche Prinzip steht für empfangende, bewahrende Energien, für Sensibilität, Intuition, Verbundenheit, und für die Fähigkeit, zu gebären. Dieses Prinzip lehrt uns die Notwendigkeit der Balance. Es lehrt uns, die Öffnung für das Sowohl-als-auch und den Abschied vom Entweder-oder.

Der Weg der Seele

Das größte Abenteuer auf der spirituellen Reise ist die Erinnerung und die Wiederentdeckung deines ursprünglichen Seins. Das, was nie zerstört, nie verändert, nie besiegt werden kann. Oder, wie es Jesus in *Ein Kurs in Wundern* ausdrückt:

> „Nichts Unwirkliches existiert, nichts Wirkliches kann bedroht werden. Hierin liegt der Frieden Gottes".

Deine Seele wieder zu finden bedeutet, heimzukehren in deine innere Ganzheit – nach all den Jahren, in denen du so viel in deinen Status und in deine Stellung investiert hast, in denen du so sehr darum gekämpft hast, geliebt zu werden, besonders zu sein und etwas darzustellen.

Wenn unsere Seele wieder bewusst in unser Leben einzieht, verlagert sich der Schwerpunkt von außen nach innen. Wir sind weiterhin in dieser Welt, an unserem Arbeitsplatz, in der Bank, in der Behörde, in der Firma, in der Schule, und wir leisten unseren Beitrag für die Familie und die Gesellschaft. Doch wir sind nicht mehr *von* dieser Welt. Wir haben den inneren, funkelnden Edelstein berührt, das spirituelle Herz unseres Lebens – unsere Seele. Ohne den bewussten Kontakt zu unserer wahren Natur, zu unserem wahren Wesen, zu unserer Seele, bleiben wir Gefangene des Ungeheilten in uns, Gefangene unseres Getriebenseins, Gefangene des Glaubens, irgendetwas im Außen könne uns dauerhaft glücklich machen.

Heute trägt mich mein Glaube an jedem Tag meines Lebens. Ich habe gelernt, wie wichtig eine Geistesschulung ist, zusätzlich zu all der wundervollen Atem- und Körperarbeit. Als tägliche Ausrichtung auf die eine allumfassende Liebe hilft sie mir, Kurs zu halten.

Die Praxis der Vergebung hilft mir, mich zu erinnern: „Jeder ist mein Bruder, jede ist meine Schwester." Alle, auch die, die mich nicht mögen, ablehnen, vielleicht sogar hassen, sind meine Brüder und Schwestern.

Alles ist ein Ausdruck von Liebe oder ein verzweifelter Ruf danach. Mit den Augen der Liebe, mit den Augen der Seele betrachtet, verändert sich die Welt. Ich lerne immer noch, der Liebe zu antworten. Ich lerne immer noch, nicht mehr auf vordergründige Beschimpfungen und Feindseeligkeiten zu hören, sondern auf den Ruf dahinter, der immer aus einer tiefen Verletzung kommt, aus einer tiefen Not, einem tiefen Schmerz.

Die innere Quelle

Spiritualität, die innerlich und äußerlich praktiziert und gelebt wird, ist die stärkste Kraft, die uns im Alltag zur Verfügung steht. Im Außen befindet sich alles in ständiger Bewegung und Veränderung. Innen ist immer ein heiliger, stiller Ort von Sein und Präsenz. Gott ist immer da und wartet auf uns.

Nach meiner Krise, die ich vorher beschrieben habe, lernte ich meine heutige Frau und Gefährtin Uschi kennen und lieben. Jetzt gehen wir seit über elf Jahren unseren Weg durch Höhen und Tiefen, so wie alle Paare. Wir haben uns sogar das Ja-Wort gegeben – ich, der immer gegen Ehe und Familie war. Unser Sohn wird bald neun Jahre alt. Das Wichtigste für uns ist, dass wir den inneren spirituellen Weg, den Weg der Liebe gemeinsam gehen.

In dieser Zeit habe ich auch den Alkohol losgelassen – ich stand tatsächlich kurz vor einer Alkoholiker-Karriere. An manchen Tagen trank ich ein bis zwei Flaschen Sekt oder Wein. An meinem vierzigsten Geburtstag habe ich den Alkohol symbolisch an Gott gegeben. Seither ist kein Tropfen davon mehr über meine Lippen gekommen.

Dann kam Kriya-Yoga in mein Leben. Seit Jahren praktiziere ich es jeden Tag, mit Atemübungen, Körperübungen und Tantra. Außerdem gibt mir *Der Kurs in Wundern* seit vielen Jahren eine geistige Ausrichtung.

Meine tägliche spirituelle Praxis, mein Kreis der Kraft, die Erdung in den drei heiligen Wurzeln, das Singen von heiligen Liedern und das Gebet geben mir Kraft. Ja, ich habe wieder zu beten gelernt. Kein leeres Nachplappern von hohlen Phrasen, sondern mit jeder Faser Gott zu danken, mit ihm zu sprechen, ihm meine Liebe auszudrücken. Die täglichen Übungen geben mir Heimat in mir. Wo immer ich bin, zu Hause, in einem anderen Land, im Hotel, zu Besuch bei Freunden, es vergeht kein Tag, an dem ich meinen Körper, meine Gedanken, meine Gefühle und meine Seele nicht auf die Liebe, auf Gott ausrichte.

> Dem, was uns heilig ist, dem, woran wir glauben und wovor wir die Stirn verneigen, den ersten Platz in unserem Leben zu geben, ist „die beste Lebensversicherung der Welt“.

Die Erfahrung, dass Gott und die Freunde der geistigen Welt immer da sind, ist die wertvollste Erfahrung meines Lebens. Sie hat mich erkennen lassen, dass wir Menschen letztendlich in allem, was wir tun, Gott suchen. Wir suchen immer einen tieferen Sinn, wir suchen immer die Liebe.

Am Ende des Männertrainings bilden wir immer einen großen Abschlusskreis, in dem jeder Teilnehmer noch einmal sagen kann, was ihm wichtig ist. Wenn dann ein Mann nach dem anderen aufsteht und etwas sagt wie: „Ich habe meine Liebe zu mir selbst, zu meiner Familie, zu meiner Frau wieder gefunden." „Ich habe nach so vielen Jahren wieder zu Gott gefunden." – dann weiß ich, dass meine Aufgabe erfüllt ist. Diese Männer haben das Wertvollste und Wichtigste, das es auf dieser Welt gibt, in sich wieder entdeckt: die Liebe – Gott.

Dein Leben als Mann, als Mensch verändert sich, wenn du erkennst, dass alle äußeren Formen vergehen. Alles Vergängliche verändert sich, es entsteht und es vergeht. Natürlich dürfen wir die Formen, die Dinge, die Menschen genießen und uns daran erfreuen. Doch sollten wir nie vergessen, dass alles, was wir haben, nur geliehen ist. Alles ist nur von Gott geliehen: unsere Häuser, unser Besitz, unsere Beziehungen. Eines Tages müssen wir es zurücklassen. Ist es nicht töricht, uns von der Form, vom Flitter blenden zu lassen und nicht zu sehen, dass in allem, in jedem Ding, in jedem Menschen, Gott, die große Liebe lebt?

Die Natur als Kraftquelle

Das Universum besteht aus den fünf Elementen: Wasser, Erde, Feuer, Luft und Äther (Raum). Unser menschlicher Körper besteht aus denselben fünf Elementen. Paramahansa Yogananda beschreibt in seinem Buch *Zwiesprache mit Gott* die fünf Finger der menschlichen Hand als einen Ausdruck der fünf kosmischen Schwingungselemente: Der Daumen stellt die Erde dar, der Zeigefinger versinnbildlicht das Wasserelement, der Mittelfinger steht für das lodernde Feuerelement, der Ringfinger symbolisiert die Luft und der kleine Finger den Äther, den unendlichen Raum.

Die fünf Elemente sind ein großartiger Lehrer für jeden Mann. Die Natur hat eine viel langsamere Schwingung als unsere Städte. Sie beruhigt uns und lehrt uns, natürlich zu sein. Die Natur erdet und gibt Antworten.

Sie lehrt, dass wir Teil des großen Ganzen sind und verbindet uns mit unserem wahren Wesen.

Wann immer wir uns an einem See, Fluss oder am Meer aufhalten – unser Körper besteht zu über achtzig Prozent aus Wasser –, sind wir mit allen Elementen verbunden. Das Wasser erinnert uns daran, dass alles fließt. Die Luft lehrt uns Leichtigkeit, Loslassen, Vertrauen. Die Erde trägt uns und ernährt uns. Das Feuer der Sonne wärmt uns und alles Leben auf der Erde. Der Himmel und der weite, endlose Raum um uns herum lehren uns Freiheit. Jeder Grashalm, jedes Blatt, jede Blume, jeder Baum, jede Wolke, jedes Tier kann uns Antworten geben auf unsere Fragen. Die Natur lehrt uns, dass wir ein Teil von ihr sind. Sie lehrt uns Demut, Dankbarkeit und Achtung vor der Schöpfung.

Die nächste Übung ist ein fester Bestandteil des Männertrainings. Wir nennen sie den *Hopi-Walk*. Sie stammt von den Hopi-Indianern. Ich habe den *Hopi-Walk* durch meine Feuerlauf-Lehrerin Peggy Dylan kennen gelernt.

15. Übung: ***Der Hopi-Walk***

Nimm dir etwa anderthalb Stunden Zeit und suche dir einen Platz in der Natur. Schließe für einen Moment deine Augen.
Was ist jetzt die wichtigste Frage in deinem Leben?
Lass sie auftauchen. Mit jeder Faser deines Seins vergegenwärtige dir diese Frage. Dann trage sie in deinem Herzen.
Verlasse dein Haus, deine Wohnung, den Ort, an dem du bist und gehe 800 Meter in die Richtung, in die dich deine Intuition lenkt, in die dich dein Herz ruft. Sei dir bei jedem Schritt deiner Frage bewusst ...
Nach 800 Metern halte inne. Schau dich in Ruhe um, in alle Himmelsrichtungen. Dann gehe nochmals 800 Meter in die Richtung, in die dein Herz, deine Intuition dich ruft ...

Danach halte wieder inne. Schau dich um, finde etwas, das dich anspricht – vielleicht einen Stein, ein Stück Holz, ein Blatt, einen Knochen oder etwas ähnliches. Wenn möglich, nimm das, was zu dir sprechen möchte in deine Hände. Stelle ihm deine Frage und bitte um eine Antwort. Empfange die Antwort. Bleibe noch so lange du möchtest in der Natur und genieße sie!

Es ist verblüffend, mit welch tiefen Antworten die Männer vom Hopi-Walk zurückkommen. Wenn es möglich ist, bringen sie den Gegenstand mit in den Seminarraum und legen ihn vor sich hin. Da liegen dann Holzstücke, Federn, Steine, Knochen, Blätter … Jedes Sandkorn, jeder Grashalm, jeder Baum, jeder Vogel, jedes Reh, alles kann uns eine Antwort geben.

Alles Wissen ist zu jeder Zeit an jedem Ort verfügbar. Alles Wissen lebt schon in uns. Die Frage ist immer: „Wo bist du? Bist du jetzt und hier präsent?" Die Natur lehrt uns das tiefe Glücksgefühl, Teil von etwas Größerem zu sein.

> Mann, nutze die Natur als Lehrerin, als Kraftquelle.
> Schenke dir selbst regelmäßig Zeit in der Natur.

Das Heilige verehren

Manche Männer glauben nur das, was sie sehen. Das muss respektiert werden. Auch diese Männer haben etwas, was ihnen heilig ist. Vielleicht ihre Arbeit, ihre Gesundheit oder ein Projekt, für das sie einstehen.

In mehr als zwanzig Jahren Arbeit habe ich gelernt, das es besonders wichtig ist, einen geschützten, sicheren Raum zu schaffen, in dem Menschen ihre Seelen, ihre innere Quelle, ihr innerstes Sein wieder fühlen und erleben können. Wenn das geschieht, werden intellektuelle Diskussionen gegenstandslos.

> Kosmos bedeutet übersetzt Ordnung. Alles ist in Ordnung im Universum, nur der Mensch ist aus dieser Ordnung gefallen. Meditation und spirituelle Praxis helfen uns, die innere und auch die äußere Ordnung wieder zu finden.

Das Männliche und das Weibliche ehren

Ein Mann, der gelernt hat, sein eigenes Mannsein wertzuschätzen und zu lieben, betrachtet andere Männer mit anderen Augen. Er kennt ihre Empfindungen, Sehnsüchte und Wünsche. Er hat erfahren, dass alle Männer von der Geburt bis zum Tod ähnliche Stationen durchleben. Die Zeit im

Mutterleib, die Geburt, die Säuglingszeit, die Zeit des kleinen Jungen, der Jugendliche, der junge Mann, der reife Mann, der alte Mann …

In der tiefen Wertschätzung des Männlichen werden andere Männer mehr und mehr zu Brüdern und Weggefährten. Unsere Grundhaltung ihnen gegenüber verändert sich. Wir respektieren das Recht jedes Mannes, seinen eigenen Weg so zu gehen, wie er es für richtig hält, und so zu sein, wie er ist. Auf meinem Lebensweg waren und sind Rudolf, Werner, Roland, Alexander, Karl, Egon, Hubert, Jürgen, Peter, Bert, Christoph, Andreas, Klaus, Markus, Thomas, Harald, Tommy, Armin, Ludolf, Jan, Udo und all die anderen Männerfreunde wichtige Gefährten, die mich etwas über Liebe, Freundschaft und brüderliche Solidarität gelehrt haben.

Wenn wir in einer reifen Männlichkeit verwurzelt sind, können wir auch das Weibliche tiefer erkennen. Jeder von uns hat sich in seiner Mutter als Seele in ihrem Körper inkarniert. Unser Körper ist aus dem Körper unserer Mutter gewachsen und entstanden. Unsere Mutter hat uns geboren. Sie hat uns über viele Jahre geprägt, gemeinsam mit unserem Vater, gemeinsam mit den anderen Frauen und Männern, die in unserem Ursprungsszenario wichtig waren. Durch die Frauen in unserem Leben haben wir viel gelernt und viel erfahren – über die Liebe, über die Sexualität, über das Leben.

> Jede Frau verdient unseren Respekt, unsere Achtung, unsere Wertschätzung, in ihr verbirgt sich das archetypisch Weibliche, die *Große Göttin*.

Angela, Sieglinde, Daria, Ilona, Anette, Petra, Ute, Vicky, Claudia, Tina, Anna, Anja, Sylvia, Heike, Marion, Maria, Karina, Michaele, Uschi und all die anderen Frauen, die ein Stück meines Lebensweges mit mir gegangen sind und gehen, habe ich viel zu verdanken. Sie haben mich entscheidende Dinge über die Liebe, über Partnerschaft, über die Treue des Herzens, über Sinnlichkeit, Sexualität und Spiritualität gelehrt.

Frauen denken, handeln, fühlen anders als Männer. Auf der spirituellen Ebene sind sie unsere Schwestern, mit denen wir gemeinsam den Weg der Liebe und der Befreiung aus dem Kreislauf des Leids gehen können.

Ich habe Männer weinen sehen, als sie mit Hilfe eines Spekulums das Innere einer Yoni anschauten. Ich habe staunend erlebt, was geschieht, wenn Männer das Heilige, die Essenz des Weiblichen erkennen, erfühlen und sich davon im Herzen berühren lassen.

Männer und Frauen sind gleichwertige und gleich wichtige Ausdrucksformen der Einheit des Lebens. Das alte Spiel von Schuld, Rechthaberei, Anklagen, Gegenanklagen führt nirgendwo hin. In jeder Frau, in jedem Mann verbirgt sich das Göttliche. Es schaut uns an – aus den Augen jeder Frau, aus den Augen des Mannes.

Schwule Männer

Auf meinem Weg habe ich auch viele homosexuelle Männer kennen gelernt. Immer wieder hat mich die Begegnung mit ihnen inspiriert und berührt. Ich mag die Sensibilität, die Kreativität und die Kraft vieler schwuler Männer. Sowohl als Teilnehmer in den Männertrainings wie auch in meinem Männer-Team waren und sind schwule Männer eine große Bereicherung. Ich bin froh, dass sich unsere Gesellschaft in den letzen Jahren auch in Hinsicht auf Homosexualität positiv gewandelt hat. Heute ist es zum Beispiel selbstverständlich, dass die Regierenden Bürgermeister von Hamburg und Berlin sich zu ihrem Schwulsein bekennen: „Und das ist auch gut so!"

Meine Achtung gilt den schwulen Männern, die auch in schwierigen Zeiten zu sich gestanden haben. Ihnen wurde in der Vergangenheit sehr viel Unrecht angetan. So mussten zum Beispiel tausende homosexuelle Männer in den Vernichtungslagern der Nationalsozialisten sterben. Auch im Nachkriegsdeutschland der fünfziger und sechziger Jahre gab es eine ausgeprägte Hetze gegen homosexuelle Männer. Die in manchen Teilen unserer Gesellschaft noch immer vorhandene Ausgrenzung und Gewalt gegenüber schwulen Männern muss endlich aufhören. Es ist traurig und empörend, mit welcher Härte und Intoleranz auch heute noch einige Regierungen in Osteuropa schwule Männer verfolgen.

Nach Schätzungen der Weltgesundheitsorganisation sind drei bis acht Prozent aller Männer homosexuell und etwa doppelt so viele bisexuell. Schwule und bisexuelle Männer sind ein wertvoller Teil der Männerwelt. Ich achte und liebe sie in all ihren Facetten. Es ist höchste Zeit, dass wir uns als Gesellschaft vollständig öffnen für die Freiheit des sexuellen Wohls aller Männer und Frauen. Das Männerland ist die Heimat aller Männer, egal ob hetero-, bi- oder homosexuell.

Ethik, Integrität und Verantwortung

Es gibt nur einen Menschen auf dieser Welt, den du verändern kannst – dich selbst. Dennoch sind wir nach Leibeskräften bemüht, die anderen zu ändern, ob bewusst oder unbewusst. Dich zu verändern heißt, die Welt zu verändern. Dich selbst wieder „in Ordnung" zu bringen, bedeutet Frieden, Heilung und Liebe für die Menschen und die Erde.

Einer meiner Lehrer sagte mir einmal:

> „Wenn du die Erde heilen möchtest, heile das Land, in dem du lebst. Wenn du dein Land heilen möchtest, heile den Ort, an dem du lebst. Wenn du den Ort heilen möchtest, heile die Familie, die Gemeinschaft, in der du lebst. Wenn du deine Familie, deine Gemeinschaft heilen möchtest, heile die Familie, in die du geboren wurdest. Wenn du deine Geburtsfamilie heilen möchtest, heile dich selbst!"

Als junger Mann ging ich in Berlin auf die Straße. Wir engagierten uns für Frieden zwischen den Militärblöcken des Warschauer Pakts und der Nato sowie zwischen den Menschen in Ost und West. Wir kämpften für die Revolution in Nicaragua und El Salvador. Wir kämpften auch gegen den skandalösen Leerstand von über 130 Mietshäusern.

Eines Abends stand ich wie vom Donner gerührt vor unserem besetzten Haus, in das wir viel Arbeit und Herzblut investiert hatten. Ich begriff schlagartig, dass es für mich wichtig ist, mich für Gerechtigkeit, für Frieden und Gleichberechtigung aller Menschen auf der Erde einzusetzen, solange ich lebe. Und ich begriff zugleich mit größter Klarheit, dass die äußere Revolution nichts wert ist, ohne die innere, spirituelle Revolution der Befreiung, der Erleuchtung, der Liebe.

„Walk your talk!" sagen die amerikanischen Ureinwohner. Es gab eine Zeit, in der war das Wort eines Mannes heilig. Wenn wir ein Segen für die Welt sein wollen, brauchen wir Ethik und Integrität. Wir müssen unser Wort halten. Wir müssen so handeln, wie wir es gesagt haben. Wort und Handlung müssen übereinstimmen. Ein alter Meister sagte (*Dhammapada)*:

> „Nicht, wer in Kampf und Schlacht besiegt viele tausend Krieger, nur wer sich selbst besiegt, der ist der höchste Sieger."

Durch das tägliche Praktizieren spiritueller Übungen beginnst du, dich zu verändern. Du erkennst, dass deine Versuche, dich über Dinge im Außen, über andere Menschen zu stabilisieren und dauerhaftes Glück erfahren zu wollen, zum Scheitern verurteilt sind. Du erkennst, was Buddha sinngemäß einmal so beschrieben hat:

> „Alle Wesen versuchen Glück anzustreben und Leid und Schmerz zu vermeiden."

Das kann nicht funktionieren! Alles im Außen ist vergänglich und instabil. Der Weg führt immer nach innen – in dein Fühlen, in dein Herz, in deine Seele. Es ist ein Glücksgefühl für jeden Mann, wenn er erfährt:

> Das Leid, das ich anderen zufüge, füge ich mir selbst zu.
> Die Liebe, und alles, was ich anderen mit offenem Herzen schenke, schenke ich auch mir selbst.

Spirituelle Ethik bedeutet, in allen Wesen Gott – die Liebe – zu erkennen. Es bedeutet, aus dem Wissen heraus zu handeln, dass wir von niemandem getrennt sind und dass alles, was wir über andere denken, sagen und ihnen antun, nach dem Gesetz von Ursache - Wirkung - Wirklichkeit zu uns zurückkehrt.

Kreativität und Berufung – folge deinem Traum

„Ich habe einen Freund namens Monty Roberts, dem eine Pferderanch in San Ysidro gehört. Er ließ mich sein Haus benutzen, um Veranstaltungen zur Finanzierung von Programmen für gefährdete Jugendliche abhalten zu können.

Das letzte Mal, als ich dort war, stellte er mich vor, indem er sagte: 'Ich möchte erzählen, warum ich Jack mein Haus benutzen lasse.' Es geht alles auf eine Geschichte über einen jungen Mann zurück, den Sohn eines umherwandernden Pferdedresseurs, der von Stall zu Stall zog, von Rennbahn zu Rennbahn, von Farm zu Farm und von Ranch zu Ranch, um Pferde zu dressieren. So wurde die High-School-Ausbildung des Jungen ständig unterbrochen. In der Oberstufe wurde er gebeten, eine Arbeit darüber zu schreiben, was er werden und tun wollte, wenn er älter wäre.

An diesem Abend schrieb er eine sieben Seiten lange Arbeit, die sein Ziel beschrieb, einer Tages eine Ranch zu besitzen. Er schrieb sehr ausführlich über seinen Traum und zeichnete sogar einen Plan einer zweihundert Morgen großen Pferderanch, der die Standorte aller Gebäude zeigte, der Ställe und der Bahn. Dann zeichnete er einen genauen Grundriss für ein vierhundert Quadratmeter großes Haus, das auf der Traumranch stehen sollte.

Am nächsten Tag gab er die Arbeit bei seinem Lehrer ab. Zwei Tage später erhielt er sie zurück. Auf der Vorderseite war ein großes, rotes F für Fehler markiert und eine Notiz, die lautete: komm nach der Stunde zu mir! Der Junge mit dem Traum ging nach der Stunde zu dem Lehrer und fragte: 'Warum habe ich ein F bekommen?' Der Lehrer sagte: 'Weil dies ein unrealistischer Traum für einen Jungen wie dich ist. Du hast kein Geld. Du stammst aus einer Wander-arbeiterfamilie. Du hast keine Reserven. Der Besitz einer Ranch kostet viel Geld. Du musst das Land kaufen. Du musst den anfänglichen Zuchtstamm bezahlen, und später musst du hohe Zuchtgebühren bezahlen. Er gibt keine Möglichkeit, dass du das jemals schaffen könntest.' Dann fügte der Lehrer hinzu: 'Wenn du die Arbeit neu schreibst – mit einem realistischen Ziel –, werde ich die Note noch einmal überdenken.'

Der Junge ging nach Hause und dachte darüber lange und angestrengt nach. Er fragte seinen Vater, was er tun solle. Sein Vater sagte: 'Sieh mal, Sohn, das musst du selbst entscheiden. Ich glaube aber, es ist eine wichtige Entscheidung für dich.'

Schließlich, nachdem er eine Woche damit zugebracht hatte, reichte der Junge dieselbe Arbeit ein, ohne überhaupt irgendetwas geändert zu haben. Er erklärte: 'Sie können das F stehen lassen, und ich kann meinen Traum behalten.'

Monty wandte sich dann an die versammelte Gruppe und sagte: 'Ich erzähle Ihnen diese Geschichte, weil Sie in meinem Vierhundert-Quadratmeter-Haus mitten in meiner Zweihundert-Morgen-Ranch sitzen. Ich habe diese Arbeit immer noch gerahmt über meinem Kamin hängen.' Er fügte hinzu: 'Der beste Teil der Geschichte ist, dass vor zwei Jahren im Sommer derselbe Lehrer dreißig Schulkinder für eine Woche zum Zelten auf meine Ranch brachte. Als der Lehrer ging, sagte er: 'Schau, Monty, ich sage dir jetzt etwas. Als ich dein Lehrer war, war ich so etwas wie ein Träumedieb. Während dieser Jahre habe ich vielen Kindern ihren Traum gestohlen. Glücklicherweise hattest du genug Grips, deinen Traum nicht aufzugeben.'

Lassen Sie niemanden Ihren Traum stehlen. Folgen Sie Ihrem Herzen, was auch geschieht."

Aus: Canfield/Hansen, Hühnersuppe für die Seele , München 1996

Die Fußball-Weltmeisterschaft 2006 in Deutschland war ein gutes Beispiel dafür, was möglich ist, wenn Männer ihre Kreativität und ihre Berufung in der Welt leben. Franz Beckenbauer hat als Hauptorganisator der WM Deutschland ein Geschenk von unschätzbarem Wert gemacht. Ich habe mit Menschen aus England, Holland, Brasilien, Schweden, Spanien, Schweiz, Ghana, USA, Griechenland, Serbien, Österreich und dem Iran gesprochen. Alle waren begeistert von der Lebensfreude und der gelungenen Präsentation Deutschlands.

Für Deutschland waren diese vier Wochen eine wundervolle Zeit. Ein gesundes Nationalgefühl entstand. Selten gab es so viele friedlich feiernde Menschen bei einem Sportereignis.

Die Welt konnte staunend ein neues, fröhliches, begeistertes Deutschland erleben. Beckenbauers Einsatz über Jahre, sein Engagement für sein Land und für den Sport – ohne sich von jemandem vereinnahmen zu lassen – ist vorbildlich. Vor kurzem sah ich ein Interview mit ihm. Auf die Frage, ob er an Gott glaube, sagte er, er spreche jeden Tag zehn bis zwanzig Mal mit Gott. Auf die Nachfrage, was er denn mit Gott bespreche, sagte er: „Ich danke ihm für all die Geschenke, die ich jeden Tag empfange."

Ich bewundere und liebe Karl Heinz-Böhm. Als ich Kind war, schaute ich die Sissy-Filme an, mit ihm als Kaiser Franz und Romy Schneider als Sissi in den Hauptrollen. Es berührt mich zutiefst, wie er seit mehr als zwanzig Jahren tausenden Menschen in Äthiopien hilft. In einem Interview beim Bayerischen Rundfunk sagte er: „In meinem Engagement für die Menschen in Äthiopien habe ich meinen Sinn im Leben gefunden." Er zeigt, dass es möglich ist, mit Ethik, Integrität und Kreativität die Welt zum Besseren zu verändern.

Jeder Mann bringt Gaben auf diese Welt mit, Talente und Fähigkeiten, die nur er hat. Gott hat uns diese Gaben geschenkt, damit sie durch uns in die Welt gebracht werden. Jeder Mensch möchte das Gefühl haben, mit

dem, was er tut, einen Beitrag zu leisten. Ich tue das, was ich am besten kann: Menschen Mut machen, an sich selbst zu glauben und ihren eigenen, selbstbestimmten Weg zu gehen. Das Gefühl, die Erfahrung, dass das, was ich zu geben habe, mit Freude empfangen wird und den Menschen nutzt, macht mich froh und glücklich. Für mich ist meine Arbeit Ausdruck meiner Berufung.

Was ist deine tiefere Sehnsucht? Was ist deine Berufung? Was sind deine Gaben? Was möchte durch dich in die Welt kommen?

Walk your Talk – dich in die Gesellschaft einbringen

„Frage nicht, was dein Land für dich tut, frage dich, was du für dein Land tun kannst.“

JOHN F. KENNEDY

Energetisch symbolisiert der Mann das Yang-Prinzip. Er möchte etwas tun, erreichen und erschaffen. Männer wollen einen Beitrag leisten. Sie wollen das Gefühl haben, gebraucht zu werden und wichtig zu sein.

Viele von uns haben die Sehnsucht, neben dem Gelderwerb noch etwas Anderes, Sinnvolles und Kreatives zu tun. Viele von uns haben verschiedene Berufsausbildungen durchlaufen, haben studiert und von der Gesellschaft profitiert. Jetzt stellt sich die Frage: Was geben wir der Gesellschaft zurück? Viele von uns haben protestiert, kritisiert, haben die Missstände in unserer Gesellschaft angeklagt. Doch es ist mehr gefordert.

Jetzt sind wir die Generation, die zeigen muss, was sie gelernt hat und zum Wohl unserer Gesellschaft beitragen kann – nur kritisieren reicht nicht! Jeder Mann, jeder Mensch, muss zeigen, was sein Beitrag ist, um das Leben aller lebenswerter werden zu lassen – im Kleinen wie im Großen.

Mein Freund Jürgen, der über siebzig Jahre alt ist, hat es sich zur Aufgabe gemacht, verdiente Persönlichkeiten für ihren gesellschaftlichen Beitrag zu ehren. Er engagiert sich dafür, dass an ihren jeweiligen Geburtshäusern in Berlin Gedenktafeln angebracht werden, so dass sie nicht vergessen werden. Oder nehmen wir Bill Gates und Warren Buffet, die reichsten Männer der Welt. Sie stiften einen beachtlichen Teil ihres Vermögens für soziale Projekte. Das macht Mut. Egal, ob wir Brot backen, in einer Obdachlosenküche arbeiten, Gefangene besuchen, Musik machen, etwas für Kinder tun oder uns gesellschaftlich für Frieden, Gerechtigkeit und Toleranz engagieren – dadurch, dass wir anderen Menschen etwas schenken, werden wir auch selbst beschenkt.

Menschen wie José Carreras, der selbst an Leukämie erkrankt war und jetzt mit seiner Stiftung für Leukämiekranke so vielen Menschen hilft, geben dieser Welt ein Licht der Hoffnung. Genauso wie der Friedensnobelpreisträger von 2006, Muhammad Yunus. In 37.000 Dörfern in Bangladesch hat die von ihm gegründete *Grameen-Bank* 2,1 Millionen Kreditnehmer. Er hilft den Ärmsten der Armen, sich eine würdevolle, selbstbestimmte Existenz aufzubauen. „Die Armen können sich selbst aus der Armut befreien, wenn wir ihnen dieselben Chancen geben wie allen anderen auch.“ Dieses Projekt demonstriert vor der ganzen Welt, dass es möglich ist, den Skandal der Armut und des millionenfachen Hungertods zu beenden.

Auch der Schauspieler Dietmar Schönherr zeigt mit seinem Engagement in Nicaragua, dass es möglich ist, die Welt zum Guten zu verändern. Und auch der Berliner Entertainer und Sänger Frank Zander, der Jahr für Jahr den Berliner Obdachlosen eine Weihnachtsfeier im Hotel *Estrel* ermöglicht, leistet einen wertvollen Beitrag. 2006 waren über 2400 Menschen seine Gäste. Ein inspirierendes Beispiel ist für mich in diesem Zusammenhang auch die Mutter meiner Frau, Marie-Lies Hupe. Sie hat, unterstützt von ihrem Mann Johannes und vielen Helferinnen und Helfern, in den letzten vierzig Jahren einigen tausend Menschen geholfen. Sei es durch das Sammeln von Spenden für karitative Organisationen oder durch andere vielfältige Dienste, die alle das Ziel hatten, das Leben von Menschen in Armut und Not ein wenig schöner, sicherer und lebbarer zu machen. Egal, ob wir uns als Betreuer für Jugendliche engagieren oder uns um einsame, kranke oder sterbende Menschen kümmern – jedes Engagement für andere macht die Welt ein wenig wärmer und heller. Alles, was wir mit reinem Herzen geben, kommt hundertfach zu uns zurück – das ist ein universelles Gesetz. Jesus hat gesagt: „In eurem Geben werdet ihr empfangen.“ Alles, was du deinem Bruder, deiner Schwester Gutes tust, lässt, gibst du auch dir selbst.

Liebe ist – Gnade ist – Gott ist

> „Warum auf den Himmel warten? Diejenigen, die das Licht suchen, bedecken nur ihre Augen. Das Licht ist jetzt in ihnen. Erleuchtung ist keine Veränderung, sondern nur ein Wiedererkennen.“
>
> Ein Kurs in Wundern

Im Kern jedes bewusst erfahrenen Gefühls findet sich nichts als Frieden und Weite. Jedes Gefühl, wenn wir es mit unserer reinen Präsenz und unserer bedingungslosen Liebe umarmen, führt uns tiefer nach innen, zum größten Schatz unseres Lebens – zu unserer innersten Quelle. Das bewusste Erleben aller unserer Gefühle leitet uns mühelos in den großen Raum der Liebe, der Gnade und des göttlichen Seins.

Wenn wir ein Kind beobachten, können wir uns wieder daran erinnern, wie auch wir selbst einmal einen leichten, mühelosen Umgang mit unseren Gefühlen erlebt haben. Ein Kind ist offen für die Freude, die ihm der Brummton seines Teddybären schenkt. Sein ganzes Wesen ist beseelt von der Freude und dem glucksenden Lachen darüber. Dann fällt sein Blick vielleicht auf eine Spielzeug-Ente. Es versucht, nach der Ente zu greifen, doch es gelingt ihm nicht. Eine Welle von Enttäuschung und Traurigkeit geht durch den Körper des Kindes und wird in seinem Gesicht sichtbar. Dann entdeckt es plötzlich seine geliebte Rassel, greift nach ihr und schüttelt sie kräftig. Das Rasseln ertönt – Zufriedenheit und Staunen zeigen sich auf seinem Gesicht und strömen durch den ganzen Körper.

Ein Kleinkind lässt seine Gefühle noch durch sich hindurchfließen. Es hält an keinem fest, wehrt sich gegen kein Gefühl und macht auch noch keine Geschichten daraus.

Irgendwann aber lehren uns die Menschen, die uns erziehen, unsere Gefühle nicht mehr einfach zu fühlen und fließen zu lassen, sondern zu kontrollieren. Wir hören Sätze wie: „Ach, weine doch nicht so, ist doch gar nicht so schlimm." „Ach, sei doch nicht so traurig, sonst wird die Mama auch noch ganz traurig." Oder: „Ein Indianer kennt keinen Schmerz."

Und so werden wir alle zu kleinen Kriegern. Wir werden ausgebildet für den Kampf – den Kampf gegen unsere Gefühle. So werden aus den ehemals frei fließenden Empfindungen, die uns mühelos mit unserer Essenz verbanden, unterdrückte, festgehaltene, problematisierte Gefühle. Wir lernen, „in den Kopf zu gehen" und unsere Gefühle zu rationalisieren.

Unterdrückung und Abwehr ist der eine Mechanismus im Umgang mit unseren Gefühlen, den wir im Lauf unseres Lebens lernen. Der andere ist, unsere Gefühle zu analysieren und eine Geschichte daraus zu machen. Diese Geschichte wird dann mehr und mehr zu einem Teil unserer Identität. Wir wiederholen sie, erzählen sie anderen Menschen und zementieren so unsere Dramen immer weiter.

Einige spirituelle Wege lehren, bestimmte Gedanken zu unterdrücken, wie zum Beispiel die unheiligen oder unkeuschen. Andere legen Wert auf die Kontrolle über Gefühle und Gedanken. Doch alles, was wir zu unterdrücken, zu kontrollieren oder zu verleugnen versuchen, bleibt bestehen oder wird sogar gestärkt. Durch Abwehr und Unterdrückung geben wir ihnen erst Bedeutung und Wichtigkeit.

Wenn ich das Gefühl so willkommen heiße, wie es ist, es umarme und mich vollkommen hineinbegebe, offenbart sich im Kern, im Herzen des Gefühls, ein neues, ein anderes Gefühl. Wenn wir so Schicht um Schicht, Gefühl um Gefühl mehr loslassen, können wir erfahren, dass Gefühle keine wirkliche Substanz haben. Sie verändern sich, wenn wir nicht vor ihnen weglaufen oder versuchen, sie zu unterdrücken. Schicht um Schicht, Gefühl um Gefühl dringen wir tiefer in den Raum des Seins ein.

Manchmal begegnen wir auf dieser Reise dem großen Nichts, das sich als Gefühl von Leere oder auch Todesangst zeigen kann. Doch auch dort geht es darum, dieser Schicht von Gefühl in bedingungsloser Liebe und Präsenz zu begegnen und dann staunend zu erleben, wie wir im unendlichen Raum des leuchtenden, göttlichen Seins landen. In unserer inneren Quelle, in der Grenzenlosigkeit unserer Seele, in dem weiten, lichtdurchfluteten Raum des Seins, der unsere wahre Heimat ist. Wir erleben, dass wir nie tiefer als in Gottes Hände fallen können.

Als ich es zum ersten Mal, bereits als erwachsener Mann, zuließ, meine Gefühle wieder fließen zu lassen, sank ich Schicht um Schicht. Und plötzlich wurde mein ganzer Körper und die ganze Umgebung mit Licht geflutet.

Alle wirklichen Antworten kommen von dort. Albert Einstein entwikkelte seine Relativitätstheorie in diesem Raum voller Inspiration und Entspannung. Wenn du als Mann darin Heimat findest, verändert es deinen Alltag und dein Leben.

Intellektuell ist vielen von uns klar, dass Gefühle und Gedanken keine wirkliche Substanz haben. Aber zu erleben, dass es keinen Grund gibt, vor unseren Gefühlen und Gedanken Angst zu haben oder sie zu unterdrücken oder eine Geschichte daraus zu machen, das bedeutet eine wirkliche Revolution.

Sätze wie „du bist nicht dein Gefühl, du bist nicht dein Gedanke“ werden plötzlich in ihrer tiefen Wahrheit erfahren. Wir erleben, wie unsere Gefühle und Gedanken wie Wolken am offenen Himmel unserer gegenwärtigen Präsenz auftauchen, Gestalt annehmen und sich wieder auflösen. Der Himmel, unser innerer Seelenraum von gegenwärtigem Sein und Präsenz, bleibt davon unberührt. Das ist die Erfahrung wirklicher Freiheit.

> „Wenn du dich in den Kern jeder Emotion begibst, wirst du dort den Frieden finden, den du suchst. Emotionen sind deine größten Freunde, sie sind das Tor zu deiner Seele.“
>
> Brandon Bays

In diesem Zustand von leuchtender Seelenpräsenz, tiefer Entspannung und grenzenlosem Sein kann die Liebe, die wirkliche Kraft eines Mannes, einer Frau, eines Menschen mühelos durch uns hindurch wirken. Die Öffnung und Hingabe an den Raum eigener Präsenz, von Atemzug zu Atemzug, lässt uns erleben, wie die göttliche Gnade uns alle in einem Meer von Liebe umarmt hält. Das ist unsere wirkliche Heimat. Von hier aus zu handeln bedeutet, alle Ängste, Fesseln, Geschichten und Identifikationen loszulassen und in der Reinheit unseres Herzens als Mann und Mensch ein Werkzeug der göttlichen Liebe zu sein.

Als ich diesen revolutionären Umgang mit Gefühlen in meine therapeutische Arbeit einbrachte und meine Klienten durch diesen inneren Prozess führte, sagten sie Sätze wie: „Es ist wie ein Wunder – Licht und Liebe durchfluten und umgeben mich.“ „Alles ist eins, innen und außen. Alles ist pulsierende Liebe, strahlendes Licht, unendliche Freude.“
„Die Panik und die Existenzangst meines Lebens haben sich aufgelöst in tiefes Vertrauen und grenzenlose Liebe.“

Wir können unseren Verstand trainieren und schärfen, das ist wichtig. Doch die wirklichen Antworten, die wirklichen Inspirationen und Seelenimpulse kommen aus der tiefen Quelle des Seins in uns. Die Quelle allen Seins und die gegenwärtige Präsenz in uns verbinden uns mit der grenzenlosen Weisheit, Gnade und Liebe des Universums.

Die Krise in unseren Beziehungen und die Krise auf der Erde ist vor allem eine Bewusstseinskrise. Es ist klug, in die Gesundheit unseres Körpers zu investieren, und es ist essentiell, in die Entwicklung unseres Bewusstseins zu investieren. Wirkliche Religion ist immer *religio* – die Rückverbindung mit unserem göttlichen Sein. Wenn dieses Sein erfahren wird, bleibt nur Glückseligkeit und Einheit.

16. Übung: ***Mahamudra-Meditation***

Die Mahamudra-Meditation ist eine alte tantrische Meditation. Sie besteht aus zwei Teilen. Erstens dem Body-Flow und zweitens dem Gebet (siehe auch die Musikempfehlungen im Anhang). Die Meditation dauert etwa sechzig Minuten: vierzig Minuten für den „Body-Flow“ und zwanzig für das „Gebet“. Sorge dafür, dass du ungestört bist. Finde einen Platz im Stehen und schließe deine Augen. Spüre deine Füße auf dem Boden. Nimm bewusst deinen Atem wahr. Folge dem Ein- und dem Ausatmen. Bring deine ganze Aufmerksamkeit in den gegenwärtigen Moment – jetzt! Starte die Musik für den „Body-Flow". Erlaube dir, dich von innen heraus zu bewegen. Lass die Bewegungen geschehen, die geschehen möchten, folge deinen Impulsen von Moment zu Moment. Gib dich tiefer und tiefer den Bewegungen hin, die geschehen möchten. Öffne dich tiefer und tiefer dem Moment ... Jeder Moment geht über in den nächsten und wieder in den nächsten ... es ist wie „Am Fluss sitzen, den Fluss beobachten und der Fluss sein". Bewegungen der *Seele ... Bewegungen des Wesens im Raum des grenzenlosen Seins ...*

Für das „Gebet" nimm eine Decke oder ein Kissen und knie darauf nieder. Das Gebet beginnt in der neutralen Position.
Bringe sehr, sehr langsam deine Stirn zur Erde.
Lass' all deine Gedanken los. Verweile in dieser Position der Hingabe. Erlaube deinem Atem, weiter zu fließen.
Bleibe ein bis zwei Minuten in dieser Haltung.
Dann löse die Stirn wieder langsam von der Erde und bewege deinen Körper wiederum sehr langsam in die Position, in der sich die Arme, das Herz, die Brust für das Universum öffnen. Das ganze Wesen öffnet sich nun der Liebe, dem Segen und der Gnade des Universums. Nimm diese Energie in jede Zelle deines Körpers auf.
Nach weiteren ein bis zwei Minuten, lass sehr langsam die Hände und Arme sinken und bring deine Stirn wieder zur Erde.

Schenke dir selbst mindestens siebenmal diese Bewegung: von der Erde zum Himmel, dann zurück zur Erde und wieder in den Himmel. Es können sich tiefe Gefühle zeigen, Tränen fließen, Freude offenbaren, Lachen ... Umarme deine Gefühle und lass' sie durch dich hindurch fließen. Begib dich tiefer und tiefer in die Essenz des Gebets hinein. Lass alles ein Gebet der Liebe sein – sei das Gebet!
Lege dich am Ende der Meditation bequem auf den Rücken und spüre nach ... ruhe aus ... genieße es, eine lebendige Brücke zwischen Erde und Himmel zu sein. Erlaube deinem Atem, jeden Millimeter deines Körpers auszufüllen. Erlaube dir, tiefer und tiefer in den grenzenlosen Raum des Seins hinein zu sinken ...

Den Strom der Gedanken auf die Liebe ausrichten

Viele Menschen praktizieren regelmäßig Yoga, Tai Chi, Chi Gong, Atemarbeit, Körper-, Bewegungsübungen und Meditation. Das ist ein Segen für ihre Gesundheit und ihr Wohlbefinden. Doch ohne eine Geistesschulung kann es leicht geschehen, dass sich ihr Geist immer wieder in den Illusionen und Sandburgen der Welt verliert. Letztendlich beruht das physikalische, sichtbare Universum auf Gedanken. Jemand hatte die Idee, ein Haus zu bauen – jetzt leben wir in diesem Haus. Jemand hatte die Idee, ein Auto zu bauen – jetzt fahren wir mit diesem Auto. Die Bibel sagt „Gott hat uns nach seinem Ebenbild erschaffen". Hinter allem verbirgt sich ein schöpferischer Gedanke. Der Klang, der die Form ins Leben ruft und erschafft.

Ohne die Fähigkeit, unseren Geist und damit den Strom der Gedanken in der Gegenwart, in Präsenz, Stille, Frieden, Liebe, Sein und Vergebung ruhen zu lassen, schweifen wir immer wieder ab. Das Ego fordert unsere Aufmerksamkeit: „Stille, Frieden, Vergebung … das hat später noch Zeit. Erst will ich noch dies und das erleben, bekommen, erfahren …" Doch irgendwann klopft plötzlich der Tod an unsere Tür, und die kostbare Zeit im Körper ist auf einmal abgelaufen. Gott ist immer da – die Frage ist, wo sind wir?

Meine Geistesschulung, die ich seit Jahren betreibe, ist die Beschäftigung mit *Ein Kurs in Wundern*. Kein Lehrer, keine Methode, keine therapeutische Schule hat es geschafft, meinen Geist so nachhaltig auf Liebe und Vergebung auszurichten wie dieses wundervolle Werk. Viele bekannte Autoren wie zum Beispiel Eckhart Tolle, Marianne Williamson, Chuck Spezzano sind auch dadurch inspiriert. Die Beschäftigung mit *Ein Kurs in Wundern* hat meinen Alltag, die Beziehung zu meiner Frau, die Beziehung zu meinem Sohn, meine Arbeit und mein ganzes Leben bereichert wie keine Geistesschulung zuvor. Manche Menschen empfinden die Lektüre, vor allem des Textbuches, als sehr anspruchsvoll. Das kann ich nachempfinden, doch es lohnt sich allemal. Und das Übungsbuch mit den 365 Lektionen für jeden Tag des Jahres ist ein Segen. Es hat mich über Jahre hinweg jeden Tag gelehrt, meinen zerstreuten Geist auf Liebe und Vergebung auszurichten – wieder und wieder und wieder.

Auch der Buddhismus hat eine hervorragende Geistesschulung. Und auch die zehn Gebote, wenn wir sie in ihrer Tiefe und Wahrheit durchdringen und nicht nur an den Buchstaben kleben, sind eine wundervolle Schulung für unseren Geist und können unserem Leben eine zutiefst spirituelle Ausrichtung geben.

Krisen, Niederlagen und gebrochene Herzen

Der Weg der Liebe ist kein raffiniertes Argument.
Das Tor dorthin ist Verzweiflung.
Die Vögel ziehen am Himmel große Kreise voller Freiheit.
Wie lernen sie fliegen?
Sie fallen, und im Fallen wachsen ihnen Flügel.

Kabir

Wenn wir uns auf unseren spirituellen Weg begeben, müssen wir uns darüber im Klaren sein, dass unser Wachstum nicht nur linear und aufwärts verläuft. Immer wieder gibt es spirituelle Herausforderungen und Krisen. Sie sind Prüfungen und Lektionen, die die *Geistige Welt* uns gibt, und die unsere Seele gewählt hat, um zu lernen. Das Loslassen des Egos, das *Große Loslassen* in unserer Seele und das *Dein Wille geschehe* ist für viele Menschen ein langer und manchmal schmerzhafter Prozess. Für mich persönlich waren und sind meine spirituellen Krisen und Herausforderungen immer wieder die Türen zu einer neuen Ebene von Klarheit und Bewusstheit. Es ist entscheidend, dass du dir bewusst bist, dass tiefe Täler und Wüsten genauso zu einem spirituellen Weg der Befreiung gehören wie Gipfel und fruchtbare Wegstrecken.

Es scheint so zu sein, dass wir vor allem durch die Erfahrung von Schmerz und Leid lernen. In den Krisen und in den Niederlagen unseres Lebens wird wirkliches Mitgefühl für uns selbst und alle anderen Menschen geboren. Unsere Krisen und Niederlagen können uns lehren, weise zu werden.

Rückblickend kann ich für mich sagen, dass in den Krisenzeiten meines Lebens – und davon gab es viele – mein „wahres, inneres Gold" geschmiedet wurde. Wenn wir wiederholt erleben, dass das Leben nicht nur angenehm ist, sondern uns heftig durchrüttelt und erschüttert, sei es durch eine Trennung, eine Krankheit oder sonstige Schicksalsschläge, dann lernen wir, nichts mehr für selbstverständlich zu nehmen. Wir lernen, das Geschenk jedes Moments, jedes neuen Tages wirklich wertzuschätzen.

Wenn wir älter werden, bleibt es nicht aus, dass unser Herz immer wieder gebrochen wird:

- durch Situationen, in denen wir uns nicht auf das gegebene Wort eines Menschen verlassen können
- durch Trennungen, in denen wir auf unsere innere Verlassenheit und Einsamkeit zurückgeworfen werden
- durch das Zerplatzen von Träumen und Visionen, an die wir geglaubt und für die wir alles gegeben haben
- durch lebensbedrohliche Krankheiten, die uns bis in Mark und Bein erschüttern
- durch den Tod eines Menschen, den wir geliebt haben

Unser gebrochenes Herz kann uns tiefstes Mitgefühl für uns selbst und alle unsere Mitmenschen lehren. Mein gebrochenes Herz lehrt mich immer wieder Bescheidenheit, Demut und Dankbarkeit für das Dach über meinem Kopf, für das tägliche Essen und Trinken, für die Menschen um mich herum, die mich lieben. Dankbarkeit, dass ich in Frieden leben kann und meiner Berufung folgen darf. Dankbarkeit dafür, dass ich gesund bin.

Ohne meine durchlebten und durchlittenen Krisen, Krankheiten, Niederlagen und ohne mein gebrochenes Herz wäre ich ein anderer Mann!

> **Gib niemals auf!**
>
> Egal, was passiert, gib niemals auf! Gib niemals auf und entwickle dein Herz.
>
> Es gibt zu viele Vorgaben in deinem Land, in deiner Gesellschaft, die den Verstand anstelle des Herzens entwickeln.
>
> Entwickle Mitgefühl. Nicht nur für deine Freunde, sondern für jedes fühlende Wesen.
>
> Entwickle Frieden! Entwickle Mitgefühl! Entwickle deine wahre Natur!
>
> Ich sage es noch einmal: Gib niemals auf, egal was passiert, gib niemals auf!
>
> *Quelle unbekannt*

Die Waffen des Egos niederlegen

Die Grundwunde, an der die Welt und die Menschen leiden, ist der Glaube, getrennt zu sein. Doch Trennung ist eine Illusion, eine falsche Wahrnehmung, die berichtigt werden muss.

Über Jahrhunderte hat man uns von der Sünde gepredigt. Die ursprüngliche Bedeutung des Wortes *Sünde* ist Trennung. Die einzige Sünde, die es gibt, ist die Trennung von unserem heiligen, inneren Selbst und damit von der Schöpfung und von Gott. Es gibt keine Sünden. Die Propaganda von Schuld und Sünde macht Menschen zu Opfern und Gott zu einem strafenden Richter. Aus diesem Zerrbild ist für unzählige Menschen sehr viel Leid und Angst entstanden. Fast alle Männer und Frauen leben Tag für Tag mit den schmerzhaften, inneren Gefühlen von Schuld, Sünde, Angst und Trennung. Wir glauben, wir seien von der Liebe, von unserer inneren Quelle, vom Göttlichen in uns,getrennt. Deshalb gehen wir mit einer diffusen Mischung aus Schuld, Angst und dem Gefühl, getrennt von unserer Umwelt und anderen Menschen zu sein, durch die Welt.

Diese Gefühle können sich in Form von Selbstablehnung, Versagen, Minderwertigkeit und Leere zeigen. Wir glauben dann, dass es uns an etwas mangelt, und dass wir unvollständig sind. Wir glauben, dass wir nicht richtig und nicht gut genug sind.

Die eigentliche Quelle von Gefühlen wie Schuld, Angst und Trennung ist der Glaube, dass wir durch die Trennung von Gott „gesündigt“ haben. Daher rührt das schwer greifbare Gefühl irgendwie schuldig zu sein, und unsere Angst, dafür bestraft zu werden. In dieser Situation suchen wir verzweifelt nach einer Lösung. Da wir uns fast ständig in unserer Ego-Persönlichkeit befinden, fragen wir unser Ego – unser „falsches Selbst“ – um Hilfe. Es antwortet dann ungefähr so: „Kein Problem, verdränge deine unangenehmen Gefühle doch. Pack' sie einfach weg!“

Verzweifelt wie wir sind, fangen wir an, unsere Schuld und unsere Angst wegzuschieben. Wir drängen die unangenehmen Gefühle tief in unsere Psyche und in unseren Körper hinein. Wir fangen an, das, was wir nicht aushalten, nicht anschauen und nicht wahrhaben wollen, „unter den Teppich zu kehren“. Zusätzlich betäuben wir uns noch durch unsere jeweiligen Süchte und Ablenkungen.

Doch das funktioniert nur eine gewisse Zeit. Irgendwann wird es „eng“ unter dem Teppich. Wir haben das Gefühl, bald zu platzen. Und fragen erneut unser Ego um eine Lösung. Und wieder hat es eine Antwort parat: „Übertrage all das, was du an dir ablehnst und nicht haben willst, einfach auf einen anderen Menschen. Dann bist du es los!“ Wir nehmen also unsere unangenehmen Gefühle und projizieren sie auf einen anderen Menschen. Wir sagen: „Das ist ja gar nicht in mir, sondern in dir. Nicht ich bin schuldig, sondern du!“ Verdrängung und Projektion sind die zwei Hauptabwehrmechanismen des Egos.

Im Alten Testament wird die folgende Situation beschrieben: Der Hohepriester Aaron überträgt durch die Berührung seiner Hände einem Ziegenbock die „Sünden“ der umstehenden Menschen, die diese im Laufe eines Jahres begangen haben. Dann wird das Tier aus dem Dorf gejagt. Damit war der *Sündenbock* geboren.

Noch heute hat jeder schnell einen Sündenbock parat. Das Ego findet immer jemanden. Sei es der böse Nachbar, sei es der Schiedsrichter, sei es der Politiker, sei es unsere frühere Partnerin. Dieses Spiel funktioniert natürlich auch zwischen Bevölkerungsgruppen, Religionen und Nationen. Damit schaffen wir Distanz zwischen uns und unseren „Sünden". Niemand möchte seiner Schuld, seiner Angst, seinen Fehlern, seinen Irrtümern nahe sein.

Das Ego der Menschen und an Macht interessierte, organisierte Systeme haben auch den strafenden, rachsüchtigen Gott des Alten Testaments geschaffen. Der französische Dichter Voltaire hat das wunderbar formuliert:

> „Gott schuf den Menschen nach seinem Ebenbild. Und dann gab der Mensch (das Ego) das Kompliment zurück."

Der rachsüchtige, strafende Gott, den wir geschaffen haben, ist in Wirklichkeit nur eine Projektion unseres eigenen Egos. Das Ego verführt uns auch zum Angriff. Überall in unseren Beziehungen und überall auf der Welt können wir beobachten, wie das menschliche Ego Schuld auf andere Menschen oder Gruppen projiziert und sie dann im nächsten Schritt angreift. Unser Ärger, unsere Wut übernehmen dabei die zweifelhafte Funktion, diese Projektion zu rechtfertigen. Und so fangen wir an, die Welt in Gut und Böse einzuteilen. Das Böse greifen wir an. Doch je mehr wir angreifen, umso schuldiger fühlen wir uns nach dem ersten Siegestaumel. Wir beginnen, uns selbst und andere Menschen oder Gruppen in den wahnsinnigen Kreislauf von Angriff, Abwehr und Gegenangriff zu ziehen. Die weltweite Rüstungsspirale ist eine direkte Auswirkung davon. Doch all das verstärkt nur eins: unser Gefühl von Bedrohung, Angst und Schuld.

> „Vollkommene Liebe vertreibt die Furcht."
>
> JESUS (JOH. 4/17)

Viele Jahre habe ich nicht verstanden, was *Vergebung* wirklich bedeutet und wie sie erfolgreich für alle Beteiligten angewendet werden kann. Das Ego kann und will uns nicht helfen, denn das wäre das Ende seiner Macht. Es hält die Welt in seiner schmerzhaften Umklammerung, bestehend aus Schuld und Angst. Was kann uns also helfen, den alten Hass zwischen Menschen, Nationen, Religionen und Rassen zu beenden? Nur die Liebe und die Bereitschaft zu vergeben – sonst nichts.

In meinem Gegenüber die Schuld wahrzunehmen, die ich in mir selbst nicht sehen und annehmen kann, bietet mir die einzigartige Gelegenheit, sie vollständig loszulassen und zu vergeben. Wenn ich begreife, dass das, was ich in einem Gegenüber an Schuld sehe, meine eigene Schuldprojektion ist, und wenn ich dann diese Schuld, diese Fehler und Irrtümer loslassen und vergeben kann, bin ich wieder untrennbar mit mir und allem verbunden. Ich sehe hinter die Fehler, Irrtümer des anderen, und höre von dort den verzweifelten Ruf nach Liebe. Vergebe ich dem anderen, vergebe ich mir selbst.

Wirkliche Vergebung besteht aus drei wesentlichen Schritten. Der erste Schritt ist, zu erkennen, dass der Grund meines Grolls, meines Ärgers, meiner Schuld nicht im Außen liegt, sondern in meinem Inneren. Ich sehe in einem anderen Menschen nur meine eigene Unzulänglichkeit gespiegelt. Der zweite Schritt beinhaltet die Bereitschaft, meine Schuld, meine Fehler und Irrtümer anzuschauen und zu mir zu nehmen. Der dritte Schritt erfordert, darum zu bitten, dass meine Schuld, meine sogenannten Sünden und meine Angst von mir genommen werden. Dazu müssen wir Gott, den heiligen Geist, die große Liebe um Hilfe bitten.

Nach Hause kommen

Mein geliebter Lehrer Frank Natale sagte manchmal scherzhaft:

> „Im Leben eines Menschen gibt es nur zwei Probleme. Das erste Problem ist: Das Leben gibt uns nicht das, was wir wollen. Das zweite Problem ist: Das Leben gibt uns das, was wir wollen!“

Unser Ego, unser falsches Selbst, produziert neue Wünsche. Immer wieder versuchen wir, Freude durch äußere Dinge anzustreben und Leid zu vermeiden. Doch das ist in der polaren Struktur unserer Welt nicht möglich.

Wenn du oft genug den wechselnden Illusionen in Menschengestalt und in Form von Dingen, Ideen, Konzepten hinterher gerannt bist, kommt ein entscheidender Wendepunkt in deinem Leben. Du beginnst, den wahnsinnig machenden Mechanismus des Egos zu durchschauen und erkennst, wie es dich dauernd auf Trab hält. Kaum hat es bekommen, was es wollte, möchte es schon wieder etwas Neues. Das Ego verführt dich, deinen Frieden, deine Freude, deine Erfüllung an immer wieder neue Dinge im Außen zu binden. Wenn wir das nicht durchschauen – und das geht nicht intellektuell, sondern nur durch gelebtes Leben mit all seinen Enttäuschungen und Desillusionierungen –, werden wir zynisch, bitter und krank.

Wir haben uns als Seelen in die Materie inkarniert. Inkarnation bedeutet die Fleischwerdung des Geistes.Durch das Leben in und mit der Materie gelangen wir wieder zum Licht in uns – und damit zum *Großen Geist.* Durch das Durchschauen des Egos wird es möglich, den konstanten, präsenten, liebevollen Raum des inneren Seins in dir und in allem zu deiner Heimat werden zu lassen. Durch die Verlagerung deiner Aufmerksamkeit weg vom Ego und seinem lauten Geschrei hin zum Raum des Seins und deiner Seele, beginnst du, die tiefste Kraft in dir zu nutzen.

Alle Versuche, unsere Heilungs- und Befreiungsarbeit ohne stabilen Kontakt zu diesem inneren Raum und zur inneren Präsenz zu tun, sind nur Versuche, die Dinge im Verstand hin und her zu schieben. Wirkliche Antworten kommen nicht aus dem Verstand – wirkliche Antworten kommen nur aus der Tiefe deines Wesens, deiner inneren Quelle, deiner Seele.

Wenn wir von dort aus endlich beginnen, unsere Leiden schaffenden Muster, unsere negativen Glaubenssätze über das Leben und unsere Beziehungen, unser Bestehen auf Mangel, Einsamkeit, Trennung und Angst anzuschauen, zu uns zu nehmen und schließlich aufzulösen, spielt keine Musikkapelle für uns und niemand verleiht uns dafür einen Orden, und doch wird es in uns so viel leichter, friedlicher, zuversichtlicher.

Mit jedem Moment in der stillen Präsenz wird es offensichtlicher: Gott hat uns wirklich ganz und als Eins erschaffen. Wir tragen alles in uns. Das Himmelreich ist inwendig. Unsere Buddha-Natur ist in uns lebendig. Wir sind schon das Licht der Welt. Äußerlichkeiten, Macht, Geld, Ansehen verlieren ihren Reiz. Wir dürfen sie weiter erleben und auch genießen, doch wir wissen, wohin wir gehören und woher wirklicher Geistesfrieden, wirkliche Erfüllung, wirkliche Freude kommen.

> „Die *Stille* bedeutet mehr als tausend Leben,
> und diese Freiheit ist mehr wert, als alle Reiche der Welt.
> Die Wahrheit in sich selbst erblicken, für einen Augenblick,
> gilt mehr als alle Himmel, mehr als alle Welten, mehr als alles,
> was es gibt. Im Innern dieser neuen Liebe, stirb.
>
> Dein Weg beginnt auf der anderen Seite. Werde der Himmel.
> Richte die Axt wider die Gefängniswand. Entkomme. Tritt ins
> Freie, wie jemand, der plötzlich in Farbe geboren wird.

Tue es jetzt. Du bist von dichten Wolken eingehüllt. Stiehl dich seitlich hinaus. Stirb und sei still.

Stille ist das sicherste Zeichen, dass du gestorben bist. Dein altes Leben war eine fieberhafte Flucht vor der Stille. Der sprachlose Vollmond kommt eben jetzt hervor."

RUMI, Ruba'iyat

Durchs Feuer gehen

Am Ende des Männertrainings feiern wir jedes Jahr das uralte Ritual des Feuerlaufs. So, wie ich ihn von meiner Lehrerin Peggy Dylan gelernt habe, hat er nichts mit Mutprobe oder Gruppen-Hype zu tun. Feuer ist eines der vier heiligen Grundelemente des Lebens. Das Ritual des Feuerlaufs stellt eine zutiefst spirituelle Erfahrung dar. Es möchte uns lehren, eins zu sein mit unserem inneren Licht und unserem inneren Feuer. Es möchte uns lehren, unsere Ängste und Vermeidungen im Leben ehrlich anzuschauen und anzuerkennen. Und es möchte uns vor allem lehren, für das, was uns wirklich wichtig und heilig ist, durchs Feuer zu gehen. Zu brennen, für das, was uns heilig ist, und zu leuchten in unserer grenzenlosen inneren göttlichen Kraft.

Der Feuerlauf

Unsere nackten Füße stehen fest auf der heiligen Mutter Erde. Der Himmel über uns ist wolkenverhangen. Wir schichten Holz auf und machen ein Feuer – ein mächtiges Feuer. Jeder von uns übergibt dem Feuer die Dinge, die er beschlossen hat, loszulassen: seine Sucht, seine Destruktivität, sein Mangelbewusstsein oder was auch immer.

Wir sind weit gegangen auf unserem *Weg der Liebe*. In den letzten Wochen und Monaten haben wir so viel geteilt, was uns Männer körperlich, geistig, emotional und spirituell gestärkt hat. Wir haben am eigenen Leib und an der eigenen Seele erfahren, was es bedeutet, unter Männern zu sein.

Jeder von uns hat erlebt, wie viel Freude, Rückenstärkung und Liebe entsteht, wenn Männer füreinander einstehen, miteinander wachsen, voneinander lernen, miteinander um die Wahrheit ringen. Gemeinsam haben wir das Männliche im Herzen des Lebens gespürt, geehrt und gewürdigt. Wir sind als Brüder und Weggefährten unseren Weg ins Männerland gegangen. Jeder von uns hat erlebt, wie gut es tut, wenn andere Männer uns als König annehmen, an uns glauben und das Beste in uns sehen. Die letzten Stunden unserer gemeinsamen Zeit sind dem gewidmet, was jedem von uns heilig ist. Die Natur, die Bäume und der Himmel lehren uns, dass wir Teil von ihnen sind. Die Natur lehrt uns Demut und Verbundenheit. Diese Stunden sind der Seele jeden Mannes gewidmet. Wir stellen uns die Fragen der Kraft.

> Welchen Platz hat Gott in meinem Herzen?
> Wofür stehe ich mit meiner Lebensenergie ein?
> Wofür gehe ich durch´s Feuer? Was ist mir heilig?

Das Feuer reinigt uns. Es ist ein großartiger Lehrer. Es fordert uns auf, wahrhaftig zu sein – immer wieder. Wir singen, wir tanzen, wir beten. Das Feuer verwandelt sich in einen großen Berg rot schimmernder Glut.

Jeder Mann ist frei in seiner Entscheidung, über das Feuer zu gehen oder es zu lassen. Andreas hat mir später einmal gesagt: „Die Freiwilligkeit, dass ich bei jeder Erfahrung Ja oder Nein sagen konnte, hat mir erlaubt, mich so tief wie noch nie für das Leben zu öffnen." Jeder wird gefeiert, ob er durch's Feuer geht oder nicht. Das Entscheidende ist, dass jeder Mann seinen Herausforderungen ins Gesicht schaut und sich von dem, was ihm heilig ist, berühren lässt.

Als wir den Feuerlauf vollenden, schauen wir nach oben – die Wolken sind weiter gezogen. Der Himmel ist frei und offen. Die Sterne funkeln, der Mond leuchtet klar. Viele Männer haben Tränen in den Augen. Die Stille und das Nachglimmen der restlichen Glut verbinden uns in einem tiefen Gefühl von Liebe – Männerliebe.

Zum Abschluss pflanzen wir einen Baum und geben der Erde so etwas von dem zurück, was wir genommen haben. Dieser Baum symbolisiert auch unseren eigenen Lebensbaum, unser Wachstum auf allen Ebenen des Seins und unser Versprechen, den Weg der Liebe und der Befreiung konsequent zu gehen. Wir alle, die Männer, mein Team und ich sind glücklich, erfüllt und dankbar, als wir uns zum Abschied noch einmal in die Augen

schauen. Wir wissen, wir tragen die Liebe in unserem Herzen. Wir gehen in unsere Dörfer, Städte und Länder. Wir gehen zu unseren Familien, Frauen, Kindern, Arbeitskollegen, Nachbarn und Freunden als lebendige, kraftvolle und verantwortliche Männer in dem Bewusstsein: „Ich bin der Mann meines Lebens!"

Kernaussagen zum spirituellen Mann

- Die Investition in dein Bewusstsein, deine Liebe und deine Fähigkeit der Vergebung sind die wichtigsten Investitionen deines Lebens.

- Alle Formen, alle Dinge, alle Körper vergehen. Deine Essenz, deine Seele, dein Bewusstsein bleiben ewig und unsterblich.

- Erkenne die große Kraft in den Augen des Menschen, der vor dir steht. Gott lebt in jeder Form. Liebe nicht nur die wechselnden Formen, liebe vor allem das, was die Formen beseelt.

- Kommunikation ist im Wesentlichen immer nur ein Ausdruck von Liebe oder von Angst. Angst ist stets ein verzweifelter Ruf nach Liebe.

- Heilige deinen inneren Seelenraum durch deine bedingungslose Präsenz. Sei in dir zuhause. Die wirkliche Kirche, die wirkliche Synagoge, die wirkliche Moschee, der wirkliche Tempel, der wirkliche heilige Ort ist der Ort deiner inneren göttlichen Quelle.

- Ehre und wertschätze das, was dir heilig ist. Diene als Mann und Mensch dem, was dir heilig ist und wovor du dein Haupt verneigst.

- Heilung kommt vom Erkennen und Leben des Heiligen in dir.

- Wirkliche Weisheit kommt nur aus einem gelebten Leben. Sei in der Welt und ruhe dabei in der Liebe deines Wesens, deiner Seele.

Kapitel 6

Der Tod –
die Begegnung mit der Vergänglichkeit

Wie jede Blüte welkt und jede Jugend dem Alter weicht,
blüht jede Lebensstufe, blüht jede Weisheit auch
und jede Tugend zu ihrer Zeit und darf nicht ewig dauern.
Es muss das Herz bei jedem Lebensrufe bereit
zum Abschied sein und Neubeginn,
um sich in Tapferkeit und ohne Trauern in andere,
neue Bindungen zu geben.

Und jedem Anfang wohnt ein Zauber inne,
der uns beschützt und der uns hilft zu leben.
Wir sollen weiter Raum um Raum durchschreiten,
an keinem wie an einer Heimat hängen,
der Weltgeist will nicht fesseln uns und engen,
er will uns Stuf' um Stufe heben, weiten.
Kaum sind wir heimisch einem Lebenskreise
und traulich eingewohnt, so droht Erschlaffen;
nur wer bereit zu Aufbruch ist und Reise,
kann lähmender Gewöhnung sich entraffen.

Es wird vielleicht auch noch die Todesstunde
uns neue Räume jung entgegen senden,
des Lebens Ruf an uns wird niemals enden ...

Wohlan denn, Herz, nimm Abschied und gesunde.

Hermann Hesse, *Stufen*

Erste Erfahrungen mit dem Tod

Täglich sterben weltweit etwa 400.000 Menschen. Die einen schlafen friedlich ein, andere werden umgebracht; die einen ertrinken, andere verdursten; die einen verhungern, andere essen sich zu Tode. Manchen fällt es leicht, loszulassen, andere kämpfen bis zum Schluss gegen ihren Tod. In weniger als hundert Jahren werden fast alle Menschen, die jetzt auf der Erde leben, gestorben sein.

Der Tod unseres Körpers ist das einzige, das mit der Geburt feststeht. Jeder Moment kann unser letzter sein. Jeder Tag kann unser letzter sein. Indianische Kulturen zum Beispiel lehren die Menschen, dass der Tod immer neben ihnen geht. In unserer Kultur dagegen gibt es nach wie vor eine stark ausgeprägte Neigung dazu das Thema zu verdrängen. Wir lesen Todesanzeigen, in denen Entsetzen und Schmerz über den Tod eines geliebten Menschen ausgedrückt werden. Und dennoch ist der Tod das Einzige, was von Anfang an feststeht.

Unsere Gesellschaft gibt Tag für Tag Millionen und Abermillionen aus, um ihren Jugendlichkeitswahn aufrecht zu erhalten. Die Haare werden gefärbt, es wird geliftet und Fett abgesaugt. Viele Menschen betreiben einen enormen Aufwand, um jung auszusehen. Jung aussehen ist gut – alt aussehen ist schlecht. Der Tod wird beiseite geschoben und verdrängt. Es sterben immer die anderen, nicht wir.

Das alles ist verständlich und sehr menschlich. Ich zum Beispiel habe mir eine ganze Zeit lang die Haare schwarz gefärbt – „der schwarze Panther". Doch meine Frau hat mir sehr liebevoll gesagt, wie schön sie meine weißen Haare findet. Sie meint, die weißen Haare seien für sie ein Ausdruck der nach außen strahlenden inneren Weisheit.

Der Tod unseres Körpers ist einer der größten Lehrmeister, die wir haben. Vom Tod lernen heißt leben lernen. Der Tod macht alle Menschen gleich. Jeder Körper stirbt eines Tages, der eine früher, der andere später.

Angesichts des Todes macht es keinen Sinn mehr, zu heucheln und zu lügen. Es macht keinen Sinn mehr, irgendetwas auf später zu verschieben. Im Angesicht des Todes sind alle unsere Ängste und Neurosen unwichtig. Im Angesicht des Todes gibt es kein Weglaufen mehr. Der Tod hat uns viel zu lehren.

17. Übung: ***Wen hast du durch den Tod verloren?***

Schließe für einen Moment deine Augen.
Berühre dein Herz. Nimm ein paar tiefe Atemzüge. Erlaube, dass vor deinem inneren Auge die Menschen auftauchen, die du geliebt hast und die ihren Körper schon verlassen haben, die gestorben sind. Schau' in ihre Gesichter, in ihre Augen – fühle sie. Sehe sie so, wie du sie zuletzt gesehen und erlebt hast.
Nimm dir die Zeit, mit jedem Menschen, der auftaucht, eine Weile zu sein und zu fühlen. Spüre die Liebe und die Verbundenheit zwischen euch. Wenn Tränen kommen, lass sie fließen. Wenn Gefühle kommen, lass sie geschehen ...
Nimm dir die Zeit, in Ruhe deine Erfahrung zu vollenden, nachdem du jedem, der aufgetaucht ist, gedankt hast.
Dann öffne deine Augen und spüre dich – hier und jetzt.

Wie schon erwähnt, lebte ich die ersten zwölf Jahre meines Lebens mit meinen Eltern und meinem Bruder unter einem Dach, bei meinen Großeltern mütterlicherseits. Als ich laufen konnte, kletterte ich jeden Morgen die Treppe hoch zu ihrer Wohnung. Dort, am Ende der Treppe, lebte eine Frau, die mir immer leckere Bonbons gab und sehr gütig zu mir war. Sie hieß Pauline. Sie war meine Urgroßmutter und die Hebamme im Dorf. Eines Tages war sie nicht mehr da. Ich spürte sofort diese Leere, dieses Loch, das dadurch entstand. Sie war einfach nicht mehr da. Keine freundliche alte Dame mehr, keine Bonbons mehr für das kleine Fränkle. Ich war traurig. Das war meine erste bewusste Begegnung mit dem Tod.

Die zweite geschah, als ich zwölf Jahre alt war. Mein geliebter Opa Paul starb. Das war sehr schlimm für mich. Es hat mich sehr traurig gemacht. Ich konnte es nicht fassen. Ich habe ihn so gemocht, so geliebt. Seine freundliche Art, seine Güte, sein großes Herz, seine großen braunen, warmen Augen. Als wir an seinem Grab standen ging ich als erster an sein Grab, um von ihm Abschied zu nehmen. Später, als die Beerdigung vorbei war, kam die Familie im Haus von Paul und Helene zusammen. Es gab Kaffee und Kuchen. Ich konnte das damals nicht verstehen und war empört. Wie konnten wir es uns gut gehen lassen, wo doch der Opa gestorben war!

Meine nächsten nahegehenden Erfahrungen mit dem Tod waren das Sterben meiner anderen Großeltern, Mina, Adolf und Helene. Auch der Freitod meines Freundes Peter hat mich tief erschüttert. Er hat sich als Siebzehnjähriger mit Auspuffgasen das Leben genommen. Immer wieder starben geliebte Menschen: mein Onkel Wilhelm, meine Tante Maria. Dann starb mein Vater.

Ich war zu Hause, in meiner damaligen Wohnung in Kleinmachnow bei Berlin. Es war früh morgens, ich lag noch im Bett und ruhte mich aus von einem intensiven Seminar. Ich hörte, wie meine Mutter auf den Anrufbeantworter sprach: „Frank, ruf' bitte zurück, es ist etwas Schlimmes passiert!" Schlagartig war mir klar, dass mein Vater gestorben war. Als ich anrief, bestätigte mir meine Mutter seinen Tod. Er war völlig unerwartet gestorben.

Zum Glück war ich allein. Ich nahm mir Zeit, um für seine Seele zu beten und ihm zu helfen, ins Licht, zu Gott zu gelangen. Ich war erschüttert und gleichzeitig seiner Seele sehr nahe. Noch heute vermisse ich ihn sehr. Ich werde ihn immer lieben. Schade, dass er seinen Enkel nicht mehr kennenlernen durfte. Paul-John wurde zehn Monate nach seinem Tod geboren. Auch der Tod meines Cousins hat mich sehr erschüttert. Noch heute denke ich oft mit großer Liebe an ihn. –

Betroffen gemacht hat mich auch der Tod von Yitzhak Rabin. Yassir Arafat und er hatten gerade in Oslo den Friedensnobelpreis erhalten. Die Friedensverhandlungen zwischen Israelis und Palästinensern standen kurz vor dem Durchbruch, der so wichtig gewesen wäre für ihre Völker und für die ganze Welt. Ich liebte ihn für seinen Mut, die Waffen gegen den Frieden einzutauschen. Es war ein tragischer Moment, als er ermordet wurde – von einem Mann seines eigenen Volkes. Auch der Tod von Johannes Rau hat mich sehr berührt. Er war auf seine Art ein großer Mensch. „Versöhnen statt spalten" war sein Lebensmotto. Das ist es, was diese Gesellschaft und diese Welt so dringend brauchen.

Tag für Tag geht das Sterben weiter. Wir verlieren große Künstler, Politiker, Sportler, Schauspieler, wir verlieren Mütter, Väter, Onkel, Tanten. Jeden Tag, jeden Moment rückt der eigene Tod näher.

Das Ungeheilte, Aufgeschobene und Unvergebene

Viele Menschen leben in der Illusion, dass ihr Leben in diesem Körper ewig dauert. Der unausweichliche Tod fordert uns heraus, dem Ungeheilten, Aufgeschobenen und dem Groll unseres Lebens ins Auge zu schauen. Es stirbt sich leichter mit einem freien und offenem Herzen.

18. Übung: ***Deinem eigenen Tod begegnen***

Hole dir etwas zu schreiben und sorge dafür, dass du für eine gute halbe Stunde ungestört bist.
Dann schreibe dir deinen Groll, dein ungelebtes Leben, all das Aufgeschobene von der Seele. Schreibe auch deine Lebenslügen auf – das, wozu du nicht den Mut finden konntest, es zu tun.
Im Angesicht des Todes – deines Todes – macht es keinen Sinn mehr, irgendetwas zurückzuhalten oder zu verstecken.
Der Tod zwingt uns, ehrlich und wahrhaftig zu sein. Schreibe dir alles von der Seele und dann betrachte es. Lies es in aller Ruhe und ziehe deine Schlüsse daraus.
Erinnere dich, im Angesicht des Todes ist jede Angst, jede Neurose lächerlich. Der Tod fordert uns auf, uns ganz zu geben, mit jeder Faser zu leben, wahrhaftig zu sein, essentiell – wirklich zu leben. Nur wer voll lebt, kann auch im Tod loslassen.
Wir sterben, wie wir gelebt haben.
Stell dir deinen eigenen Tod vor. Wie lange wünschst du dir, noch in deinem Körper leben zu dürfen? Was tust du in der dir noch verbleibenden Zeit? Wofür gibst du deine Kraft, deine Liebe, dein Engagement? Wann stirbst du? Wie alt bist du dann?
Wie stirbst du? Bist du allein oder ist jemand bei dir? Wer?
Wie erlebst du den Moment deines letzten Atemzuges?
Wie erlebst du das Wesen des Todes? Wohin geht deine Seele? Wer oder was empfängt dich? Was ist das Erbe, das du hinterlässt? Was bleibt zurück von dir? Wie sollen die Menschen dich in Erinnerung behalten? Wenn du zurückschaust auf die Erde, auf dein Leben – was war dein Beitrag? Was war dein Geschenk an die Menschen, an die Erde? Was war der tiefste Sinn deines Lebens?

Wozu fordert dein eigener Tod dich auf?

> Mich fordert mein eigener Tod auf, tiefer zu lieben, meine Ängste loszulassen und meiner Berufung zu folgen: Liebe und Frieden auf die Erde zu bringen und Menschen zu ermutigen, sich zu heilen und zu ihrer vollen Größe aufzurichten, sie zu bestärken, Ihren selbstbestimmten Lebensweg zu gehen. Mich fordert mein Tod auf, zu verzeihen. Alles zu verzeihen, was mir andere durch Unwissenheit zugefügt haben. Und um Verzeihung zu bitten für das, was ich anderen durch Unwissenheit und Unachtsamkeit zugefügt habe. Mich fordert mein Tod auf, jeden Moment, jeden Tag als großes Geschenk zu leben. Mich fordert mein Tod auf, mich mit allem, was ich bin und habe, der großen Liebe – Gott – anzuvertrauen. Wozu fordert dich dein Tod auf?

Mit jedem Einatmen werden wir neu geboren. Mit jedem Ausatmen sterben wir. Unsere Zellen erneuern sich die ganze Zeit. Dr. Deepak Chopra und andere haben dokumentiert, dass sich unser Körper, unsere Haut und unsere Organe auf der zellularen Ebene immer wieder erneuern. In einigen Monaten hast du eine vollständig neue Haut, eine vollständig neue Leber. Ständig beginnt etwas und endet etwas. Alles geschieht in Kreisläufen.

Unsere Jugend vergeht. Wir sind eingebunden in das große, heilige Gewebe des Lebens, in das große Sterben und Werden. Immer, wenn wir uns Zeit nehmen, Dinge, Beziehungen, Projekte bewusst zu vollenden, erlauben wir, dass sich der Kreis schließt.

Unser eigener Tod kann uns lehren, stets präsent zu sein, jeden Moment als unendlich kostbar zu erleben. Jeden Moment besteht die Möglichkeit, Liebe zu sein und die Befreiung aus dem Kreislauf des selbst geschaffenen Leids zu erlangen. Unser Tod möchte uns lehren, jede Handlung mit Bewusstheit zu erfüllen. Das Leben in unserem Körper ist eine große Chance, das zu erkennen, was nie stirbt.

Wir gehen durch die Materie, durch das Vergängliche hindurch, um letztendlich das zu finden, was nie stirbt. Wenn wir jeden Moment, jeden Tag so leben, als wäre es unser letzter, zieht ein heiliger Glanz in unser Leben ein – der Glanz des Wesentlichen und der Wahrhaftigkeit.

Die Vergänglichkeit aller Formen

Vor kurzem, als eine nahe Freundin gestorben war, rief ich ein paar Tage später in ihrer Wohnung an. Ich wollte ihre Mutter sprechen, die sie so viele Monate, Tag für Tag, bis in den Tod begleitet hatte. Doch niemand meldete sich. Nachdem der tote Körper meiner Freundin gewaschen und versorgt worden war, hatte ihre Mutter die Wohnung verlassen – es war niemand mehr da. Die Identität „Frau soundso“ gab es nicht mehr. Alle Briefe, Rechnungen und sonstige Post fanden ihren Adressaten nicht mehr.

Alle Formen entstehen und vergehen. Doch durch das Anhaften an bestimmte Formen und Verhaltensmuster entsteht Leid.

Die Vergänglichkeit aller Formen fordert uns auf, dass wir uns dem zuwenden, was sich nie verändert: unserem ursprünglichen, wahren Sein, unserer ursprünglichen, wahren inneren Natur. In der Hinwendung zu unserem inneren Licht, unserer inneren Präsenz, beginnen wir, die Illusionen unseres Lebens zu durchschauen. Immer wieder zieht uns der Sog der Welt durch unsere Sinneswahrnehmungen in das Außen. Immer wieder versuchen wir, in der Außenwelt dauerhaftes Glück zu finden. Doch Sterne gehen auf und verblassen wieder in der Medienwelt, in der Politik, in der Kunst, im Sport, überall.

Wir suchen das Glück im Außen – dort, wo es nicht zu finden ist. Wenn wir die Vergänglichkeit aller Formen klar erkennen, können wir uns dem zuwenden, was uns nie enttäuscht: unserer Seele, unserem wahren Wesen, unserer innersten Natur.

Do not stand at my grave and weep
I am not there, I do not sleep
I am a thousend winds that blow
I am the diamond glint on snow
I am the sunlight on ripeed grain
I am the gentle autumn rain
When you wake in the morning hush
I am the swift, uplifting rush
Of quiet birds in circling flight
I am the soft starlight at night
Do not stand at my grave and weep
I am not there, I do not sleep

Steh' nicht weinend an meinem Grab
Ich bin nicht dort unten, ich schlafe nicht
Ich bin tausend Winde, die wehn
Ich bin das Glitzern der Sonne im Schnee
Ich bin das Sonnenlicht auf reifem Korn
Ich bin der sanfte Regen im Herbst
Wenn du erwachst in der Morgenfrühe
Bin ich das schnelle Aufsteigen der Vögel
Im kreisenden Flug

Ich bin das sanfte Sternenlicht in der Nacht
Steh nicht weinend an meinem Grab
Ich bin nicht dort unten, ich schlafe nicht

Altes indianisches Gedicht -
Quelle unbekannt

Würdevoll sterben

Die bewusste Begleitung eines sterbenden Menschen ist eines der größten Geschenke, die wir geben können. Unsere Liebe und unser Dasein in seinen letzten Monaten, Wochen, Tagen, Minuten öffnet unser eigenes Herz für das Dienen in Liebe, für die Einfachheit des Lebens und die Kostbarkeit jedes Moments.

Die Monate, die ich meine sterbende Freundin Sabine begleiten durfte, haben mein Herz weiter geöffnet. Als der Rückfall kam und der Krebs sich erneut ausbreitete, beschloss ich, an ihrer Seite zu sein und zu bleiben. Es berührte mich, zu sehen, wie wundervoll sie von ihrer Mutter, ihrer tapferen Tochter, von Freundinnen und Freunden und nicht zuletzt von ihrer Ärztin und ihren medizinischen Betreuerinnen unterstützt wurde. Sie hat alles versucht, um wieder gesund zu werden. Sie hat die vielen Chemotherapien ertragen, sie war bei Heilern in Brasilien und anderswo. Sie ging, als es ihr noch möglich war, den Jakobsweg. Sie hat wirklich an sich gearbeitet. Und doch, die große Kraft und ihre Seele hatten andere Pläne.

Eine Zeitlang konnte sie noch Auto fahren, und wir trafen uns in Cafés und Restaurants. Ich liebte ihren Humor, ihre Bodenständigkeit. Wir konnten über Sport reden und danach über Jesus, Buddha und Gott. Später, als sie ans Bett gefesselt war, haben wir sie oft berührt und massiert. Sie nahm die Berührungen voller Dankbarkeit an. Sie konnte loslassen, und der weite, selige Raum des Seins öffnete sich.

Von Anfang an verstand ich, dass es meine Aufgabe war, ihr inneres Gottvertrauen zu stärken. Oft, wenn ich nach Hause fuhr, weinte ich. Ich begriff, wie unwichtig meine kleineren und größeren Probleme waren. Ich weinte, weil mich ihr Vertrauen in Gott und in die geistige Welt zutiefst berührte. Manchmal sagte sie: „Frank, jetzt sind die Engel wieder da." Dann, einige Wochen vor ihrem Tod, heiratete ihre Tochter. Einen aufrichtigen, jungen Mann, der sie wirklich liebt. So konnte Sabine noch erleben, dass ihre einzige Tochter gut aufgehoben ist.

Als ich sie am Tag ihres Todes zum letzten Mal sah, wog sie vielleicht noch vierzig Kilo. Ihr Körper war müde vom langen Kampf gegen den Krebs. Sie nahm die Berührungen aber noch wahr. Stunden später starb sie. Ihre Mutter, ihre Tochter und eine liebe Freundin waren an ihrer Seite.

Ihr Tod lehrte mich, in Demut, in Einfachheit, in Güte zu geben, was ich zu geben habe. Ihr Tod lehrte mich, alles in Gott, alles in mein Bewusstsein, in meine Seele zu investieren. Ihr Tod lehrte mich, dass am Ende immer nur Vergebung und Liebe bleiben. Ihr Tod lehrte mich, zu lieben, jeden Menschen mit Liebe und Güte zu betrachten und in jedem Menschen Gott zu erkennen.

Die Hospizbewegung – Elisabeth Kübler-Ross, Steven Levine und viele andere – hat in den letzten dreißig Jahren das Bewusstsein unserer Gesellschaft für ein würdevolles Sterben geöffnet. Dies ist ein wichtiger Schritt. In vielen alten Kulturen gilt der Tod als Höhepunkt des Lebens.

Wenn wir in das letzte Stadium des Lebens, in die „Endzone" eintreten, wie es Jack Lee Rosenberg nennt, haben wir alle Stadien eines Menschenlebens durchlaufen: die Zeugung, die Empfängnis, die Zeit im Mutterleib, die Geburt, die Zeit als Säugling, unsere Kinderjahre, die Jahre als Jungendlicher, der junge Mann, der erwachsene Mann, der reife Mann, der weise Mann. Und dann erfahren wir, wie die Kräfte des Körpers schwinden, wie wir langsam auf unseren Tod zugehen. In der letzten Phase unseres Lebens liegt so vieles hinter uns. Jetzt ist die Zeit, unsere reichen Erfahrungen zu vereinen und die letzten Jahre, Monate, Wochen, Tage, in der Weisheit unseres gelebten Lebens zu verbringen. Diese Zeit kann die Ernte unseres Lebens sein. Wir wissen, es macht keinen Sinn mehr, irgendetwas zurückzuhalten. Wir verstehen, dass wir nur die Unendlichkeit unseres Bewusstseins mitnehmen, dass nur unsere Seele mit uns geht, wenn wir unseren Körper ablegen. Der Tod kann zu einem bewussten Übergang werden, zu einem Tor ins Licht, in die grenzenlose Welt der Liebe – Gottes Liebe.

Wann immer wir einen Menschen in seinen letzten Tagen und Stunden begleiten dürfen, lernen wir auch etwas für uns selbst. Wir lernen, da zu sein für die, die unsere Hilfe, unsere Unterstützung, unsere Liebe wirklich brauchen. Durch unser Dasein in Liebe, zeigen wir:

> Du bist nicht allein. Auch im Tod sind deine Herzensfreunde und Freundinnen bei dir. Auch im Tod sind Buddha, Jesus, Krishna, Mohammed, Moses, Yogananda, Babaj, sind alle Engel, Erzengel, alle Freunde der geistigen Welt bei dir. Auch im Angesicht des Todes ist dein geliebter Vater, ist deine geliebte Mutter, ist Gott in dir, bei dir, mit dir.

Ich bin sicher, in den nächsten Jahren und Jahrzehnten wird die bewusste Vollendung des Lebens für viele Menschen immer wichtiger. Mehr und mehr Menschen werden sich fragen:

> Was war der Sinn meines Lebens? Was habe ich gegeben? Was war mein Geschenk an die Menschen und an die Erde? Was habe ich empfangen? Was waren die Geschenke, die ich bekommen habe, von den Menschen, von der Erde, von der Gesellschaft? Was möchte ich mir selbst verzeihen? Was möchte ich anderen verzeihen? Was ist das Wesentliche und Wichtige für meine letzten Jahre, Monate, Wochen und Tage? Was bedeutet es, dieses Leben in Würde, in Bewusstheit, in tiefer Liebe zu vollenden?

Indianische, schamanische, buddhistische und andere Kulturen lehren die Menschen, sich bewusst auf den Tod vorzubereiten. Sie lehren, den Moment des Todes zu nutzen, um bewusst den Übergang in eine andere Welt zu erfahren. Die letzten Gedanken und Gefühle haben eine wichtige Wirkung für unsere nächste Zukunft und unser nächstes Leben. Unsere geistige Klarheit im Moment des Todes hilft uns, bewusst in unser neues Leben hinüberzugehen. Es bleibt uns erspart, uns in den Illusionen, Verzerrungen und Anhaftungen „niederer Welten“ zu verlieren.

Das *Tibetische Totenbuch* und das berührende Buch *Das tibetische Buch vom Leben und vom Sterben* von Sogyal Rinpoche zeigen uns Wege durch den Tod. Im Tod bündelt sich unser ganzes Leben. So wie wir leben und gelebt haben, so sterben wir. Jeder stirbt den Tod, der für ihn bestimmt ist.

Jetzt ist die beste Zeit, dich auf deinen Tod vorzubereiten. Jeder Moment, an dem du dem Tod zuhörst, von ihm lernst, ihm Bedeutung gibst, ist ein entscheidender Moment in deinem Leben. Dein Tod lehrt dich, authentisch und wahrhaftig zu sein. Der Tod ist nicht unsere Vernichtung, er ist nicht unsere Auslöschung, er ist nicht das Ende. Jeder Mensch, der eine tägliche spirituelle Praxis ausübt, kann tiefe Zustände erfahren, die uns vorbereiten auf das *Große Loslassen*, auf den Moment unseres letzten Atemzuges – den Tod unseres Körpers. In der Hinwendung zum inneren Raum der stillen, innewohnenden Präsenz unseres Seins können wir erfahren: Wir sind dieser weite Raum, dieses grenzenlose Bewusstsein, in dem Formen, Dinge, Körper geboren werden und wieder vergehen.

> Das Licht bleibt, das Bewusstsein bleibt, unser grenzenloses strahlendes Sein bleibt, auch wenn der Körper stirbt.

Unser Tod und das Bewusstsein um die Sterblichkeit unseres Körpers können uns so kraftvoll wie nichts anderes für die Liebe und das Leben öffnen. Wir werden uns des großen Sterbens und Werdens bewusst, in das wir eingewoben sind. Unser Herz wird berührt von der tiefsten Liebe, die sich offenbart, wenn wir in der Konfrontation mit unserem eigenen Tod und dem Tod geliebter Menschen endlich und unveränderbar erkennen: nur der Moment und meine vollständige Anwesenheit in diesem Moment zählen. Es ist eine Gnade, uns dessen voll bewusst zu sein.

Das Wesen des Todes

Der Tod ist nicht das Schreckgespenst, für das er oft gehalten wird. Wir alle sind schon oft gestorben. Wir sterben jeden Abend, wenn wir einschlafen. Wo gehen wir dann hin? Der Körper bleibt, soweit wir wissen, im warmen Bett. Wo geht unser Bewusstsein, wo geht unsere Seele hin?

Jeden Morgen werden wir neu geboren. Wenn wir unser Leben genau betrachten, besteht es aus ständigem Wandel. Wir haben uns in den Leib unserer Mutter inkarniert, dann wurden wir in die Welt geboren. Das bedeutete, die Form des Fötus im Mutterleib loszulassen. Auch das ist eine Art von Tod, ein Übergang. Aus dem Neugeborenen wird ein Kind. Aus dem Kind ein Jugendlicher. Aus dem Jugendlichen ein Mann. Aus dem Mann ein Greis.

Wenn wir unser Leben genauer betrachten, können wir erkennen, dass alle Übergänge, alle Tode, die wir bis jetzt gestorben sind, mit dem Körper zu tun haben. Wir alle sind schon oft gestorben, wir alle haben uns schon oft gewandelt. Wenn wir Kontinuität suchen, müssen wir die Aufmerksamkeit auf unser Bewusstsein richten. Alles, was im Universum geschieht, folgt dem Gesetz der Evolution, der bewussten Weiter- und Höherentwicklung. In allem, was geschieht, auch in den Katastrophen und Kriegen dieser Welt, gibt es eine Höherentwicklung hin zur Ganzheit, zur Einheit. Der unausweichliche Tod unseres Körpers fordert uns wie nichts sonst auf, vollständig die Verantwortung für unser Leben zu übernehmen. Er fordert uns auf, mit vollem Bewusstsein die Ursache für jeden Moment unseres Lebens zu sein. Wir erschaffen mit unserem Bewusstsein die Umstände unseres Lebens.

Jeder Mensch erschafft sich seinen eigenen Tod. Der Tod kommt nicht einfach über ihn. Wir können nicht mehr so tun, als hätten wir mit unserem eigenen Tod nichts zu tun. Unsere Gedanken erschaffen unseren eigenen Tod. Je enger und auswegsloser unsere Gedanken sind, umso näher kommt der Tod.

Menschen bewegen sich in Richtung Tod, wenn sich der Zweck ihres Lebens erfüllt hat. Der Körper dient diesem Zweck. Unsere Krankheiten sind überwiegend geistig-psychologische Themen, die wir über den Körper ausleben.

Uns auf den Tod unseres Körpers vorzubereiten bedeutet auch mit Abschieden umgehen zu lernen. Wir sind eingeladen, immer tiefer zu erkennen, dass wir in jedem Moment sterben und neu geboren werden. Wir lernen, uns bewusst auf den „Großen Übergang" vorzubereiten, wenn wir in Würde eine bestehende Form loslassen und uns für eine neue Form öffnen. Das Leben selbst beseelt unseren Körper. Solange dieses Leben, solange unser Bewusstsein des Lebens wach und präsent ist, solange bleiben wir lebendig. Wir sterben, wenn unsere Seele gemeinsam mit dem Engel des

Todes, der geistigen Welt und Gott beschließt, dass unser Lebenszweck erfüllt ist. Je bewusster, je verantwortlicher wir jeden Tag, jeden Moment leben, umso mehr verliert der Tod unseres Körpers an Schrecken. Der Körper stirbt – die Seele und unser Bewusstsein sind unsterblich.

Kernaussagen zur Begegnung mit dem Tod

- Im Angesicht des eigenen Todes ist jede Angst oder Neurose überflüssig. Im Angesicht des Todes gibt es nichts mehr aufzuschieben.

- Der Tod geliebter Menschen, die vor uns ihren Körper verlassen haben, lehrt uns, dass nichts bleibt als Dankbarkeit, Vergebung und Liebe.

- Die Begleitung eines sterbenden Menschen ist eine zutiefst berührende, das Herz öffnende Erfahrung. Sie kann uns lehren, das „große Loslassen" zu üben und geschehen zu lassen.

- Jetzt, in diesem Moment sterben Menschen und werden Menschen geboren. Alles auf dieser Erde ist verbunden im großen Sterben und Werden des Lebens.

- Mit jedem Ausatmen sterben wir ein wenig, mit jedem Einatmen werden wir ein wenig neu geboren. Der Tod ist eine Tür. Der Tod macht alle gleich.

- Der Tod geht immer neben dir. Lerne vom Tod, wesentlich und wahrhaftig zu sein.

- Lerne vom Tod, mit jeder Faser lebendig zu sein und jetzt zu leben.

KAPITEL 7

Die Vollendung unserer Reise

Gott ist überall

Anfang der neunziger Jahre, als die Berliner Mauer gefallen war, war ich zusammen mit Michaele über einige Monate hinweg regelmäßig bei einem großen Berliner Radiosender zu Gast. In der ersten Sendung fragte mich der Moderator: „Frank, wie kannst du für unsere Hörer das Menschenbild in eurer Arbeit beschreiben?“ Ich wusste, jetzt hören über hunderttausend Menschen zu. Ich überlegte kurz und entschloss mich dann, folgende Parabel zu erzählen:

> Vor langer, langer Zeit lebte Gott noch auf der Erde. Jedes Kind, jede Frau, jeder Mann konnte ihn besuchen – was sie auch zahlreich taten. Tag für Tag kamen sie vorbei, erzählten ihm ihre Geschichten, klagten ihm ihr Leid und wollten dieses und jenes. Irgendwann wurde es Gott zuviel mit all den Fragen und Wünschen der Menschen. Er beschloss, einen Platz zu suchen, an dem es etwas ruhiger war und wo er nicht so schnell gefunden werden konnte. Und so rief er alle seine Freunde aus allen Ländern der Erde und aus allen Teilen des Universums zusammen, um mit ihnen gemeinsam eine Lösung zu finden.
>
> Alle saßen sie in einem großen Kreis. Nachdem sie über viele Stunden alle möglichen Ideen diskutiert hatten, meldete sich ein kleiner, alter Mann und sagte: „Verstecke dich doch einfach in jedem Menschen, jedem Kind, jeder Frau, jedem Mann, in jedem Stein, jeder Pflanze, jedem Tier. Darauf kommen die Menschen nie. Dort werden sie dich bestimmt nicht so schnell finden.“
>
> Und so geschah es. Gott versteckte sich in allem, was existiert. Seitdem gibt es keinen Ort, keinen Menschen, kein Ding, in dem er nicht lebt und gefunden werden kann.

Danach standen die Telefone im Sender nicht mehr still. Viele Menschen riefen an jenem Abend an und sagten, dass sie die Geschichte sehr berührt habe.

Die essentiellen Kernaussagen

Die Reise, die wir gemeinsam unternommen haben, hat dich als Mann eingeladen, auf viele Arten zu erfahren, dass du der Mann deines Lebens bist! Ich möchte hier die essentiellen Kernaussagen nochmals bekräftigen:

- Glaube an dich selbst! Du bist liebenswert, so wie du bist. Dich gibt es nur ein einziges Mal auf dieser Welt. Du bist einzigartig.

- Schaffe dir in deinem Alltag Tag für Tag einen Raum, in dem du dich als Mann und Mensch körperlich, geistig, emotional und spirituell zentrieren und erden kannst. Nimm dir jeden Tag Zeit für die Ausrichtung auf Wachstum, Vergebung und Liebe.

- Schenke dir selbst jeden Tag Freude. Feiere jeden Tag deines Lebens. Tanze, singe, atme bewusst, genieße die Natur. Umarme die Menschen, die du liebst. Schaue den Menschen in die Augen. Tue jeden Tag neben all' den Aufgaben und Pflichten auch das, was dir Freude bringt. Genieße jeden Augenblick.

- Lache! Entwickle deinen Humor und deine Fähigkeit, über dich selbst und die Absurditäten des Alltags zu lachen. Freue dich wieder wie ein Kind auf jeden neuen Tag deines Lebens!

- Weine! Lass' dich berühren von den Menschen, dem Leben und der Schöpfung. Schäme dich nicht deiner Tränen!

- Tue deine Heilungsarbeit. Umarme dich selbst, auch mit deinem Schmerz und deinen Verwundungen. Höre auf, anderen die Schuld zu geben. Investiere keine Energie mehr in Abwehr und Angriff. Lege deine Ritterrüstung nieder. Der Weg der Liebe führt durch das Herz des Jungen in dir, und auch durch das Herz deiner Mutter und deines Vaters.

- In jedem Menschen, der dir nahe kommt, verbirgt sich das Göttliche. In jeder deiner Beziehungen wählst du am tiefsten

Punkt immer nur zwischen Liebe und Angst. Aus Angst heraus entstehen Probleme, Verstrickungen, negative Projektionen und Hass – nur die Liebe erlöst und befreit.

- Kultiviere und lebe deine Körperlichkeit bewusst. Sexuelle Energie, die mit Bewusstsein und Liebe verbunden ist, heilt, verbindet und vereinigt. Lust ist immer deine eigene Lust – sei ein König der Liebe! Erlaube deiner sexuellen Energie, deiner Lebensenergie, in deinen ganzen Körper zu strömen. Durchbrich die alten Muster von Gier, Ausnutzung und Trennung im Sex.

- Liebe mit Seele. Sei wesentlich! Ohne Seele und ohne Herz ist alles Nichts. Seele ist innen. Alle äußeren Formen verändern sich. Investiere in deine Seele, in dein Bewusstsein. Deine Spiritualität ist die beste Lebensversicherung die es gibt.

- Wahre Religion ist immer „religio" – die Rückverbindung mit deinem wahren, essentiellen, ewigen Wesen und Sein. Deine Seele zeigt dir den Weg und erinnert dich, wofür du dieses Mal auf die Erde gekommen bist. Deine Seele verbindet dich mit allen Seelen und mit der einen, großen Seele – Gott.

- Vergib! Vergebung befreit dich und alle anderen Menschen. Sie reinigt dich von dem alten Groll der Vergangenheit. Vergebung öffnet dein Herz für Einheit und Liebe.

- Stirb jeden Tag! Lebe jeden Tag so, als wäre es dein letzter. Stirb in jedem Ausatmen und werde mit jedem Einatmen neu geboren. Der Tod geht immer neben dir. „Carpe diem" – nutze den Tag. So wie du denkst und lebst, so wird auch dein Tod sein.

- Lass dich von deinem Tod lehren, aufrichtig zu sein. Im Angesicht des Todes ist jede Angst lächerlich. Es gibt nichts mehr aufzuschieben. Lebe und liebe jeden Moment, jeden Tag und jede Nacht.

- Mit dem tiefsten Mitgefühl sei dir des großen Sterben und Werdens auf der Erde bewusst. Jetzt, in diesem Moment, sterben Brüder und Schwestern. Und jetzt, in diesem Moment, werden Brüder und Schwestern geboren. Und vergiss nie: nur der Körper stirbt – deine Seele ist ewig, unsterblich und frei.

Mein Hauptanliegen ist es, dich in der Entwicklung deines einzigartigen Mannseins zu unterstützen. Sei einzigartig – nicht besonders. Besonders sein zu wollen, sondert uns ab. Du bist ein Individuum – eins mit allem und allen. In dir lebt alles, was du im Außen jemals gesucht hast. Mit der Bereitschaft, in dir Wurzeln und Heimat zu finden, birgst du den größten Schatz deines Lebens. Aus der Verbundenheit mit diesem inneren Schatz, dieser inneren Ganzheit und Quelle heraus zu leben, macht den entscheidenden Unterschied. Denn mit dir geht jetzt die größte Kraft dieses Universums: die Liebe.

Kein Ort, an dem die Liebe nicht ist. Kein Mensch, in dem die Liebe nicht ist. Dort wo du bist, bist du richtig. In deiner Familie, in deiner Lebensgemeinschaft, in deiner Umgebung. Du wirst dort gebraucht, wo du gerade bist – als Freund, als Vater, als Ehemann, als Sohn, als Partner, als Geliebter, als Großvater, als Arbeitskollege, als Gefährte, als Vorbild. So, wie du bist.

Auf dich kommt es an!

In diesem Buch habe ich auf viele, verschiedene Arten zu dir gesagt: „Auf dich kommt es an.“ Vor kurzem erzählte ein Teilnehmer unseres Jahrestrainings, wie er nach dem Abschnitt *Selbstwert, Anerkennung und Dankbarkeit* voller Glück nach Hause fuhr. Er arbeitet als Abteilungsleiter in einer Behörde. Und zwar zufällig genau in dem Landkreis, in dem ich vor achtundvierzig Jahren geboren wurde.

Eines Abends, als alle seine Mitarbeiter und Mitarbeiterinnen gegangen waren, schrieb er für jede und jeden einen kleinen Brief der Anerkennung. In diesem Brief würdigte er den individuellen Beitrag jedes einzelnen. Zusammen mit einem kleinen Geschenk legte er diese Briefe auf die Schreibtische der Betreffenden. Am nächsten Tag kamen viele von ihnen mit Tränen in den Augen zu ihm und bedankten sich. Sein Handeln hat das Klima in dieser Behörde sehr verändert.

Auf der Berlinale 2007, dem Filmfestival in Berlin, gab es eine Veranstaltung *Cinema for Peace*. Es war eindrucksvoll, wie klar und direkt der Schauspieler Richard Gere für die Freiheit des tibetischen Volkes geworben hat. Und auch das Engagement von Bob Geldorf, Bono und Herbert Grönemeyer für die Menschen in Afrika ist ein Lichtstrahl.

Männer brauchen Männer! Ich möchte dich ermutigen, Ausschau nach den Männern in deinem Alltag zu halten. Warum nicht ein Männertreffen ins Leben rufen? Was spricht dagegen, neue Männerfreundschaften zu beginnen und deine alten zu vertiefen?

Halte dein Wort, wenn du es gegeben hast! Halte dein Wort gegenüber deinen Kindern! Es gibt zu viele vaterlose Jungen und Mädchen in unserer Gesellschaft. Investiere Zeit, Liebe und Energie in das Wachstum und Wohlbefinden deiner Kinder. Halte dein Wort gegenüber deinem Partner, deiner Partnerin! Es gibt dir Würde, wenn du fähig bist, dein Wort zu halten. Unsere Beziehungen brauchen Sicherheit und eine klare, eindeutige Bindung. Die Treue des Herzens macht wirkliche innige Liebe erst möglich. Halte dein Wort gegenüber deinen Freunden und Freundinnen! Freundschaft ist ein hohes Gut. Freunde gehen mit uns durch alle äußeren Veränderungen des Lebens hindurch. Wirkliche Freunde sind Gefährten der Liebe auf dem Weg nach Hause, zu Gott. Sei ein wirklicher Freund!

Halte dein Wort gegenüber deinen Arbeitskollegen und Geschäftspartnern! Fruchtbare Zusammenarbeit braucht Ethik, Integrität und die Bereitschaft, zusammen etwas Großartiges zu erschaffen. Gestalte deine Arbeit so, dass sie dich erfüllt und du sie mit Freude tun kannst.

Halte dein Wort! Wenn du es nicht mehr halten kannst, teile dich unverzüglich mit und finde gemeinsam mit den beteiligten Menschen eine stimmige Lösung, die die Würde aller Beteiligten ehrt.

Sei eine Hilfe für die Menschen, die sich an dich wenden! Gib mit reinem Herzen! Vergiss niemals: Alles, was du mit reinem Herzen gibst, kommt vielfach zu dir zurück. Das ist ein Gesetz dieses Universums. Jede deiner bewussten Handlungen stärkt das liebende Feld, das Bewusstsein der Einheit auf unserer Erde. Jeder auch noch so kleine Beitrag, den du gibst, ist wichtig. Handle aus jener Haltung heraus, die Franz von Assisi vor mehr als fünfhundert Jahren so ausdrückte:

> O Herr, mache mich zum Werkzeug deines Friedens,
> dass ich Liebe übe, wo man sich hasst,
> dass ich verzeihe, wo man sich beleidigt,
> dass ich verbinde, wo Streit ist,
> dass ich Hoffnung erwecke, wo Verzweiflung quält,
> dass ich ein Licht anzünde, wo die Finsternis regiert,
> dass ich Freude bringe, wo der Kummer wohnt.
>
> Ach Herr, lass du mich trachten,
> nicht dass ich getröstet werde, sondern dass ich tröste,
> nicht dass ich verstanden werde, sondern dass ich verstehe,
> nicht dass ich geliebt werde, sondern dass ich liebe.
> Denn wer da hingibt, der empfängt,
> wer sich selbst vergisst, der findet,
> wer verzeiht, dem wird verziehen und wer da stirbt,
> der erwacht zum ewigen Leben.
>
> Franz von Assisi

Die große Kraft hat dich nach ihrem Ebenbild erschaffen. Du bist ganz, eins, verbunden mit allem, was existiert und jemals existiert hat. In deinen Zellen lebt die Geschichte des Stammes der Menschen, der Erde und des

Universums. In deinem Herzen trägst du das große Lied der Einheit und der Schöpfung. In dir verkörpert sich die größte Kraft dieses Universums: die Liebe.

Eine Erde – eine Menschheit – eine Liebe

Es hat mich sehr berührt, mit welcher Begeisterung und Zärtlichkeit die ersten russischen und amerikanischen Astronauten die Erde vom Weltraum aus beschrieben haben. Sie nannten sie den *blauen Planeten*, die *blaue Perle*. Von weit oben konnten sie das Wunder, die Schönheit, die Zerbrechlichkeit und die Heiligkeit der Erde sehen. Sie beschrieben unsere Mutter Erde in all ihrer Schönheit. Sie sagten nichts von Grenzen und den künstlichen, von Menschen gemachten Schwierigkeiten.

Wir Menschen sind, als Wesen mit einem höheren Bewusstsein, aufgefordert, ein planetarisches Bewusstsein zu entwickeln. Wir denken, wir wären so hoch entwickelt, so klug. Doch jede Minute stirbt ein Kind an Aids. Jahr für Jahr verhungern Millionen Kinder, Frauen und Männer. Die Regierungen dieser Erde geben Jahr für Jahr Unsummen Euro – 2006 waren es über 900 Milliarden – für Waffen und Kriege aus. Vor allem Männer initiieren die Kriege dieser Welt, die soviel Leid über Menschen und andere Lebewesen bringen. Ich erinnere mich an ein Poster, das viele Jahre über dem Bett meines Jugendzimmers hing: „Why?“ stand unter dem Bild eines Soldaten, der gerade erschossen wird.

Jeder Mensch, der diese Erde betritt, ist eine Verkörperung der göttlichen Liebe. Jede Mutter, jeder Vater, jede Familie wünscht das Beste für ihr Kind und ihre Kinder, egal, ob in Peru, Polen, Neuseeland, Russland, Indien, Iran, USA, China oder sonstwo auf der Welt. Jedes Leben ist heilig. Wir haben kein Recht, zu töten. Wir alle gehören zu einem Stamm, dem Stamm der Menschen. Für jeden Menschen ist es möglich, sich in seiner innersten Mitte zu verwurzeln und von dort aus in Einklang mit seinem authentischen Wesen, mit Liebe und Bewusstheit zum Wohl der Menschen und der Schöpfung zu handeln.

Wir können soziale Projekte unterstützen. So wie eine Freundin von mir, die in einem Hospiz sterbende Menschen mit Liebe begleitet. Wir können als Sportler Kinder trainieren. Wir können über Musik und Tanz Kindern,

Jugendlichen, Erwachsenen etwas über die Schönheit und die Freuden des Lebens zeigen, so wie es der Film *Rhythm is it* glänzend demonstriert hat. Wir können uns gesellschaftlich engagieren. So wie einige Menschen, die unsere Ausbildung *Der Weg der Liebe* absolviert und das Projekt *ALTERnative* gegründet haben – ein Projekt, das Menschen ab fünfzig einen Raum anbietet, in dem sie Würde, Anerkennung, Sinn, Berührung und Gemeinschaft erleben können.

Es gibt – das dokumentiert der Film *Der Weiße Weg* von Elke von Linde und Michael Springer sehr deutlich – viele übereinstimmende Prophezeiungen bei den Naturvölkern dieser Erde. Die Hopi-Indianer, die Maya und andere alte Völker haben vorhergesagt, dass in den nächsten Jahren gewaltige Umwandlungen und Herausforderungen für die Menschheit zu erwarten sind.

Jeder, der Augen, einen klaren Verstand und ein Herz hat, sieht, was damit gemeint ist. Vom rasanten Klimawandel bis hin zu den sich häufenden Naturkatastrophen oder den Kriegen im Irak, in Afghanistan, im Nahen Osten und anderswo – alles hängt davon ab, dass wir als Individuen, als Nationen und Völker, als Menschheit lernen, uns diesen Herausforderungen zu stellen. Denn nur gemeinsam haben wir eine Chance zu überleben. Das Bewusstsein und das Handeln vieler Menschen müssen sich zu der Haltung erheben:

> Es gibt nur Brüder und Schwestern. Es gibt nur eine Erde.

Zugleich sendet die geistige Welt mehr und mehr Hilfe auf die Erde. Altes, heiliges Wissen wird offenbart. Das Wissen der frühen Kulturen wie zum Beispiel der Ägypter, der Maya und der amerikanischen Ureinwohner. Mehr und mehr Menschen öffnen sich für die Wahrheit von früheren Leben, um in diesem Leben alte Muster aufzulösen und alte Fesseln abzulegen.

> Die Menschheit muss zu einem planetarischen Bewusstsein erwachen.

Die westlichen Industrienationen müssen endlich begreifen: alle Ungerechtigkeit, alle Ausbeutung, alle Unterdrückung kehrt zu uns zurück. Es ist an der Zeit, dass wir uns in allen Ländern dieser Erde auf ein gemeinsames Bewusstsein verständigen:

Eine Erde – eine Menschheit – eine Liebe!

Mit diesem Buch möchte ich dich packen und begeistern, dich zu deiner vollen Größe aufzurichten, damit du aus deinem ICH BIN heraus mit Ethik, Würde und Integrität zum Wohle aller in der Welt beitragen kannst. Überall auf der Erde leben Menschen wie du und ich, die anderen in die Augen schauen und fähig sind, nicht Trennung, Feindschaft, Vorurteil zu sehen, sondern den Ausdruck von Liebe und den Ruf danach.

Am Ende der Reise, wenn wir unserem Tod ins Auge schauen, werden wir verstehen, dass nur die Liebe, nur unsere Bereitschaft zu lieben und zu vergeben, wirklich wichtig sind.

Ich wünsche dir, mir und uns allen, dass dich dieses Buch, seine Worte und vor allem die Intention in den Worten, daran erinnert:

Auf dich kommt es an! Du bist der Mann deines Lebens!

Die wichtigste Investition deines Lebens ist die Investition in die Liebe und in dein Bewusstsein. Nur das nimmst du mit, wenn dein Körper stirbt. Und so stehe ich vor dir – Mann – und danke dir, dass du mit mir diese Reise unternommen hast. Ich verneige mich vor der Reinheit deiner Seele. Ich verneige mich vor dem heiligen Männlichen in dir. Ich verneige mich vor der grenzenlosen Liebe in dir.

Anhang

Verzeichnis der Übungen

Erläuterungen

Beispielhaft genannte Vorbilder
All die in diesem Buch als Vorbilder und Quellen der Inspiration genannten Männer und Frauen sind Menschen. Es gehört zur menschlichen Natur, Fehler zu machen und Irrtümer zu begehen. Die perfekten Menschen sind schon gestorben! Deshalb ist jeder Mensch angreifbar und in Frage zu stellen. Was für mich zählt, ist die Haltung von Jesus: „An ihren Früchten sollt ihr sie erkennen."

Die Definition von Tantra
Tantra ist für uns eine Lebenshaltung, die die zwei Grundkräfte des Menschen, Sexualität und Spiritualität, ehrt und vereinigt. Bewusst gelebte und praktizierte Sexualität führt uns zur Liebe. Bewusst gelebte und praktizierte Spiritualität führt uns zur Liebe.
Tantra bedeutet vom Wortsinn her „verweben". Die Lebenshaltung des Tantra verwebt Sexualität und Spiritualität als die zwei Hauptenergien des Menschen. Tantra zeigt interessierten Menschen einen Weg, wie sie ihre beide kultivieren und leben können. Es ist ein Weg der Liebe und der Befreiung.

Zu den Übungen
Die beschriebenen Übungen werden seit vielen Jahren von Männern und Frauen in unseren Seminaren erprobt und praktiziert. Du kannst sie zunächst einmal nur durchlesen und später noch einmal darauf zurückkommen. Oder du kannst sie gleich ausprobieren. Bei einigen Übungen ist es wichtig, erst die jeweils beschriebenen Vorbereitungen zu treffen, damit du sie ungestört durchführen und genießen kannst. In jedem Fall unterstützen die Übungen auf eine kraftvolle und praktische Art und Weise die Inhalte dieses Buches.
Ich möchte dich ermutigen, eine tägliche spirituelle Praxis in deinen Alltag zu integrieren. Nur das, was wir auch nachhaltig praktizieren, schlägt Wurzeln und bringt Segen. Auch kleine, über den Tag verteilte Bewusstseins- und Achtsamkeitsübungen – die sogenannte Mikropraxis – unterstützen den Wachstumsprozess auf allen Ebenen.

Buchempfehlungen

Anand, Margo: Tantra - Weg der Ekstase, Berlin 1997; auch: Tantra oder die Kunst der sexuellen Ekstase, München 1990

Caddy, Eileen: Herzenstüren öffnen, Gutach 2004; ebenso: Mein Flug in die Freiheit, Gutach 2006

Andreas, Connirae und Andreas, Tamara: Der Weg zur inneren Quelle. Core Transformation in der Praxis, Paderborn 1995

Bays, Brandon: The Journey; auch: In Freiheit leben, Berlin 2006

Bradshaw, John: Das Kind in uns, München 1992

Chang, Steven T.: Das Tao der Sexualität. Von der Weisheit des Liebens, Berlin 2004

Chia, Mantak: Tao Yoga der Liebe, Interlaken 1985

Ein Kurs in Wundern, Textbuch, Übungsbuch, Handbuch für Lehrer, Greuthof Verlag, Gutach 1997

Fromm, Erich: Die Kunst des Liebens, Frankfurt 1956

Gruen, Arno: Der Verlust des Mitgefühles. Über die Politik der Gleichgültigkeit, München 1997

Hendricks, Gay und Kathleen: Die neuen Körpertherapien, Paderborn 1983

Levine, Stephen: Weg durch den Tod; ebenso: Sein lassen. Heilung im Leben und Sterben, Bielefeld 1991

Padmasambhava: Die Befreiung durch Hören im Zwischenzustand (das sogenannte *Tibetische Totenbuch*), Seeth-Ekholt, 1999

Plesse, Michael und St. Clair, Gabrielle: Feuer der Sinnlichkeit – Licht des Herzens, München 1988

Porst, Hartmut: Was jeder Mann über Sexualität und Potenz wissen sollte, Stuttgart 1991

Richardson, Diana: Zeit für Liebe, Köln 2002

Rinpoche, Sogyal: Das tibetische Buch vom Leben und Sterben, Weilheim 1993

Rosenberg, Jack Lee: Körper, Selbst und Seele, Paderborn 1996

Roth, Gabrielle: Leben ist Bewegung, München 1998

Tepperwein, Kurt: Die geistigen Gesetze. Erkennen, verstehen, integrieren; München 1992

Thich Nhat Hanh: Wie Siddharta zum Buddha wurde (eines meiner drei liebsten Bücher), München 1992
Tolle Eckhard: Jetzt, Bielefeld 2006
Wapnick, Kenneth: Einführung in Ein Kurs in Wundern (ein brilliante Einführung), Gutach 1999
Reich, Wilhelm: Die Rede an den kleinen Mann, Frankfurt 2003
Wormer, Eberhard: Prostata. Probleme erkennen und behandeln, München 1998
Yogananda, Paramahansa: Autobiografie eines Yogi (ein Muss), München 1983; auch: Die ewige Suche des Menschen, Los Angeles 2001
Zadra, Elmar und Michaela: Tantra, München 1999

Musikempfehlungen

Für die Mahamudra-Meditation: *Body Flow*: Kitaro, Digital in person, Stück 1 bis 4, und andere von dir selbst gewählte Stücke
Gebet: Mike Rowland, Titania – The fairy Queen, Stück 5 (repeat!)
Für die Chakra-Welle: Anugama, Healing und Shamanic Dream
Grundsätzlich ist es empfehlenswert, deine eigenen Lieblingsmusikstücke auszuwählen.

Filmempfehlungen

Elke von Linde, Michael Springer: Der weiße Weg
Al Gore: Eine unbequeme Wahrheit
William Arntz, Betsy Chase und Mark Vicente: What the bleep do we know
Peter Weir: Der Club der toten Dichter

Das Institut für Lebenskunst & Tantra in Berlin

Das 1991 gegründete *Institut für Lebenskunst & Tantra* wird von Frank H. Fiess und Michaele V. Kuhn geleitet und ist heute ein blühendes spirituelles Zentrum im Herzen Berlins. Die Haupttrainings sind: das *Tantra-Jahrestraining* in Selbstentfaltung, Lebenskunst & Tantra, das Paar-Training, das Frauen-Training und das Männer-Training. Darüber hinaus werden Seminare zu folgenden Themen angeboten: Yoga, Feuerlauf, Massage, tägliche spirituelle Praxis sowie die *Yin-Yang-Celebration* und das *Sommer-Intensive* auf Korfu/Griechenland. Seit 2003 führt das Institut mit großem Erfolg die dreijährige Aus- und Fortbildung *Der Weg der Liebe* durch.
Frank und Michaele wenden sich an Frauen und Männer, die offen und bereit sind für einen persönlichen Transformationsprozess, der sie zu der Essenz ihres Frau- und Mannseins führt. Im Mittelpunkt ihrer Arbeit steht ein intensiver Selbsterfahrungs- und Fortbildungsprozess, der alle Ebenen des Menschseins gleichberechtigt integriert: den Körper, die Gefühle, den Geist und die Seele. Die Arbeit des Instituts ruht auf vier Säulen: Integrative Körperpsychotherapie, Tantra, Humanistische Psychologie und Geistes- und Bewusstseinsschulung in Liebe, Einheit und Vergebung. In den letzten Jahren entstand ein ständig wachsendes Netzwerk. Durch regelmäßige Treffen zur Meditation, zu tantrischen Ritualen und Tanzabenden unterstützt dieses Netzwerk die Teilnehmer und Teilnehmerinnen, die gelernten Inhalte und Erfahrungen in ihren Alltag zu integrieren und so eine neue Lebensqualität zu erfahren.
Das Institut ist die Verwirklichung einer gemeinsamen Vision. Bisher haben mehr als 10.000 Frauen und Männer die Seminare und Ausbildungen besucht. Das Institut ist ein gesellschaftliches Projekt, das Friedens- und zugleich Befreiungsarbeit leistet.

Informationen zum Training *Im Kreis der Männer*

Das Männertraining besteht aus fünf aufeinander aufbauenden Wochenendseminaren. Die Themen der einzelnen Abschnitte sind: Innere Stärke, Selbstliebe und Selbstwert – dem eigenen Leben eine selbst bestimmte Richtung geben; Das Kind in dir – die Begegnung mit den emotionalen Grundprägungen – Die Welt des Fühlens; Der reife Mann in Beziehung –

Freiheit und Verantwortung; Der sinnliche und sexuelle Mann – Körper, Eros und Lust; Innere und äußere Natur – der funkelnde Diamant unserer Spiritualität. Das Training beginnt immer zu Anfang eines Jahres, im Januar oder Februar, und dauert bis Ende Juni. Die meisten der in diesen Buch beschriebenen Übungen sind Bestandteil der Trainings. Jedes Jahr zu selben Zeit beginnt für interessierte Frauen das Frauentraining *Im Kreis der Frauen* mit Michaele.

ChangeManagementseminare

Für interessierte Firmen, die Teamarbeit, Nachhaltigkeit und Ethik mit innovativem wirtschaftlichen Wachstum verbinden wollen, bietet der Autor zwei– oder mehrtätige Seminare an.

Institut für Lebenskunst & Tantra

Frank H. Fiess und Michaele V. Kuhn

Mehringdamm 32/34, 10961 Berlin

Telefon: (030) 252 987 00, Fax: (030) 252 987 01

info@tantra-in-berlin.de www.tantra-in-berlin.de

Menschen, deren Arbeit ich empfehle

Jürgen Häger
ProjektCoaching
Cuxhavener Str. 14, 10555 Berlin
Tel.: 030-450 22 930
Fax: 030-450 22 931
info@projektcoaching-berlin.de
www.projektcoaching-berlin.de

Udo Terasa
Yogaschule &
Psychotherapeutische Praxis
Anhaltiner Str.36, 14163 Berlin
Tel: 030-852 88 25
Fax: 030-850 77 452
info@yogaschule-terasa.de
www.yogaschule-terasa.de

Christoph Mahr
Institut Christoph Mahr
NLP & Hypnose in Berlin
Vorbereitungskurse für die
Heilpraktikererlaubnis
Psychotherapie
Mommsenstraße 57, 10629 Berlin
Tel.: 030-813 38 96
Fax 030-81 49 61 01
christoph.mahr@t-online.de
www.christoph-mahr.de
www.nlp-hypnose-berlin.de

Markus Klepper
Dipl. Psych., klin. Psychotherapeut
One Next Step Training
www.one-next-step.de
Tel.: 0700-99663321
mail@markus-klepper.de

Bettina Romhardt
Achtsamkeitsmeditation in der
Tradition von Thich Nhat Hanh
Retreats, Seminare,
Kurse,Einzelbegleitung
bettinaromhardt@aol.com
Tel.: 030-805 835 52

Ute Ebser
Heilpraktikerin, DAV geprüfte
Astrologin
Chiron-Praxis u. Seminarzentrum
75433 Maulbronn
Tel.: 07043-92 05 87
www.chiron-praxis.de
postfach@chiron-praxis.de

Uschi Fiess
Heilpraktikerin für Psychotherapie
(HPG), Mediale Lebensberatung
c/o Institut für Lebenskunst und Tantra
Mehringdamm 32-34, 10961 Berlin
info@tantra-in-berlin.de

IBP-Institut für Integrative Körper-
psychotherapie
Wartstrasse 3, CH-8400 Winterthur
Tel.: 0041-52 212 34 30
www.ibp-institut.ch
info@ibp-institut.ch

Danksagung

Dankbarkeit ist die Sprache des Herzens. Es gibt viele Menschen, denen ich meinen aufrichtigen Dank aussprechen möchte:

An erster Stelle: meiner Mutter Hilde und meinem Vater Hermann. Sie haben mir das größte Geschenk gemacht, mein physisches Leben. Ich danke der Familie Spiegel, der Herkunftsfamilie meiner Mutter, für ihre Liebe und Herzlichkeit. Ich danke der Familie Fiess (Fiess bedeutet Füße, Wurzeln), der Herkunftsfamilie meines Vaters, für ihre Güte und Freundlichkeit! Ich bin einer von euch, euer Blut fließt in meinen Adern.

Ich danke den Menschen meines Heimatdorfes Gräfenhausen-Obernhausen für die schöne Kindheit und Jugend, die ich dort erlebt habe. Ich denke gerne daran zurück, wie ich als kleiner Junge voller Freude und Neugier durch die Gassen unseres Dorfes gelaufen bin. Es gab immer jemanden, der ein freundliches Wort für das kleine Fränkle hatte. Und ich danke meinen Fußballtrainern und Betreuern beim TV Gräfenhausen: Karl Buchter, Hubert Rathfelder, Egon Ickler, Karl Adler, Karl Fretz und allen anderen. Ihr habt mich Kameradschaft, Treue und Disziplin gelehrt. Zu euch habe ich als Junge aufgeschaut. Ihr habt mich gelehrt zu kämpfen und zu gewinnen. Und ihr habt mich gelehrt, dass es genauso wichtig ist, mit Anstand und Würde verlieren zu können.

Ich danke „meiner" geliebten Frau Uschi. Danke für all deine Liebe und deine Zärtlichkeit für mich als Mann und Mensch. Danke dafür, dass du von Anfang an wie ein Fels hinter mir gestanden hast und immer an mich und meine Arbeit geglaubt hast. Danke, dass du mein Wesen liebst und mit mir durch alle äußeren Verwandlungen den Weg der Liebe und der Befreiung gehst. Du bist eine wundervolle Frau und eine treue Gefährtin auf dem Weg nach Hause. Ich liebe dich genauso, wie du bist. Mögen deine außergewöhnlichen Fähigkeiten als Medium vielen Menschen helfen ihren Weg zu Gott zu finden.

Ich danke „meinem" Sohn Paul-John. Durch ihn erfahre ich, dass die Liebe zwischen Vater, Mutter und Kind die tiefste menschliche Liebe sein kann. Paul-John, du bist wie eine Sonne für mich. Du hast mein Leben so sehr verändert und bereichert. Danke, dass ich deiner Seele ein verlässlicher, treuer Begleiter sein darf, bis du deinen eigenen Weg als Mann gehst. Danke für all die Rührung, all den Reichtum, all die Freude und all die tiefempfundene Liebe, die du in mein Leben bringst.

Ich danke meinem ersten wirklichen Lehrer Frank Natale für sein Vertrauen und seine Großzügigkeit. Frank, du hast mich gelehrt, dass ein Lehrer an seine Schüler glauben muss! Du hast an mich geglaubt. Dadurch konnte ich wachsen und meinen Weg gehen. Solange ich lebe, werde ich dich ehren und in meinem Herzen tragen. Du warst der entscheidende Lehrer für mich. Ich verneige mich in tiefer Dankbarkeit vor dir.

Ich danke meinem Lehrer und Freund Michael Plesse dafür, dass er mich gefördert, an mich geglaubt und mich in meinem Wesen gesehen hat. Michael, danke für alles was ich von dir, und auch von Gabrielle lernen durfte. Danke für all deine Liebe und all deine Freundlichkeit und all deine Menschlichkeit!

Ich danke meinen Freunden Markus Klepper, Christoph Mahr und Udo Terasa. Ihr steht in meinem Rücken. Ihr geht an meiner Seite. Unsere Freundschaft gibt mir Kraft, Stärke und Zuversicht. Danke von ganzem Herzen für jeden Moment der Liebe und der Zuneigung, die wir teilen.

Es ist mir ein großes Bedürfnis, Michaele Kuhn meine Hochachtung auszusprechen. Ohne sie gäbe es das Institut für Lebenskunst und Tantra nicht in dieser Form. Michaele, ich liebe dein großes Herz voller Menschen- und Gottesliebe. Ich liebe deine liebevolle, gütige, starke Präsenz als Lehrerin. Du hast mich als Frau und als Lehrerin viele wertvolle Dinge gelehrt. Du hast mich den Wert des Fühlens und der Behutsamkeit gelehrt. Ich danke Dir für die kreativen, fruchtbaren Jahre unseres gemeinsamen Lehrens und Lebens. Gemeinsam haben wir Tausende von Menschen angezogen und ihnen unser Bestes gegeben. Danke, dass du gemeinsam mit mir immer für die Menschen eingestanden bist, die sich uns anvertraut haben. Danke für jeden Schritt unseres gemeinsamen Weges. Mögest du Befreiung erlangen.

Ich danke Jürgen Häger für seinen überragenden Beitrag zu diesem Buch. Ich habe es von Hand geschrieben und Jürgen hat dann jedes Wort, jeden Satz in den Computer übertragen. Er hat mich vom ersten bin zum letzten Schritt begleitet und beraten. Und er hat mit mir um viele Formulierungen gerungen. Er hat mir geholfen, den richtigen Verlag zu finden. Er war immer da, wenn es Rückschläge gab. Danke, lieber Jürgen, für deine unglaubliche Rückenstärkung, deinen Überblick, deinen Humor und deinen gesunden Realismus. Danke aus der Tiefe meines Herzens!

Ich danke meinem Verleger Thomas Simon-Weidner. Danke Thomas, dass du an mich, die Männer und das Buch geglaubt hast. Danke für deine großartige kreative Arbeit bei der Gestaltung des Buches. Danke, dass du dein Wort gehalten hast.

Ich danke meinen verehrten Lehrerinnen und Lehrern: Gabrielle St. Clair, Margo Anand, Peggy Dylan, Julie Henderson, Jack Lee Rosenberg, Andrea Juhan Rosenberg, Beverly Kitaen Morse, Markus Fischer, Matthias Keller, Sarah Radelfinger, Rosemarie Kaufmann-Gunz, Megha Baumeler, Ueli Frischknecht, dem Weg der Mitte, Waltraud Forster, Stephan Love, Ulrike Wolf, Aman Schroeter, Mantak Chia, Peter von Breukelen, Sukadev Bretz und Yoga Vidya, Ingeborg Kaminski (Herrmann), Brandon Bays, Albrecht Mahr und allen meinen anderen TherapeutInnen und LehrerInnen. Voller Dankbarkeit und in tiefer Wertschätzung verneige ich mich vor euch!

Ich danke Yasmin Bouali für ihren wichtigen Beitrag in den Jahren des Beginns unserer Arbeit. Danke, Yasmin, für dein Vertrauen, deine Großzügigkeit und deine Liebe. Mögest du immer beschützt und gesegnet sein!

In den sechzehn Jahren des Bestehens unseres Instituts haben mehr als 250 Menschen unsere Seminare und Trainings als Assistenten oder Assistentinnen begleitet. Ihnen allen gilt mein herzlichster Dank. Ebenso danke ich allen Frauen und Männern, die Teil unserer verschiedenen Abendgruppen-Teams waren und sind. Danke für eure Liebe, eure Integrität und euer Dienen für unser gemeinsames Anliegen, die Liebe.

Ich danke voller Wertschätzung den Männern des Männerteams, die die bisherigen zwölf Männertrainings mit soviel Herzblut, Begeisterung und Liebe begleitet haben.

Besonders möchte ich den folgenden Menschen aus ganzem Herzen für ihren Beitrag danken, den sie zum Teil seit mehr als dreizehn Jahren leisten und geleistet haben:
Karina, Armin, Ludolf, Jan, Maria, Anja, Joachim, Hans-Ulrich, Antje, Philomena, Harald, Claudia, Mona, Inga, Jutta, Ilona, Susanne, Max, Ute, Vira, Bert, Kerstin, Lieselotte, Ayla, Birgit, Robert, Thomas, Thommy, Matthias, Toma, Burkhard, Andreas, Pierre, Olaf, Georg, Peter Siegfried, Ralf, Petra, Karin, Elke, Romy, Jana, Paula, Gabie, Grit, Sabine, Kerstin, Barbara, Arno, Gerry, Christina, Rüdiger, Anikitos, Tom, Kemal, Gottfried, Eva, Udo, Helmut, Rottraud, Christa, Elke-Maria, Hajo, Wolfgang, Kathrin, Rolf, Cathrin, Michaela, Sofian, Dana, Beate, Mathias, Gudrun, Klaus-Dieter …
Es gibt so viele wundervolle Menschen, die unsere Arbeit unterstützen. Es ist unmöglich, sie alle namentlich zu nennen.

Weiterhin möchte ich Sabine Malina, Benedikt Wohlleben, Dorothee Schland, Bernd Reimers, Anja Boden und Arno Behrend für ihren wichtigen Beitrag zu diesem Buch danken.

Ich danke meiner im Juni 2006 verstorbenen Freundin Sabine Seefeldt für die nachdrückliche Erinnerung, nichts mehr aufzuschieben, sondern mit aller Klarheit JETZT zu leben, JETZT zu vergeben und JETZT zu lieben! Danke, liebe Sabine, für all die Momente der Aufrichtigkeit und der Liebe. Ich fühle, dass Du immer bei uns bist!

Ich möchte allen Frauen und Männern, die unsere Seminare und Trainings besucht haben, meine Bewunderung und meine Anerkennung aussprechen. Danke für euer Vertrauen, danke für eure Offenheit, danke für eure Bereitschaft in das Wichtigste, das es gibt zu investieren: in eure Gesundheit, in euer Bewusstsein, in euer Wachstum, in eure Liebe.

Ich verneige mich in tiefer Liebe vor euch allen. Ihr seid meine Brüder und meine Schwestern. Ihr seid das Licht und die Hoffnung der Welt.

Auf euch kommt es an! Auf uns kommt es an!

Bildnachweis:

Die Fotografien sind von Thomas Simon-Weidner teils eigens für dieses Buch im *Institut für Lebenskunst und Tantra* aufgenommen worden, die übrigen Bilder stammen aus dem Archiv des Fotografen - www.thsw.de
Die beiden Zeichnungen stammen von Lisa Wilkens.

Margot Anand
Tantra - Weg der Ekstase
Die Sexualität des neuen Menschen
Tantra ist die einzige spirituelle Tradition, die Sexualität und Spiritualität miteinander verbindet. Margot Anand - die wohl bedeutendste Vertreterin des modernen Tantra - hat diese uralte indische Geheimlehre erforscht und in ein Konzept für den modernen Menschen umgewandelt. „Nachdem Freud, Jung und die moderne Psychologie unsere Sexualität enttabuisiert haben, bleibt noch dieser letzte Schritt zu tun: von der Sexualität zur bewußten Liebe." Ein reich illustriertes Buch, ein Standardwerk der Esoterik.
Pb, 240 S., ill., Euro (D) 16,80, ISBN 978-3-922389-76-7

Renate Anraths
Tarot - Dem Leben in die Karten schauen
Die Zahlen, Bilder und Symbole
Mit diesem Lehr- und Praxisbuch zum klassischen Waite-Tarot hat die in München lebende Kartenlegerin und Astrologin Renate Anraths neue Maßstäbe gesetzt. Hier findet hier man alles, was man zum Kartenlegen und Deuten braucht: die psychologischen und spirituellen Aussagen der 78 Bildkarten - alle Symbole einzeln dargestellt und erläutert - Hinweise zu den Legemustern, eine Liste der Bedeutungen zum schnellen Nachschlagen, Schautafeln zum Herausklappen und ein Fachwort- und Literaturverzeichnis. Tarot auf hohem Niveau - für Einsteiger und Fortgeschrittene.
Br., ausklappbare Schautafeln, 448 S., illustriert, Euro (D) 24,50, ISBN 978-3-922389-62-0

David Bach
Gib, was du nicht bekommen hast!
David Bach führt auf einfache und klare Weise in die *Karmische Psychologie* ein. Im Unterschied zur Reinkarnationstherapie schließt die Karmische Psychologie unsere zukünftigen Potenziale und deren Entfaltung mit Hilfe des bewussten Willens mit ein. In kleinen, doch wirkungsvollen Übungen lässt uns David Bach die verschiedenen Ebenen des Bewusstseins erfahren.
Pb, 96 Seiten, Euro (D) 12,50, ISBN 978-3-922389- 91-0

Roland Bäurle
Körpertypen
Vom Typentrauma zum Traumtypen
Bislang wissen nur Psychospezialisten etwas mit der Lehre von den Körpertypen anzufangen. Roland Bäurle hat dieses kostbare Kleinod humanistischer Psychologie vom

Fachjargon befreit und angereichert mit leiser Ironie und konkreten Beispielen. Zu jedem körperlichen Erscheinungsbild gehören auch bestimmte Ängste, Vorlieben, Stärken und Gewohnheiten. Die fünf Körpertypen – sonst trockener Stoff im Fachjargon der Bioenergetik – werden hier mit Witz und Verstand in Szene gesetzt.
Pb, 220 S Seiten, illustriert, Euro (D) 12,50, ISBN 978-3-922389-31-6

Hans Cousto
Die Oktave - Das Urgesetz der Harmonie
Planeten, Moleküle, Atome, Töne, Farben, Kräfte innerer Schwingungen
Die Darstellung der Oktave als integrales Harmoniegesetz - ein mathematisch-musikalisches Einführungsbuch für eine Leserschaft ohne physikalische und musiktheoretische Vorbildung. Da die Oktave das Intervall mit dem geringsten energetischen Widerstand ist, also am meisten von allen Intervallen auch vom Grundton mitgetragen wird, hat sie eine herausragende Stellung gegenüber allen anderen Intervallen. Dies ist eben nicht nur in der Musik so, sondern hat allgemeine Gültigkeit.
„*Ein wichtiges Buch für den hörenden Menschen.*" - Prof. J.-E. Behrendt
Erw. Neuausgabe,128 S., Broschur, illustriert, Euro (D) 12,50, ISBN 978-3-922389-97-2

Bernhard Mack
Rituale alltäglichen Glücks
Wege zu erfüllenden Liebesbeziehungen
„Passen wir eigentlich zusammen? Können wir eine Liebesbeziehung so gestalten, dass sie uns glücklich macht?" Leidenschaftlich und sachlich zugleich beschreibt Bernhard Mack erprobte Wege zu erfüllenden Beziehungen. Dieses Buch und entfaltet schrittweise sich vertiefende Rituale alltäglichen Glücks. Es werden Möglichkeiten gezeigt, die alten Dramen loszulassen und die Kraft der Intuition und Liebe hervorzubringen. Ein Übungsbuch zum täglichen Glück.
Pb, 192 Seiten, Euro (D) 18,40, ISBN 978-3-922389-94-1

Franz Simon
Wie man den Zufall manipuliert
Dieses Buch entschlüsselt die geheimnisvolle Sprache der „Zufälle" und sensibilisiert den Leser für die oft fatalen Folgen liebgewordener Gewohnheiten. „Wir sind *Ebenbilder* Gottes - Weltenschöpfer im Kleinen. Wir sind uns dieser Schöpferkraft und Verantwortung dem Lebendigen gegenüber leider nur selten wirklich bewusst."
Wertvolle Anregungen zu mehr Lebendigkeit und Phantasie im Alltag.
Pb, 120 Seiten, Euro (D) 12,50, ISBN 978-3-922389-52-1